U0935759

扬帆起航

——小学语文青年教师成长之路

吴田荣　宋浩志　主编

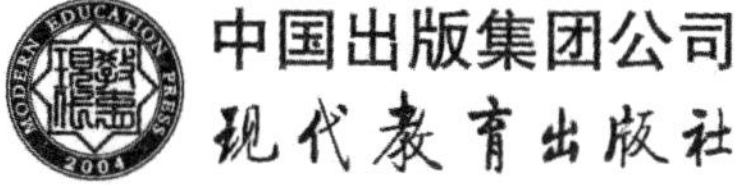

编 委 会

主　编：吴田荣　宋浩志

副主编：王　彤　束　旭　黄　颖

编　委：（以姓氏笔画为序，排名不分先后）

丁志敏　孔晓珊　王红艳　宁凤梅

江　红　吕闽松　逄　静

写在前面的话

《扬帆起航》——小学语文青年教师成长之路，是凝聚东城区小学语文青年教师心血，体现教师教学研究与实践探索的论文集，书中从多个角度、多层面表达了教师对小学语文教学本质的理解，对教育事业的追求，以及对学生的爱与唤醒。翻阅全书，一股清纯之气跃然纸上，理性的思考与扎实的实践融入字里行间，读后令人回味、令人荡气回肠，教师们用青春的金线和幸福的璎珞编织着美好的教育梦想。

两位主编宋志浩为东城研修中心小学教研室主任，小学语文教研员，他带领小学语文教研与教师团队，聚焦于语文学科素养研究，不断探索小学语文教学改革的路径与规律，引领青年教师融入语文教学实践的新天地。吴田荣校长是和平里第四小学的校长，多年来，致力于学校课程与课堂教学改革，特别是以海洋文化为主题的跨学科联动研究，促进了学校课程整合与教学改进，提升了学校的课堂教学质量和效益。两位主编精心设计、潜心研究、整体规划，将青年教师常态教学的点滴收获与切身感受编辑成册，为青年教师的专业成长搭建了互学互鉴、合作发展的平台。

本书分为“学习思考”“实践前行”“共享成长”“科研引领”4个主题，是教师们智慧与实践的结晶。记录了青年教师在学习中成长、在实践中反思的心语历程，汇集了青年教师在课堂教学实践探索中真实质朴的案例，抒发了青年教师从儿童视角和眼中风景给他们的智慧启迪，呈现了青年教师在聚焦语文素养研究中多维度的研究视角和研究成果。

长期以来，教学改革是一个难啃的硬骨头，以教学为核心改革方兴未艾，一直是教育界关注的焦点。课堂教学是教师引导下学生有意义、有价值建构的过程，这个过程是一个唤起生命价值的过程。在国家倡导发展学生核心素养的指导下，教师的使命是首先成为好老师，培养学生成为国家的栋梁之材。这就需要教师不断地充实完善自己，上好每一节课，引导学生的实践和体验，激发学生的潜能，形成一种新型的学习生态。本书是实践取向的文丛，每一位教师都是一个全新的视野，会引发教师心灵的反省和实践的跟进。我们期待通过本书的编辑，促使教师们主动变革意识和主动创新的能力不断增强，更加注重以人为本，知行合一。

从某种意义上来说，这本书不是写出来的，更是做出来的，书中的每一篇文章都教师与学生的真实体验，书中大量的案例是研究团队教师智慧和汗水的结晶。

我希望，作为青年教师，通过本书的学习与分享，能够成为“学生锤炼品格的引路人”，成为“学生学习知识的引路人”，成为“学生创新思维的引路人”，成为“学生奉献祖国的引路人”。

在教育综合改革的春天里，宋志浩与吴田荣校长带领着语文青年教师研究团队，从实践中来再到实践中去，把语文教学改革的论文书写在校园里，落实在课堂上，追寻着大语文观的教育理想，促进儿童母语学习的兴趣激发与习惯养成，为儿童从小烙印中华优秀传统文化的基因。

最近看到一副对联，上联是：“若不撇开终是苦”。凡世间之事撇开一些利益就不苦了；下联是“各自捺住即成名”。看方寸之间，能捺住情绪才是人生大智慧。书中各位青年教师能够撇开教育的浮躁，沉下心来教书，静下心来育人，是具有大智慧之人，这也是教师应有的职业素养。

北京教科院基础教育教学研究中心

贾美华

2017 年 6 月

序

当我手捧《扬帆起航》这本厚厚的书稿，翻看着每一篇文章时，眼前浮现出一张张年轻教师的笑脸。他们迎着朝阳走进校园，微笑着面对每一位学生，谦逊地迎接每一位家长……他们更是尊敬地聆听着每一位师长的教诲……这些青年教师们正扬起理想的风帆向着自己的目标前行。

《扬帆起航》收录了东城区 2012 年 9 月到 2017 年 7 月，新任青年语文教师的成长历程。书中记录了青年教师观摩优秀课例后的学习思考，收录了他们进行课堂实践的教学设计，以及指导教师开展教学研究的经验与思考，和青年教师成长历程中难忘的教学故事。文字背后，蕴含青年教师对课堂教学饱含的激情，与对教学的感悟，凝结着指导教师的辛勤汗水。在名师的引领之下，青年教师在快速成长，他们即将撑起东城教育的一片蔚蓝的天空。

青年教师的成长，与东城区教委、教师研修中心重视教师的培养密切相关。在东城教委相关领导的亲切关怀下，教师研修中心一直以来注重通过各种形式提高新任教师的专业素养，促进新任教师的专业成长，提升师资队伍水平。《国家中长期教育改革和发展规划纲要》（2010—2020 年）要求我们“创新人才培养模式，适应国家和社会发展需要，遵循教育规律和人才成长规律，深化教育教学改革，创新教育教学方法，探索多种培养方式，形成各类人才辈出、拔尖创新人才不断涌现的局面。”这对教师队伍的建设提出了更高的要求。在教育综合改革的大背景下，如何更加有实效地以专业发展培养模式应对这一历史性挑战，如何把东城教育的新生力量培养成为教育改革的人才，成为当下摆在东城教育面前的课题。语文学科青年教师的培养，以研究课题为引领，以统筹课程为凭借，以导师引领为保障，以强化专业技能为根本，植根课堂，注重实践，让青年教师在不断锤炼中迅速成长。这样的培训可以成为各学科借鉴的模式。

东城区教育资源丰富、文化底蕴深厚。未来，它将成为北京市对外交流的窗口，成为立足北京、辐射全国、面向世界、具有首都特点的改革发展示范区，这一切都要依靠高质量的教师队伍。青年教师无疑就是这个理念先进、综合素质高、适应能力强、重教爱生的高质量教师队伍的希望。我们也将为培养出更具时代要求的青年教师队伍而不懈努力。

《扬帆起航》让我欣喜地看到，教师培训助力青年教师成长，骨干带教成就优秀教师发展，双赢的背后我们感受到的是青年教师的勤奋努力，培训教师的细致精心。

东城教育打造的青年教师之舟已经扬帆起航。

北京市东城区教师研修中心主任

马福贵

2017 年 6 月

目　录

学习思考

实践前行

共享成长

科研引领

学习思考

在反思中成长 用爱用心做教育

北京市崇文小学 顾可一

作为一名新教师，入职半年来，我从开始遇到问题时的不知所措到现在逐渐寻找到一些章法，从初登讲台时的紧张到如今的自信，这些成长与不断学习和反思是分不开的。

一、用爱用情 走进生活

“用爱用情”是我们学校校训中的内容，也是我在培训学习和教育教学过程中体会很深刻的一句话。听过许多优秀的一线教师与我们分享的教育故事后，我发现这些老师都有一个共同的特质，他们都在用爱陪伴学生成长，用欣赏和鼓励促进学生发展。

面对班级中一些个别学生经常性出现的违反纪律的问题，起初，我的处理方式以批评教育为主，但是在培训学习和反思中，我逐渐意识到，对待问题学生不能一味地批评，这样只能让他们的逆反心理和抵触情绪越来越严重，而是应该给予他们充分的爱与尊重，这样才能看到他们身上的闪光点，对于存在的问题，更应从学生的角度出发，寻找原因，同时换位思考，把鼓励和表扬与批评教育结合起来，用积极正向的方式帮助他们成长，让他们感受到来自老师的关心和爱。

在学习与反思中，我越来越深刻地认识到：教育是一个长期的过程，作为老师，不能急于求成，要多一些理解和耐心，让他们在这个以情移情的校园中感受到“用爱用情用心 走进生活”的教育。

二、落实课改 提升实效

教研中心的马福贵老师为我们做的“树立正确教学意识，让学生快乐有效学习”的专题讲座让我深刻理解了课改的意义，对我提升课堂教学实效有很大帮助。

新课程倡导合作学习、关注探究创新，反思我的课堂，仍存在着缺少有效合作、忽视探究环境等问题。通过培训，我学习到一些教学设计和课堂观察的技巧，结合自身实际情况运用到课堂中，通过适合学生身心发展的教学设计来吸引学生的课堂注意力，通过一些激励性环节和鼓励性评价激发了学生的积极性和课堂参与度。相信每节课认真设计、精心上课、全面评价，营造友善的合作学习空间，启发学生探究思考，一定会让课堂越来越高效，让学生的每一个 40 分钟都有收获。

在学习和反思中，我的教育教学专业技能得到了提高。未来，我也会继续向优秀的教育工作者学习，努力做学生成长的引路人，用爱用心，教书育人。

《大还是小》《青蛙写诗》课后感悟

北京市第一零九中学小学实验部　刘雨桐

作为新入职语文教师，我不断地在各级各类的培训活动中收获着、成长着。其中，王红艳老师的《大还是小》和王秋菊老师的《青蛙写诗》这两节课使我深受启发。两节一年级的课堂散发着不同的魅力，王秋菊老师活泼，王红艳老师沉稳。老师们那扎实的语文功底，广博的语文知识，游刃有余的课堂驾驭能力，都是我叹服。

一、激发学生兴趣，吸引学生注意力

大家都知道“兴趣是最好的老师”。课堂上，老师从学生的实际出发，从教材入手，努力寻找能够激发他们学习兴趣的切入点，一下子就吸引了小孩子的注意力。他们神情专注地聆听，积极踊跃地表达，让我也被教师的教学艺术所折服。当然，课堂上，老师还利用一些小奖品，调动了他们的积极性。

二、使用儿童化语言，贴近学生身心

一年级孩子不同于中高年级学生，只要老师讲清要求就行，他们自制力差，注意力集中时间短，做事凭兴趣。老师用这种儿童的语气跟学生说话，学生听了会觉得很亲切，他们很喜欢听这种语气，这样才能更好地吸引学生的注意力。

三、及时的表扬和鼓励，增强学生的自信心

每个学生都希望自己在老师眼中是最好的，一年级的孩子更不例外，最喜欢听到老师的表扬，一听到表扬就会有更好的表现。在课堂中，教师要及时表扬守纪律的学生，使其他同学受到感染。当学生回答正确完整，老师及时对他们的表现给予肯定，要是答错了，也要给予鼓励，也可以用“掌声”或“送小红花”等方法鼓励他们，让每一位学生都感受到上进的动力，体会成功的喜悦，觉得自己是学习的主人，更加坚定学习的自信和勇气。

总之，组织课堂教学是一门艺术，教师只有在教学中才能更好地驾驭课堂。总之，这次听课学习，使我更深刻地体会到了学习的重要性与紧迫感，能否吸引学生是上好一堂课的先决条件。在以后的教学中，本着吃透教材，吃透学生，提升自身素质的精神去努力，不断学习，博采众长，充分利用一切学习机会，不断提高自己的教育教学素养，不断实践总结，积淀教学素养，达到最优最佳的教学效果。

从小学语文组合阅读透视学生核心素养培育

北京市东城区板厂小学　王玉玲

2016 年 11 月 13 日，作为北京市东城区新入职语文教师，我有幸聆听到著名特级教师张立军关于“组合阅读”的研究课。对于我个人而言，这节课带来的震撼与反思是持续的。

一、组合阅读有利于夯实文化基础

张老师有机组合了人教版五年级的两篇课文——《钓鱼的启示》与《通往罗马的路不止一条》。虽然两篇课文均选自外国故事，但是张老师在课堂教学中，充分调动学生已有的文化积淀，融合古今中外人文领域基本知识和成果的积累，夯实学生文化基础。

其实，通过家庭教育与社会教育的熏陶，学生或多或少的承载着传统文化知识，再加上交通的便利、信息技术的发展等，学生接触传统文化知识与成果渠道多。面对纷繁复杂的各类信息，学校教育需要引导学生，进一步夯实优秀传统文化，继承和弘扬传统文化中的优秀成分。可喜的是，我在张老师组合阅读课堂中发现了可以借鉴的内容。

二、组合阅读有利于深化自主发展

学生的自主发展需求和愿望是内在的，张老师在课堂教学中，特别关注学生的自主发展，通过设置开放性的问题，在连续的交流互动中，引导学生自主思考、自主表达，对于学生富有个性、创新的话语，张老师总是赞赏有加，并鼓励更多的学生发表自己的观点与见解，将课堂变为学生们“百家争鸣”的场所。

可以看到，张老师组合阅读课时长，纵观两个多课时的教学过程，学生们并没有预期的疲惫或冷场，反而是快乐、轻松、积极参与的。张老师幽默轻松的教学语言，鼓励性的评价语，激励学生不断思考的教学问答，无疑为学生自主发展营造了良好氛围，助推学生乐学善学。

三、组合阅读有利于践行社会参与

张老师组合阅读课的最后，通过 PPT 呈现了近年来社会公共生活中出现的不文明现象，引导学生结合本次课表达自己的观点，于讨论交流中实现学生们的社会参与。

社会参与体现了个体进入社会公共生活生存姿态的转变，由观看者变成行动者，由被动者变成主动者，从而改变传统社会中个人对待社会公共事务的冷漠与疏离，建立个人与社会之间有机、和谐的联系。在日常生活中，我就看到有学生坚持让父母给老者让座，制止个别游客的不文明行为，主动关爱他人……学生们积极的社会参与，融通学校、家庭与社会，汇聚温暖、文明、理性的力量!

成长之路，始于足下

西中街小学　刘丽娜

2016 年，我大学毕业，踏上三尺讲台，成为一名人民教师。我在倍感压力的同时，也感到欣喜，因为终于可以实现梦想，用自己所学去传道、授业、解惑了。

入职以来的大半年里，我一次次聆听教研部门和学校请来的专家和名师们的讲座报告。这些成功的经验与鲜活的案例在理论方面引领我提升，他们身为优秀教师的教育情怀也令我深受感染。西中街小学作为新职教师的培训基地，犹如一片沃土滋养着我们这些初长成的小苗。校内外的学习机会和日常组内的教学研讨都能让我感受到思想火花的碰撞。半年的工作学习，让我对教育教学工作又增加了许多新的认识。

新教材、新一年级，两“新”在一起，对于一个新职的我来说的确是一个巨大的挑战。一批从幼儿园上蹿下跳着走出来的懵懂孩子所带来的一连串问题，让我应接不暇、吃力招架。我的工作从无数个问题开始：如何消除孩子对于学校的畏惧感？怎样保持孩子的注意力？如何让一年级的孩子爱上语文学习？怎样与学生家长进行有效的沟通……要关注的太多，需要思考的更多。从坐、立、行、走的习惯养成，到听、说、读、写的培养，每一个问题都需要凝神静思，寻找对策。幸运的是，东城区教师研修中心与学校如雪中送炭般为我提供了很多学习机会，新职教师的专题培训让我提升了理论水平，区师徒结对培训使我提高了教学实效，师傅的经验介绍帮我丰富了班级管理技巧，组内老师们热心的引导和帮助让我减轻了不少心理压力，在这些培训与学习的反思后，我在日常教育中更加注重了与学生交流谈心，积极主动地发现学生思想、行为及内心世界的发展变化，主动表扬学生积极向上的一面，及时开导和化解学生消极不良的一面，多以名人小故事予以教化和激励，使学生养成良好的学习习惯。在语文常态教学课堂上，面对六岁的学生，应多多运用树立小榜样、设置课堂竞赛、抓住学生的闪光点并及时激励等行之有效的方法，让学生们在学中玩，乐中学，促进学生学会学习。

半年的工作与学习，给予了我许多思考和心得体会，并将我带入了一个广阔的天地。要真正做到“学为人师，行为世范”就需要我们不断地去更新观念、改变教学策略、注意师生角色的转变，需要我们不断地在教育教学工作中去认识、发现、反思，从而不断地精进业务，提高自身能力。

学习反思

灯市口小学　原玉明

教学是一门艺术，教学语言更是一门艺术，谁能将它演绎得好，就能抓住学生的心。观摩了王秋菊老师《青蛙写诗》这节课后，我深感教学语言的重要性，王老师亲切、富有童趣的语言让整个课堂置身于美丽的池塘里，原本枯燥的课堂充满了生趣。这堂课亮点不断，让我收获良多：

1. 识字教学，激发学生兴趣

王老师设计了帮助小青蛙过河的游戏形式，引导学生在充满趣味的活动中，积极主动的识记生字新词。同学们积极性都很高。另外在指导书写时让学生先观察，自己说注意事项，练写时强调书写姿势，通过这些细节可见教师平日很重视对学生学习习惯的培养。

2. 善于倾听，尊重学生思考

学生学习形声字“逗”时，采用加一加的办法，“走之旁”加豆子的“豆”组成逗号的“逗”。另一个学生说应该先说“豆”再说“走之旁”。教师及时引导说：这名同学说的没有错，但从笔顺规则上来说，最好先说“豆”，再说“走之旁”。教师课堂上倾听的姿态应该是最美的，因为我们常常把过多的目光落在自己的教学预案上，在反复强调要求学生要认真倾听的时候很多教师并没有很好地做到认真倾听学生的表达。有些精彩错过了，有些错误被忽视了。我想课堂既然是师生平等对话的地方，要求学生认真倾听教师说的话，教师也要做到认真倾听学生说的每一句话。

3. 以读为本，指导感情朗读

整堂课教师没有大段的独白，没有华美的过渡，有的只是四两拨千斤的只言片语。放手让学生在朗读中感受这首儿童诗的节奏和感情，引导学生结合生活实际、借助图画，在多种形式的读书活动中理解诗歌、感悟诗意，充分体现了语文课堂以读为本、读中感悟的教学理念。学生在读中识字，在读中品味感情，在读中体会标点符号的运用，在读中受到情感的熏陶，朗朗的读书声回归于学生本身。

通过听课与培训，我学到了很多，也反思了很多，让我感触深刻的就是老师自身应具备较高的语文素养，这对于课堂教学极其重要。在以后的工作中，我要不断学习，博采众长，充分利用学习机会丰厚自身素养。

培养学生核心素养，提升自身教学水平

分司厅小学　孙　畅

2016 年 12 月 22 日，以“丰盈语文课堂，发展核心素养”为主题的北京市小学语文课内外整合阅读实践研究研讨会，在东城区和平里第四小学拉开帷幕。

五位教师的研究课紧紧围绕组合阅读在语文教学中的多种策略，聚焦学生的核心素养发展。课上各种设计环环相扣，激发学生的阅读乐趣，培养学生语感，鼓励创造性表达，启发孩子的思维。

三年级赵丽荣老师执教的是《饮湖上初晴后雨》古诗教学中，让我印象深刻的一个教学环节是赵老师引导孩子们想象西湖晴雨图。刚开始，孩子们有些不理解，说不出来，后来通过老师引导，学生自由读，师生对读，生生合作读中感受到西湖之美。学生理解后，再想象诗句描绘的景象。赵老师的教学中整合了多篇描写西湖的诗作，在读中发现，把语言转换成画面，激发和培养学生对古诗词的热爱之情，无论是课堂上的每一教学环节，还是赵老师的教态，都是我未来教育教学努力的方向。

五年级王晓筠老师则整合了三篇著名作家毕淑敏的文章，执教了《学会看病》一课，使学生在多篇文章的阅读中深入思考，通过比较归纳、分析综合了解作家写作特点，体验多样化的阅读方式，引导学生从课内阅读向课外延伸，放手让学生自主阅读，不着痕迹地训练阅读方法，发展思维、提升认知。

在各位老师现场展示结束后，张立军主任对各位老师的教课进行了精彩的点评。我通过这次现场教课学习，收益良多。课堂上老师灵活多样的教学手段，声情并茂、自然大方的教态，都给我留下了深刻的印象。作为一个刚入职的新老师，对于课堂教学是不太熟练的。在一方面来说我们也是学生，通过观摩听课，学习各位优秀教师的教学方法，以此扩充自己的教学技能库。同时在教学的过程中，更要注重学生能力的培养，对于学生的回答帮他们提升一个层次，训练他们的表达能力和思维。这种近距离的现场教学课，也让我学到了很多的教课技巧。对于学生学习思路的把控，对于上课教学时间轴的控制，以及对于每一篇文章教学重点的讲授，这些对于我来说都是最为宝贵的财富。在以后的工作中，我要努力提升自身素质，充分利用学习机会，不断学习，积淀语文教学素养，亮丽自己的语文教学生涯。争取在未来的日子里让自己的教学水平上一个新台阶。

新教师成长心得体会

府学胡同小学　陈燕卿

参加工作至今，我感慨颇多。作为一名刚从学校毕业走入工作岗位的青年教师，由于教学经验不足，起初的我内心是忐忑不安的。但庆幸的是无论是区里的还是学校的各位领导和老师都给了我很多的关怀与帮助，让我能够顺利地开展各项工作。

九月开学之前，研修中心师训部就组织了为期两天的新任教师培训。在会上，全体新入职教师进行了庄严的宣誓。铿锵有力的话语声至今回响在我的耳边，它时刻提醒我作为一名老师的责任所在，督促我前行。通过这两天的学习，我对教育教学工作有了初步的了解，对自己即将从事的教师这一职业的内涵有了较为深刻的了解。

府学胡同小学是一个温暖的大家庭，学校领导为我们这些新老师考虑得非常周全。开学之初，学校便开展了师徒结对的活动，我的师傅是一位有着多年丰富教学经验与班主任工作经验的老师。有了师傅手把手地帮助，我很快适应了崭新的工作生活。师训部开展的新教师培训仿佛丰盛的精神食粮不断滋润着我，每次参加培训我都能收获很多，对于未来的前进方向与目标也更加明确。就这样，定期地参加新教师培训与教研活动；定时地与师傅互相听课，交流教育教学心得体会；积极地向身边优秀的教师请教工作与教学方法……青涩稚嫩的我在这种良好的氛围中迅速地成长着，收获着。回想起这些，无数难忘与宝贵的记忆便会不由得涌上心头，心里充满着温暖与感动。我想最能表达我心中所想的就是“感谢”二字。

“十年树木，百年树人”，教师的职业是神圣的，肩负着培养、教育祖国下一代的重任。我想，回馈“感谢”最好的方式就是全身心地投入到教育教学工作中，并把这种无私奉献的教育精神传承下去。教书育人，为人师表，无私奉献，甘于辛劳与付出，用一片赤诚之心育人，做一名合格的教育工作者。

学习 思考 实践 进步

——在语文课堂教学中幸福成长

东城区定安里小学 聂一伟

成为一名语文教师已有一个学期，真正踏上讲台以后，我发现自己所学的知识不足以更好的教书育人，还需要不断地去听课，去学习适合不同教学的授课方法。

1. 图片引入激兴趣

一师附小张老师的复韵母教学课上，采用教材插图进行导入的方式授课，我发现这种方法能使同学们很快进入积极的学习状态。在理解张老师的授课方式后，我在执教 z、c、s 一课时，先让学生观察课文插图，再请同学表述图片内容。借助图片进行拼音教学的方式，不仅激发了学生学习拼音的兴趣，而且逐步培养了学生的口语表达及交际能力。

2. 书写指导重方法

听完光明小学李老师的写字教学实例后，我结合本班所需，添加了学生书空环节。每当我在黑板范写时都带领学生和我一起书空，再请小老师领读重点笔画。增加书空过程可以强调基本笔顺，强化生字笔画笔顺的记忆，这些都能够引领学生初步感受汉字的形体美。

3. 学科整合重素养

不论是拼音教学、识字教学、还是课文教学等，都需要注重学生的语文素养。清华附小 CBD 校区的群文阅读课给了我很大启发。我结合课文单元的教学，将《秋天》和《四季》中的“秋”进行对比阅读，引领孩子们将两篇课文内容进行对比，从而理解秋天是我们四季变换中的一个季节。同时，我和美术老师商量，结合季节上一节秋天写生课，同学们将课文所学内容进行绘画，互相交流秋天的故事。实践后，我发现学生能够更深刻的理解课文内容，并且根据自己的理解背诵下来。通过学习优秀教师的授课方法，我体会到这样的跨学科整合提高了学习效率。

从一次次的听课学习后，我初步尝试了优秀教师们的教学方法，所执教的学生也取得了一定的收获。真心感谢每一位老师给予的支持和帮助，他们在教学上对我的指导都让我受益匪浅，促进着我在教师路上的成长。

“丰盈语文课堂　发展核心素养”的研讨活动听课感悟

史家实验学校　刘梦媛

2016 年 12 月 22 日，我参加了在和平里四小举办的“丰盈语文课堂 发展核心素养”的研讨活动。在活动中，我看到了名师多角度诠释课堂教育教学的真谛和焕发生命力的名师课堂，学习了名师开阔的教学视野及超前的教学理念，使我感受颇深，受益匪浅。

作为一名在低段的新教师，王秋菊老师的课给了我很多的思路和启发，也让我学到了很多。王老师教授的是一年级语文“部编本”课文 7《青蛙写诗》的第二课时。王老师的课堂生动有趣，教学形式丰富多彩，教学环节之间紧密相连，层层递进，逐渐帮助孩子们由浅入深的理解课文内容。在教学开始的生字词复习环节，就运用了齐读、“开火车”读、指名读等多种教学形式，在每一次认读生字结束后还会让孩子们评价小伙伴们读怎么样。在理解课文的时候也是如此，孩子们充分地参与到课堂中，王老师让孩子们成为了课堂的主人，调动了孩子们的学习兴趣和主动性。

王老师的教学也特别注重孩子们能力的培养，将说话练习贯穿始终。在生字词复习的过程中，由一个生字进行组词，出示例句再进行句子的仿说，既复习了生字和词语，又进行了说话的练习。在学习课文的过程中，王老师让孩子用自己的语言表达课文的内容，对课文进行理解，既理解了课文又进行了说话的练习。

王老师亲切富有感染力的语言是令我印象最深刻的。每当孩子们回答完问题，王老师总是具体的给出孩子们评价，这些评价让人感受到王老师对孩子们的真诚和喜爱。让孩子们更有信心，更加地喜欢语文课堂的，从而激发孩子们的学习热情。

听了王老师的课后，我深刻地反思自己的教学过程，感慨万千，在语文的教学过程中，自己虽然也认真投入，但实在还有相当大的差距，我没有达到一定的高度，很多教学环节设置没有深度，在点拨功夫上还有所欠缺，尤其是课堂评价语言，我更是单调，没能很好地激发学生的学习热情，致使语文教学成绩没能达到预想的效果。今后自己一定将所学到的教学方法应用到自己的教学中去，在实践中加强探索，争取进步。

“思深则透　思透则新　思新则进”

——阅读联课学习反思

东城区和平里四小　李欣祎

春回大地，书声琅琅，张立军老师课堂中传来的热烈讨论，使我陷入沉思，我们常说多学多思，那身为教师，又要怎样把这一理念融入课堂呢?《钓鱼的启示》和《通往广场的路不止一条》两篇课文的整合学习，把握阅读思维的规律，将两课中“道德”与“思维”的关系进行了精巧的联系，通过对话式的交流，推动学生思维的立体化生成，让学生按照事物的发展规律，自主探究两篇文章“写了什么”“为什么写”和“为什么这样写”等问题。

阅读联课中收获知识的不仅是课堂上的学生，我也有了很大的触动。语文课不仅是语言的训练，更要加入思维的训练，师生之间沟通高效有力，才能潜移默化地组织学生进行阅读的思维训练。张立军老师以轻松的方式告诉同学们什么是沟通，告诉大家在阅读课文的过程中需要我们和作者沟通。在学生归纳课文主要情节时，老师更将其提升为“凡是写事的文章只要抓住几个主要情节就能够抓住主要内容”。张老师反复强调把握情节的重要性，使同学们在介绍第二篇课文主要内容时学会从主要情节入手，回答简练准确。“授之以鱼不如授之以渔。”张老师在课上传授的不仅是对于文本的理解，更是阅读的思维方式，也是高年级学生需要具备的能力。

短短一节课的讲解，让我体会到学生的阅读能力是否提高，关键在于他们是否具备敏锐的思维能力、良好的思维品质，深广的思维空间。这就要求教师在课堂上优化语文阅读教学，培养学生主动、积极地探究文本信息的习惯和能力。老师应善于创造时机，唤醒、激活学生的思维，让学生自己去思考，去同作者进行思维碰撞和心灵交流，获得丰富的自我体验。

作为新入职的教师，很高兴有机会接受系列培训。我在今后的备课中也要打开思路，拓宽视野，有意识地发现和关注课文之间的共性和规律。上课前从学生的角度思考，关注学生的思维空白点，培养学生的阅读思维，基于学生的认知状态谋求视野的关联、对实际运用的影响及对语言水平的提升。另外，通过这节课我也对课文的整合教学有了新的认识，看到了自己的前进和努力的方向，多看、多思、思深则透、思透则新、思新则进！

学习思考

北京市第一七一中学附属青年湖小学　马文雯

通过这段时间的学习与教学实践，我深刻地认识到教学并不是一件容易的事情，而是极为重要同时又充满创造力的。

首先，我明白了教师是学生的引导者和学生发展的促进者。每个学生都是独立的人，是具备各自特色的。根据发展心理学家皮亚杰的理论，一年级的学生正处于具体运算的初级阶段，主要特点是要克服自我中心，形成可逆性，但是具体运算思维还要以具体表象为支柱。因此在教学过程中，我会关注学生是否能将“自己所想”转换为“体会文中角色所想”，并根据学生的特点，在学生依旧以自我为中心思考问题的时候，有意地引导学生转换角色，逐步培养学生，让学生克服自我中心化。

其次，我认为教师应该是课程的建设者和开发者。因此我在教学过程中以研究者的心态置身于教学情境之中，对自身的行为进行反思，对出现的问题进行探究，对积累的经验进行总结，使其形成规律性的认识。例如，一年级学生还要以具体表象为支柱，但是什么样的具体表象能够更好地提升学生的注意力就是我所思考的问题。经过短时间对比，我发现在汉字学习的方面，相较于单纯的板书书写，PPT 中的文字拆分加上鲜艳的颜色更能吸引住学生的眼球，因此我自学了动画生字笔画拆分。而经过更长时间教学后，我发现由整体手写——PPT 汉字拆分——手写拆分这个过程能够使学生对于汉字的掌握更加熟悉。所以，在教育教学中，方法不是固定不变的，而是随着学生的特点而不断研究改进的。

教育学家杜威在书中说：“教育即生长。”这一观点令我受益匪浅，也令我反思自己。我们教育，不是为了教授出考高分的学生，而是为学生提供良好的成长环境，让学生能够健康全面的成长。与此同时，我也应该和学生一同成长。正所谓“像个孩子一样”，不是说真的把自己当成一名孩子，而是要向孩子一样充满朝气，一同面对未来，成长自己。通过这一段时间的工作，我明白了教师不仅仅是具有一腔热血就能做好的，还要具有扎实的理论基础，并且要把每个学生看作是一个完整的人，善于发现他们的特点，以恰当的方式去引导学生，让学生在学到知识的同时，也要学到方法，学会做人，培养学生良好的习惯。“教育是社会的职能”而不是已经固定下来的形态，虽然我的教育教学经验还不是十分充分，但是我会保持一名研究者的心态，不断完善自己的教学之路。

在历练中成长

史家小学　潘　锶

“春蚕到死丝方尽，蜡炬成灰泪始干。”短短两句话，却道尽了“教师”二字的含义。也许很多人会觉得教师很辛苦，也许很多人认为教师待遇不高，也许还有更多的人不理解教师的工作。但是我从来没有被来自社会上纷纷扰扰的言论所影响，而放弃从事教师这个职业，因为这是我一直以来的梦想。

站在三尺讲台上，我的内心充满了自豪。“传道授业解惑”的使命感，让我每天都过得充实且具有意义。看到一张张渴求知识的脸庞，看到一双双充满阳光和希望的眼睛，让我更加坚定了步伐，用满腔的热情去迎接每一堂课、每一个学生。

入职半年来，我不断充实自己，研读教材，认真备好每一节课并及时反思，一有机会便钻进师傅的课堂汲取经验，弥补不足。同时，我积极参加区里举办的相关培训，从理念到实践都有了不小的收获。

目前我担任两个班的语文教学工作，两个班加起来快一百个孩子，对于刚刚工作的我来说，不可谓不难。我需要尽快了解每一个孩子，走进他们的世界。当然最难的还是如何和那些“问题学生”进行有效的沟通。一次次谈话的失败，让我逐渐失去了信心，也没有了最初的耐心。而当我参加完区里的一次培训后，让我对这个问题有了更深刻的认识。记得给我们培训的是一位在一线工作了几十年的老教师，她绘声绘色地和我们讲述了她所遇到的难题——如何走进“问题学生”的世界。下课后，我的内心久久不能平静。是啊，面对困难当然要迎难而上，勇往直前，不能退缩。老师的话至今犹在耳畔，鼓舞着我，让我重拾信心，主动和那些孩子交流，站在他们的角度考虑到底他们需要的是什么。久而久之，他们慢慢接受了我，也愿意和我分享他们内心的真实想法，我的成就感不言而喻。

这半年，史家小学见证了我的成长。这里真的是一个圆梦的舞台，不仅有深厚的文化底蕴，更有先进的教育理念，需要我用百分百的努力去学习。同时也很感谢东城区为我们新教师开展的各项培训，令我们不断充实完善自我。

千里之行始于足下，我相信只有脚踏实地的迈好每一步，才能向成为一名优秀的教师更进一步！

百花齐放

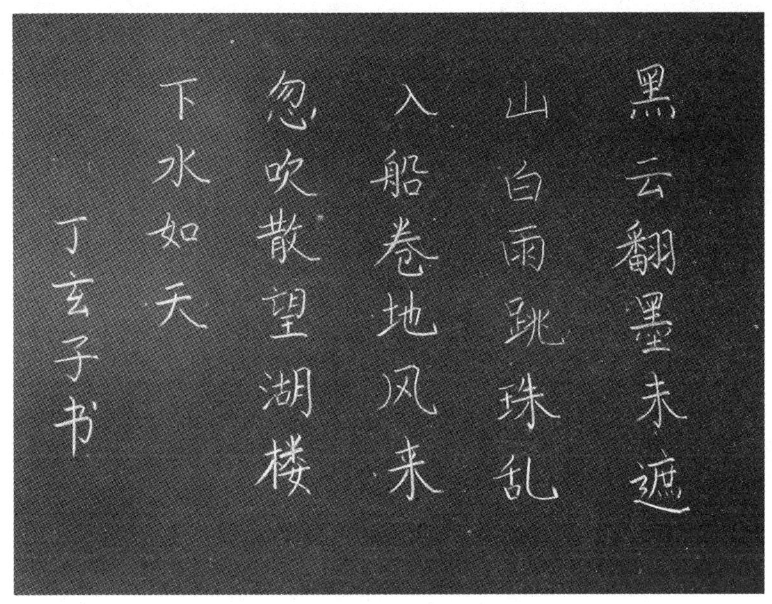

和平里四小　丁玄子老师的板书

《老妇》和平北路　曾雪庭

北京市东城区地坛小学　王敏　中国画

实践前行

青蛙写诗

（第二课时）

安外三条小学　田丽娜

一、教学目标：

1. 复习本课生字、词语，会写“下、雨”2 个生字。

2. 能流利、有感情地朗读课文，认识标点符号：逗号、句号、省略号。

3. 感悟诗歌内容，增强学生热爱自然的感情和审美情趣。

二、教学重点：

1. 识字、写字，流利、有感情地朗读课文。

2. 认识标点符号：逗号、句号、省略号。

三、教学重点：

朗读课文，增强学生热爱自然的感情和审美情趣。

四、教学时间：

一课时

五、课前准备：

PPT 课件、插图贴画。

六、教学过程：

（一）复习字词，激趣导入

1. 齐读课题。

2. 自由读课文：青蛙的诗都写了什么，打开课本第 84 页，自己读一读，回顾课文内容，读准字音，读通句子。

3. 复习生字，组词练习。

（1）开小火车拼读、组词。（开小火车读）

xiě	shī	chéng	guò	yǐ	yào	dāng	gěi
写	诗	成	过	以	要	当	给

（2）看图说字、组词——点、串。（PPT 出示图片学生猜字）

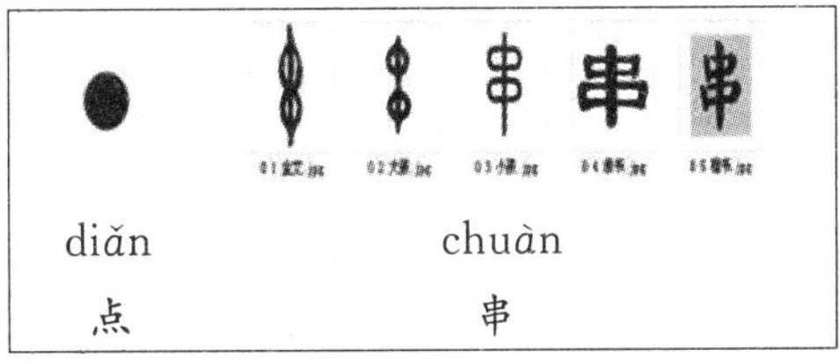

(3) 去掉拼音，你还认识这些词语吗？(指名读)

4. 生字回文，再读课文。

(二) 读文探究，体味诗情

1. 学习第一小节。

(1) 出示课文插图，你看到了什么？(指名回答)

(2) 天空下起了小雨，青蛙要干什么呀？赶快来读一读第一小节。(学生自由读)

预设：青蛙要写诗啦

(3) 看到这么美的景色，青蛙是什么心情？谁来读一读第一小节？

(指名读，引导学生进行评价)

(4) 小青蛙多高兴啊，他要开始写诗啦，谁再来读读第一小节，让大家感受到青蛙的心情？(指名读)

2. 学习2～4小节，组织学生讨论交流。

(1) 学生自由读第2～4小节，看看都有谁来帮忙啦。

(2) 学生回答，分小节学习。

“小蝌蚪”

①谁先来帮忙的？(生答：小蝌蚪)

②他是怎么帮忙的？谁来读一读。(指名读)

③看看小蝌蚪长什么样子？(指名回答)

预设：小蝌蚪脑袋大大的、圆圆的，尾巴细细的；小蝌蚪长得像小逗号……

④我们一起做小蝌蚪，做动作读读这句话。

预设：用攥紧的拳头做小蝌蚪的脑袋，胳膊做小蝌蚪的尾巴……

“水泡泡”

①还有谁来帮忙了？(生答：水泡泡)

②水泡泡是怎么帮忙的，谁能用动作演示一下？(指名回答)

预设：用两个小手合在一起形成圆圈慢慢向上移……

③你为什么要这样比啊？(指名回答)

预设：水泡泡是空心的、水泡泡慢慢向上漂浮……

④大家都加上动作来读读这段话。

“一串小水珠”

①最后谁来帮忙了？(生答：一串小水珠)

②他是怎么帮忙的，谁来读一读？(指名读)

③为什么是一串小水珠啊？(指名回答)

预设：只有一串小水珠的时候才能做省略号、小水珠是实心的，省略号的六个点也是实心的……

④如果给这段话加上动作我们怎么做？同学们都加上动作来读读这段话。

预设：用两个握紧的小拳头连续摆动三次……

（3）谁来说说见到这几个符号的时候我们该怎么做？（指名回答）

预设：见到逗号时要停顿，但停顿时间短；见到句号时也要停顿，停顿时间比较长；见到省略号说明还有很多的内容没有表达完……

（4）我们一起来做青蛙的好朋友，加上动作合作读课文。

（师生共同读，引导学生体会标点符号的用法）

3. 学习第5节，交流讨论。

（1）在好朋友的帮助下，青蛙的诗写成啦，快来读读第五小节。（自由读、指名读）

（2）在诗里找到青蛙的朋友了吗？快来找一找，用笔圈出来。

（学生在书中圈画出逗号、句号、省略号，进一步强化学生对标点符号的认识）

（3）谁来给大家介绍一下，你找到了什么？

（学生在实物投影下指着自己圈出的内容介绍，教师相机指导学生对标点符号的认识）

（4）启发表达：

生活中还有哪些事物可以当小逗号、小句号、省略号？

（联系生活实际，让学生进一步感知标点符号的形态）

预设：豆芽像小逗号，哨子像小逗号，气球像小句号，手环像小句号，妈妈戴的项链像省略号……

（5）青蛙的诗你读懂了吗？谁来做个小翻译，把它翻译成普通话？

相机出示教师自编的小儿歌，启发引导学生理解诗意。

（此处对一年级学生来说难度较大，教师先出示自编的小儿歌，让学生理解教师的意图，激发学生的兴趣）

蝌蚪，蝌蚪，谢谢你。

水泡，水珠，感谢你……

（根据学生交流情况，教师相机出示第二段进一步发散学生的思维）

美丽，美丽，真美丽。

开心，开心，真开心。

幸福，幸福，真幸福。

高兴，高兴，真高兴。

谢谢我的朋友们!

(6) 你们都是青蛙的知音，快来整体读读课文。(自由读)

(三) 指导书写："下、雨"

1. 课件出示"下、雨"两个字，学生自己观察生字的笔顺和笔画特点。

2. 引导学生观察生字在田字格中的位置。

(结构、高低、宽窄、关键笔画)

(1) 下：略讲，与"上"对比识字。

"下"与"上"是一对好朋友，"下"喜欢和"上"捉迷藏，与"上"相比，"下"字的横在上，竖在下，第三笔横变成点。

(2) 雨：借助小故事和板画，帮助学生识记字的音与形，重点讲解。

小青蛙在朋友们的帮助下写出这么优美动听的诗，天空中的乌云也被青蛙的诗吸引住了，放慢了前进的脚步。瞧！乌云里的小雨点儿也迫不及待地从乌云中探出小脑袋，从半空中飘落下来。调皮的小雨点儿为了能多欣赏一会儿青蛙的诗，躲进了池塘边一座小房子的门里，静静地听着……(教师边讲述故事，边画粉笔画)

雨：独体字，共有八笔写成。最高的一笔是第一笔"横"，最低的一笔是第三笔"横折钩"的钩的位置；左边最宽的是第二笔竖，右边最宽的是第三笔"横折钩"的折；"雨"的第四笔"竖"压在竖中线上，收笔位置比第二笔竖的收笔位置短；四个点在小房子里均匀分布，第五笔的点起笔位置在横中线的下方，第七笔的点起笔位置在横中线上。

3. 学生书空。

4. 教师示范书写，学生书空跟随。

5. 学生练习书写，教师巡视指导。

6. 展示学生作品，组织学生交流。

七、教学反思：

《青蛙写诗》这篇课文以"都有谁来帮忙了"这个问题为主线统领文章内容的学习，在学习每个小节的过程中抓住了事物的特点，通过不同的形式增加文章的趣味性，从而指导学生有感情地朗读课文实现认识标点符号的教学目标。在具体实施的过程中有优势也有不足之处：

教学中的优点：

1. 识字教学方式多样，学生能准确认读生字并且能组词。

2. 结合学生已有生活经验设置问题，锻炼学生表达能力。

3. 通过指导标点符号在朗读过程中的停顿，认识标点符号，了解标点符号的应用。

教学中的不足：

1. 课文理解深度不到位。课文的讲解比较偏向于语言，只注意了课文的内容，未深层挖掘课文与标点符号之间的关系，标点符号的作用、用法和形状强调不到位，备课时虽有预设但课堂教学过程中因比较紧张落实不够。几个小节的教学方式比较单一，可以转变方法，让学生自己提问、作答，实现学生之间的互动。

2. 在朗读指导上，过度关注课文注音，对学生对课文的投入关注不到位，创编儿歌环节用时较长，时间把握要注意，设计时应更加有梯度，让学生逐渐进入创编环节，对学生创编较好的小儿歌，教师应及时给出与文本相关的评价语。

3. 对学生关注度不够，有位同学提出“小青蛙写的是什么呀?”，面对学生的疑问，未及时作出反应。

今后的改进方向：

1. 课标、教参、教材三位一体，研读文本，精心备课。及时向师傅、组长请教，同组教师多讨论，深入透彻理解文本内容，把握教学重难点。

2. 融会贯通，培养学生表达表达能力和想象能力。合理分配课堂教学时间，合理设计教学问题的梯度，争取做到学生全覆盖，进行及时有效的课堂评价。

3. 抓住学生的课堂生成，转“危”为“机”。在课堂上倾听学生的疑问和发言，关注学生。有时学生无心的一句话却正是学生不明白的地方，是理解文章的关键点。捕捉学生的疑问，帮助学生答疑解惑的过程也就是帮助学生理解文本的过程。

指导教师：安外三条小学　韩　雪

为中华之崛起而读书

（第一课时）

东城区板厂小学　赵仕轩

一、教学目标：

1. 抓住重点词句了解少年周恩来立志的原因，理解“中华不振”的含义。

2. 正确、流利、有感情地朗读课文。

3. 体会人物情感，感受少年周恩来的博大胸怀和远大志向，明确和坚定自己的读书目标。

二、教学重点：

1. 品味语言，有感情朗读。

2. 深入体会少年周恩来立志的原因。

三、教学难点：

通过感受少年周恩来的远大志向，明确和坚定自己的读书目标。

四、教学时间：

一课时

五、课前准备：

1. 学生课前查阅周恩来总理的资料、事迹。

2. 教师课前准备好教学 PPT。

六、教学过程：

(一) 复习词语　感受“中华不振”

1. 理解课题

(1) 齐读课题：为中华之崛起而读书

(2) 谁来说说题目意思。

(3) 让我们再来读一读课题。

2. 复习词语引出重点词语

(1) 老师想考考你们对词语的掌握程度，愿意接受挑战吗？老师来说词语，你能联想到课文中的哪些词，把它写下来。

外国　租界地　热闹非凡　灯红酒绿

租界的巡警　　耀武扬威

肇事的洋人　　得意扬扬

看来你们不仅对课文熟悉，还能对课文中的词语进行恰当的联想。模仿老师刚才给你的词语的形式，你能不能也联系课文内容说出一个这样的词，让老师和大家猜猜联想到的词。

中国的妇女　　衣衫褴褛

围观的中国人　紧握拳头

(2) 重点词语理解：再把一些词语带到句子当中，你能通过朗读带我们走进当时的情境中吗？

“他们急忙奔了过去，只见人群中有个衣衫褴褛的妇女正在哭诉着什么，一个大个子洋人则得意扬扬地站在一旁。”

(3)此时你头脑中仿佛出现一幅怎样的画面?

中华不振

(二)细读课文升空聚焦“中华不振”

1. 耳闻“中华不振”

(1)请你自己大声读文,找出带有“中华不振”的句子,把它画下来。请一个同学读第一个句子。这一次,周恩来是怎样知道中华不振的?

从伯父的话语中,周恩来亲耳听到了中华不振。

(2)分角色、合作朗读这段话,体会周恩来听后疑惑不解。

2. 目睹“中华不振”

(1)请同学读第二处带有“中华不振”的句子。这次,周恩来是怎样知道中华不振的?

他亲眼看见了在租界所发生的一切。

(2)周恩来亲眼看见了租界里发生的不平等的事情,哪些自然段向我们介绍了租界和发生在租界的事情。(7、8段)接下来让我们把目光聚焦到这两段。

【自学提示】自己默读课文第7、8自然段,思考哪个情节最让你感到中华不振?抓一个词或一句话,想想自己体会到了什么?

(3)出示课件:

“一个风和日丽的星期天,周恩来背着大伯,约了一个要好的同学走进了租界。嘿!这一带果真和别处大不相同:一条条街道灯红酒绿,热闹非凡,街道两旁行走的大多是黄头发、白皮肤、大鼻子的外国人和耀武扬威的巡警。”

①理解“走进”和“闯进”的不同之处。为什么我们不能走,而要闯。

②你认为租界是个怎样的地方?

预设:表面上街景是灯红酒绿、热闹非凡,实际上对于中国人来说这是个不平等、充满屈辱的地方。

③讲国人与狗的故事。学生听后谈感受。此时你什么心情?为什么呢?

预设:这些外国人居然这么欺负中国人,这简直太侮辱人了,所以我非常生气!谁再来读读,让我们感受到此时中华不振。

(4)这就是灯红酒绿的租界,这就是不让中国人进的租界,在自己的国家里,自己的领土上不能随意走动,让人愤怒。这都源于——中华不振。然而,租界里看到的那一幕更是让周恩来感受到中华不振。(出示课件:第八自然段)

假如此时你就是有正义感的中国人,你为什么握紧拳头?我听出了愤怒，你想干什么？此时，你能做吗？不能，此时人们敢怒不敢言，这一切都是因为——中华不振。

（5）句式训练，理解“中华不振”。

“但是，在外国租界里，谁又敢怎么样呢？只能劝劝那个不幸的妇女。”

在外国租界里，中国人不敢（　　　　），只能（　　　　）。

（6）此时，你认为中华不振是什么？

预设：在国人受欺侮时敢怒不敢言，国土被践踏。

（7）师生接读：

①租界中的一幕幕让人难过、愤怒、辛酸、无奈。正因为中华不振，这一条条灯红酒绿，热闹非凡的街道两旁行走的大多是（黄头发、白皮肤、大鼻子的外国人和耀武扬威的巡警）；

②正因为中华不振，当周恩来跑进租界，忽然巡警局门前围着一群人。只见（人群中有个衣衫褴褛的妇女正在哭诉着什么，一个大个子洋人则得意扬扬地站在一旁）；

③正因为中华不振，当妇女的亲人被轧死时，（她原指望中国的巡警能给她撑腰，惩处这个洋人。谁知中国巡警不但不惩处肇事的洋人，反而把她训斥了一通）；

④正因为中华不振，围观的中国人都（紧握着拳头。但是，在外国租界里，谁又敢怎么样呢？只能劝劝那个不幸的妇女）。

3. 思考“中华不振”

（1）播放课件：一组当时中国人生活的图片

教师配乐旁白：周恩来在租界看到的这一幕，只是中国人生活的一个画面，受侮辱受欺凌的岂止是这个妇女？社会得不到发展，国家没有地位，人民即将沦为外国列强的奴隶……中华不振，任人宰割。

看到这一张张令人气愤的图片，看到这一串刺眼的数字，我想你们心中一定有很多的感受。

（2）周恩来和你们一样，从租界回来以后，常常一个人在沉思。你觉得他可能在想些什么呢？请你把它写在书上。请同学分享。

这一切都是因为中华不振。此刻，周恩来的心情浓缩成九个字，一起读。（为中华之崛起而读书）

（3）指导朗读：这九个字是他一生信守的诺言，这九个字更是他终生为之奋斗的目标，齐读：为中华之崛起而读书！

（三）明确目标　拓展延伸

1. 这就是少年时的周恩来，从小立志的周恩来。他是这样说的，也是这样做的。出示一组文字资料感受周恩来的奋斗史。

2. 少年周恩来从小立志要为中华民族的强大而读书，而且他还付出了实际行动。学了这一课，你的学习目标又发生了哪些变化？

3. 这节课我们认识了少年周恩来，再给你们介绍一个同龄的外国朋友——乌塔。请你自己朗读 27 课，思考她是个怎样的女孩？为什么？可以在书上做标记。思考完了，小组进行讨论，看看待会哪个组找到乌塔更多的特点，可以派一个同学来和我们汇报。

从他们的成长中，你得到了哪些启发？

4. 通过这节课的学习，我们了解了周恩来的成长故事，也了解了同龄小伙伴的成长故事。我们通过这一单元的学习，也来回顾一下自己的成长经历。把学习中所得到的启示写一写，老师期待拜读大家的作品。

七、教学反思：

通过本堂课教学，基本达到教学目标，同时对于教学重点难点有基本的体现，总结课堂，反思自我，为更好地提高教学水平奠定基础，本节课反思如下：

优点：

（一）复习词语导入，调动学生兴趣。

课堂开始，我利用听写词语的方式让孩子回顾了在租界中不同人的特点，形成了鲜明的对比。首先调动了孩子的积极性，其次，让学生根据老师所给的词语联系课文内容进行联想，这样深层次地链接文本，充分调动学生的思维。

（二）引入资料，让学生感同身受。

对于本课的学习，学生难在不了解当时的时代背景。所以在上课过程中，我先后引入了当时的资料。使得学生对当时所发生的事也能够感同身受。既增加了课堂的信息量，又能对学生理解语言文字有帮助，使语文课堂增加神采。

（三）单元整合，引出乌塔的成长故事。

课堂最后，以一篇带一篇的形式引出了 27 课《乌塔》，以整合的形式引导学生在激起爱国之情的同时理性地阅读，从文字中去对比、发现不同时代、不同国籍的人是如何成长的。再联系生活交流自己的做法和收获，给学生一个开放的课堂。

不足：

（一）课外资料的引入可以更加多元化

课上，我几次引入了课外资料。同时我也在思考，怎样才能更好地发挥学生的主体性，引导他们学会主动在课前查找相关资料。同样的资料，除了让学生读、看，如何更好地发挥资料的作用，调动起学生的思维，让一个教学环节有更多的作用，也是我要不断学习的。

（二）单元整合的尝试可以更加深入

本节课上的整合是以一篇带一篇的形式出现的，教学的着力点是希望通过本课的教学让学生感悟读法，学法，由此进行迁移和运用。因为是初次尝试，所以值得我思考的问题还有很多。例如这样的设计，由一篇文章的阅读获得的方法是什么？如何找准迁移点？

今后的教学中，我还要再思考怎样更好地进行单元整合的教学，使学生能够真正地有所学，有所获。

指导教师：板厂小学　韩　玉

小书包

（第一课时）

北京市崇文小学　刘　洋

一、教学目标：

1. 识记“书、包”等 11 个生字和包字头、单人旁、竹字头 3 个偏旁。会写“书、本”2 个字。

2. 识记生字，巩固运用识字方法，提高识字能力。让学生喜欢学习汉字。

3. 指导书写生字，培养观察能力及良好的书写习惯。

二、教学重点：

1. 识记“书、包”等 11 个生字和包字头、单人旁、竹字头 3 个偏旁。

2. 正确、规范的书写汉字，养成良好的书写习惯。

三、教学难点：

1. 引导学生运用多样识字方法自主识记本课生字。

2. 在教师指导下，正确、规范的书写“书、本”2 个字。

四、教学时间：

一课时

五、课前准备：

多媒体课件、学具实物、创编儿歌、生字生词卡片

六、教学过程：

（一）猜谜激趣，导入新课

1. 教师：通过谜语“带子长长身体方，书本文具里面装，它是我们的好朋友，天天伴我把学上”引出课题——小书包（板书课题）

2. 学习“书、包”两个字。

（1）出示生字卡片：拼读“书、包”两个字，相机纠正读音。

（2）识记字形。

①观察“书”字

教师提问：生活中在什么地方见到过“书”字，你是怎样识记它的？

预设1：学生说出生活中见到“书”字的地方。教师提示：生活是个大课堂，我们要学会在生活中识字。

预设2：学生说出周末去图书馆。教师评价：我们要多读书，读好书，在书籍的世界中认识更多的生字朋友。

②观察“包”字

教师引导学习新偏旁“包字头”

学生练习用“包”字组词语

（二）多种方法，识记生字

1. 游戏猜谜，集中识字

（1）竞猜谜语，学习生字。

教师过渡：同学们还想继续猜谜语吗？

出示投影：学生猜谜语，相机依次出示三个谜语的谜面。

①小黑人儿细又长，穿着木头花衣裳。画画写字它全会，就是不会把歌唱。(铅笔)

②像糖不是糖，有长也有方，帮你改错字，它可不怕脏。(橡皮)

③身着五彩衣，肚里有文笔，平时不开口，上课献东西。(笔袋)

（2）课件辅助，识记生字。

教师：把谜底“橡皮、铅笔和笔袋”图片换成了文字，你还认识他们吗？指名读、小组读词语：“橡皮、铅笔、笔袋”巩固识记。

（3）回文读词，巩固识字。

①自主读词

教师：把这些词语送到课文中，你还能读准确吗？请同学们打开书，自己读一读书上的词语，借助拼音读准字音。

②集体反馈

教师：这么多生字宝宝要和我们做朋友，我们可要热情的迎接它们呀，

哪位同学愿意声音洪亮带领大家读一读?(个人读、开火车读、集体读)

③巩固识记

教师:下面生字宝宝们要来检验一下我们的学习成果,他们把音节帽子摘掉了,你们还认识它们吗?

投影出示:橡皮、尺子、作业本、笔袋、铅笔、转笔刀(去掉拼音学生再次认读)

(4)小组合作,分类识字。

①出示:尺子、作业本、转笔刀(课件中标红“尺、业、本、刀”字)

教师:有这样四个生字宝宝,请你们仔细观察它们,想一想它们有什么共同特点?预设:都是独体字

②小组学习:四个人为一个小组,每人选择一个字,说说你是怎么记住它的。

③集体交流。(教师小结:这四个独体字我们都可以用加一笔或是减一笔的方法进行识记。)

2. 朗读课文,随文识字

(1)自主读文,圈画生字。

要求:自己出声读课文,借助拼音读准字音,并在课文中将生字宝宝圈出来。

(2)指名朗读课文,纠正字音。

(3)识记生字:“笔、作、课、早、校”

教师:读一读这五个生字宝宝,看看你发现了什么?

预设:上下结构(笔、早),左右结构(作、课、校)

①学习“笔”字

出示投影:古代人用的毛笔

教师:结合毛笔的样子试着说一说“笔”字,相机学习新偏旁“竹字头”。

②同桌合作学习,识记生字:“早、作、课、校”

教师:请你和你的同桌说说,你用什么方法记住它们?

③集体交流,巩固生字

预设:教师在学生交流中相机引导说出“加一加、换一换”的识字方法。学习新偏旁“单人旁”。再给生字组词中巩固了生字,积累了词语。

(三)做课中操,放松身心

教师过渡:刚刚我们用归类的方法、加一加、减一减的方法学习了11个生字宝宝,接下来我们要放松一下,让我们唱起欢快的《上学歌》。

（四）运用游戏，巩固识字

1. 游戏中巩固识字。

师出示生词卡片，学生举起相应的学习用具，并齐读词语。

2. 齐读课文，再现生字。

（五）细致指导，书写生字

教师过渡：书籍是我们的好朋友、好伙伴，老师希望同学们多读书，读好书，同时也要写好“书”字。

1. 指导书写“书”字。

（1）引导学生观察“书”字在田字格中的位置。

（2）教师范写，请同学们注意笔顺，一边看一边说笔画的名称。

（3）学生书空，强调笔顺。

（4）学生书写。（教师巡视指导，提醒学生注意书写的姿势。）

2. 指导书写“本”字。

（1）先观察，说一说：这个字和我们以前学过的哪一个字比较像？（生预设：木）你想提醒大家在书写“本”字时要注意什么？

（2）教师范写。

（3）学生书写。（教师巡视指导，提醒学生注意书写的姿势。）

3. 展示评价。

4. 学生修改，完成书写。

（六）拓展延伸，再现生字

教师总结：今天我们一共认识了 11 个生字，会写了 2 个生字，同学们学得很认真。老师写了一首小儿歌送给你们！

小书包

妈妈送我小书包，
早上陪我去学校。
走进课堂先坐好，
轻轻打开小书包，
尺子、铅笔、转笔刀，
还有课本、作业本。
一样一样摆放好！

师：这首儿歌中包含了我们这节课学习的所有生字，谁愿意尝试着读一读？

七、教学反思：

第一，由图片到文字，由具体到抽象，顺应低年级学生的心理。一年级的学生在学习中主要靠形象思维，所以先出示图片，学生们比较容易接受，紧接着将图片变成文字，从具体到抽象，顺应了低年级学生的心理，对生字的掌握也更扎实。

第二，多种识字方法并用，调动学生兴趣，增强识字愿望。低年级的语文教学重点在于“喜欢学习汉字，有主动识字的愿望”，基于此，全课贯穿了多种识字方法，比如猜谜语识字，归类识字，随文识字，图片识字等，再用玩游戏的方法贯穿整个识字的过程，调动了学生识字积极性，激发了识字兴趣，使学生喜欢学习汉字。

第三，小组、同桌的互助合作学习方式，避免教师授课的单一性，增强学生的参与感，学会分享交流。低年级的课堂上，在教师的指导下进行适当的伙伴互助学习，能够很好地避免课堂上教师成为“主角”，增加课堂的多样性，增进伙伴间的交流，引导学生学会合作学习，与同伴分享学习成果，增强了自信，提高了学习效率。

指导教师：崇文小学　朱　琳

北　京

（第二课时）

北京市东城区革新里小学　齐　菲

一、教学目标：

1. 复习巩固已学的 13 个生字，正确书写 2 个生字。
2. 朗读课文，进一步感受北京的美丽，有热爱首都北京的意识和感情。
3. 运用 iPad 教学，学生自主选择媒资，用书中学过的语言介绍北京。
4. 培养学生认真聆听，敢于展示自己的学习习惯。

二、教学重点：

朗读课文，进一步感受北京的美丽，有热爱首都北京的意识和感情。

三、教学难点：

运用 iPad 教学，学生自主选择媒资，用书中的语言介绍北京。

四、教学时间：

一课时

五、课前准备：

教师：iPad 资源包（图片、视频）；PPT 课件；导游证及导游旗

六、教学过程：

（一）归类读词，回顾内容

1. 出示词语，小老师领读。

绿树成阴、鲜花盛开、川流不息、来来往往、高楼大厦、名胜古迹、风景优美

2. 指名学生对词语进行归类，说说分类的原因。

第一组（描写柏油马路的词语）：绿树成阴、鲜花盛开

第二组（描写立交桥上车辆的词语）：川流不息、来来往往

第三组（需要我们积累的词语）：高楼大厦、名胜古迹、风景优美

（二）朗读感悟，体会北京的美

语言导入：快把这些词语朋友送回到课文中，请你自由读课文，用“——”画出自己觉得美的句子，和你的同组小伙伴相互交流，读出它的美。

1. 学生自由读课文，标画句子。

2. 小组内以朗读的形式交流自己标画的句子。

3. 小组代表交流汇报，指名读句子。

预设：（教师相机指导）

（1）交流“天安门”的句子“天安门在北京城的中央，红墙、黄瓦，又庄严，又美。”

①教师适时进行资料补充，感受天安门的庄严美。

资料袋：

华夏民族世代生息在黄土高原上，所以对黄色就产生了一种崇仰和依恋的感情，于是从唐朝起，黄色就成了代表皇家的色彩，是最尊贵的颜色。其他人不得在服饰和建筑上使用。而红色，则寓意着美满，吉祥和富贵，正由于这些原因，宫殿建筑中用的最多的黄色、红色。

结合生活实际举例：国徽、五星红旗都是红色和金色融合在一起，体现了国家的神圣和庄严。

②指名学生读出天安门的庄严美。

指名读——比赛读——全班评议——齐读

（2）交流“柏油马路”和“立交桥”的句子

①“道路两旁，绿树成阴，鲜花盛开。”

随机出示图片，学生观看图片，感受景色美。

②“立交桥的四周有绿毯似的草坪和拼成图案的花坛。”

随机出示图片，学生观看图片，感受设计美。

③“各种车辆在桥上桥下来来往往，川流不息。”

随机播放立交桥上车辆行驶的视频，感受有序美。

④同桌小伙伴相互读自己喜欢的句子，读出美。

(3) 交流第 4 自然段

①分类出示名胜古迹、公园和高楼大厦的图片。

出示名胜古迹及公园图片时，随机指导。

语言导入：你们知道这是什么地方吗？谁去过？你能用学过的词语说说这是怎样的名胜古迹和公园吗？

②语言训练，练习表达。

(　　　　) 的北海公园；(　　　　) 的故宫；(　　　　) 的长城

4. 整体读文，情感升华

①配乐整体读文，再次体会美。

②三次师生接读第 5 自然段，读出自己的喜爱之情。

看到这样的北京，此时此刻，你最想对北京说：——（课件出示第 5 自然段）

男生接读——“北京真美啊！我们爱北京，我们爱祖国的首都！”

是啊，北京建筑美、交通美，绿化更美，让我们美美地说：——（课件出示第 5 自然段）

女生接读——“北京真美啊！我们爱北京，我们爱祖国的首都！”

我们生活在北京，又怎能不自豪呢？让我们自豪地说：——（课件出示第 5 自然段）

全班齐读——“北京真美啊！我们爱北京，我们爱祖国的首都！”

(三) 创设情境，争当小导游

语言导入：同学们，北京真是太美了，有很多中外游客都想来北京参观游玩。今天春晖旅行社想招募一位“北京一日游”的小导游，为旅客们介绍北京美丽的地方。不过在此之前，还要进行一次小导游选拔赛，看谁能把北京介绍得更美。

1. 出示选拔要求：

①从 iPad 资源包中选择自己所需的图片、视频或 PPT。

②用课文中的好词好句介绍北京。

出示提示：

词语：绿树成阴、鲜花盛开、来来往往、高楼大厦、名胜古迹、风景优美

句式：有……还有……

③介绍时能做到声音洪亮、表达清晰，介绍有序可加分。

2. 四人小组讨论，选择资料练习表达，轮流当小导游，其他三人当小

游客。

3. 小组推荐出组内最好的小导游，全班交流汇报。

小导游佩戴导游证，手拿导游旗，为现场小游客介绍北京。

4. 现场小游客提问，互动、补充资料。

（四）指导书写

语言导入：同学们，你们真是太棒了，顺利通过了春晖旅行社的考核，相信你们一定会把最美的北京介绍给你的游客。除了介绍北京，你还可以把北京的美记录下来，那就需要我们认识并会写很多生字，这节课我们就一起来学习书写“图”和“国”这两个生字好朋友。

1. 游戏火眼金睛看不同

观察一下，这两个字有什么相同点和不同点呢？谁能给它们组个词？

2. 指名学生回答。

3. 教师范写，边写边讲解。谁来说说书写时应注意些什么？

4. 学生描红，练习。

5. 展示学生的字，评议，再修改。

（五）实践活动

1. 背诵自己喜欢的部分。

2. 收集自己家乡的相关资料（图片或视频），在语文园地三口语交际我们去“旅游”中进行汇报展示。

3. 选取自己最喜欢的一处北京风景进行绘画，写上文字，制成明信片，参加班级《我爱你美丽的北京》作品展。

七、教学反思：

（一）亮点之处

1. 重视词语教学，通过图片及视频帮助学生理解词语，积累词语，以读代讲，在读中感悟北京的美。

2. 运用 iPad 教学，通过大量图片和视频等资料的补充，让学生更好地走入文本、理解文本，从而感悟北京美，读出北京美并能运用书中学过的语言来介绍北京，强化语言训练，培养学生的语言表达能力，体现语文味。

3. 在教学中采用小组合作的学习方式，让学生根据自学提示进行小组讨论学习，体现了学生的主体性，让更多的学生有表达的机会，培养学生自主学习能力。

（二）不足之处

1. 课堂时长把握得不够准确，出现了前松后紧的现象。在学生争当小导游环节给予的练习时间不够充分且学生汇报展示时教师指导不够细致。

2. 书写时间落实的不到位。低年级的课堂还需要保证书写时长，落实书写的实效性。

指导教师：革新里小学　沈秋丽

颐和园

（第二课时）

灯市口小学　耿　腾

一、教学目标：

1. 有感情地朗读课文，背诵自己喜欢的部分。

2. 抓住重点词句感受颐和园美丽的景色，受到情感的熏陶；

3. 体会作者抓住景物特点描写的表达方法。

二、教学重点：

体会作者抓住景物特点描写的表达方法，并运用到写作中。

三、教学难点：

体会作者抓住景物特点描写的表达方法，并运用到写作中。

课前准备：PPT

四、教学时间：

第一课时

五、课前准备：

学生查找颐和园内景物资料

六、教学过程：

（一）回顾章法，导入新课

1. 上节课我们学习了一篇游记，移步换景，知道了这是一座美丽的大公园——齐读课题。你还记得我们是按照什么顺序游览的吗？

2. 生读相关语句。

3. 好了，知道了这个顺序，颐和园游玩也算结束了，可以吗？

4. 具体而生动地描绘景点是游记最重要的规律，也是一个优秀的导游必备的素质，这也是同学们觉得最困难的地方，那今天我们主要解决这个问题，请同学们朗读课文，想想作者是怎样具体描写每个景点的。

（二）感受美丽，领悟方法

1. 长廊

我们先进入第一站——长廊，它被联合国文化组织评为世界“长廊之最”，还申报了吉尼斯世界纪录，猜猜看，长廊被称为“世界上最________的廊。”请同学们迅速浏览第一段，从中找出依据。

预设：

（1）“最长的廊”：700 多米长，分成 273 间。这么长堪称“世界之最”啊！

怎么读才能读出长廊的长？再读读（二次读，指导朗读：重音强调，拖长音强调。）

（2）“画儿最多的长廊”。几千幅、两幅

这句话中最让你震撼的是什么？（几千幅，还是用数字）这句话也就是说，几千幅画——（都不一样），每一幅画——（都不一样）。[课件：真是各种各样、五彩缤纷、美轮美奂的画！有多少幅？最权威的资料显示，横槛上的画竟有一万四千多幅呢!] 把你的感叹读出来（二次读）。

通过查资料，你知道了横槛上都有哪些画？

一起去看看，音乐响起，这么一走就像走过了上下五千年，走过了大江南北，浏览了四大名著，回忆了神话传说，看遍了花鸟虫鱼，真是丰富多彩啊！

（3）最美的长廊。画美，景美。

写长廊，再写花草树木，人文景观和自然景观相映成趣。

公布答案：最长的画廊。看来他没有咱们总结得全面呀。但是它却抓住了景物最最重要的特点。

描写顺序：有时，参观一处景物不知如何下笔来写，看看这小节有几句话，这六句话是怎样连起来的？男女生分读。

我们是怎么来到长廊的？——我们从整体来看——我们再一看——我们还要细细地看——我们还往两边看——我们在长廊上坐下来——这就是感受。真是“人在廊中走，景在身边移”。

小结：本段用列数字的方法写了长廊的长，长廊画的多，表现了世界独一无二的美，它是世界之最，也组成了颐和园里一道亮丽的风景线。

2. 佛香阁

现在我们走完了长廊，就来到了——万寿山脚下，抬头一看，啊！各位游客，快告诉我，你们看见了什么？佛香阁什么样？指名读课文。

（1）对比读：

一生读：佛香阁是一座八角宝塔型三层建筑，耸立在半山腰，黄色的琉璃瓦闪闪发光。

其他同学读：一座八角宝塔形三层建筑耸立在半山腰，黄色的琉璃瓦闪闪发光，那就是——佛香阁。

你发现了什么？

预设：

读第二句，你仿佛能看到游客在喊：那就是佛香阁啊！太美啦！百闻不如一见啊！指名读。

你看，这句式一变，顺序一变，就写出了惊喜，写出了激动，写出了兴奋！很好地表达了作者的心情，多有意思啊！再来读一读。

[点击课件，句子颜色变化：一座八角宝塔形三层建筑（红）耸立在半山腰（绿），黄色的琉璃瓦闪闪发光（黄）。那就是——佛香阁（蓝）。]

[合作读：3个学生与老师——3个小组与全班]

你们读出了佛香阁的——美，佛香阁的——壮，佛香阁——金碧辉煌。[板书：高、美]居高临下的佛香阁，犹如一座天宫，在颐和园中占着最重要的位置，再次让我们感叹。

小结：同样的句子，有时，只要变化一下顺序[板书：变换顺序]，倒着说，能更好地表达情感。

（2）出示佛香阁图片，分享故事

本来是9层建筑，但建到第8层的时候改变设计了，猜猜看，为什么？

太高，周围有两座九层建筑，没有变化，拆掉了变成三层建筑，特别壮观，大气，与周围景观搭配和谐。旅游时就这样边走边聊背后的故事也是不错的选择。

（3）俯瞰佛香阁：

同学们，继续前进吧！无限风光在险峰啊！我们终于登上了万寿山，站在佛香阁的前面向下望，又望见怎样美丽的景色？我们邀请了一位新的导游，让她来向大家介绍吧。

播放录音。你听出什么了？

预设：

游船、画舫就这样若隐若现，就这样若有若无，似乎连游船、画舫都不忍心打破这宁静而美丽的湖面啊！（比喻的方法、动词的妙处）

小结：在万寿山上由近到远俯瞰，颐和园的大半景色收在眼底。如果说佛香阁仿佛是一座金碧辉煌的天宫，那么昆明湖就是无与伦比、令人惊叹、让人陶醉的天湖。

3. 昆明湖

下面同学将带我们一起游览昆明湖。

(1) 齐读

(2) 练习表达

清晏舫

清晏舫俗称石舫，石舫长 36 米，船用大理石雕刻堆砌而成。船身上建有两层船楼，船底花砖铺地，窗户为彩色玻璃，顶部砖雕装饰。下雨时，落在船顶的雨水通过四角的空心柱子，由船身的四个龙头口排入湖中。

苏州街

苏州街又称“买卖街”。苏州街是后湖两岸仿江南水乡而建的买卖街。清漪园时期岸上有各式店铺，如玉器古玩店、绸缎店、点心铺、茶楼、金银首饰楼等。店铺中的店员都是太监、宫女妆扮。皇帝游幸时开始“营业”。

玉带桥

玉带桥拱高而薄，形若玉带，弧形的线条十分流畅。半圆的桥洞与水中的倒影，构成一轮透明的圆月，四周桥栏望柱倒影参差，在绸缎般的水面上浮动荡漾，景象十分动人。洁白的桥栏望柱上，雕有各式向云中飞翔的仙鹤，雕工精细，形象生动。

知春亭

小岛正中的知春亭坐东朝西，凭栏可纵眺全园景色。亭畔遍植垂柳，春来景色殊胜。据传“知春”二字源于宋诗句“春江水暖鸭先知”。

铜牛

颐和园昆明湖东堤岸边，十七孔桥桥头不远处，有一只神态生动、栩栩如生的镀金铜牛，它昂首安卧于岸边，看起来力大无比，勤劳朴实，温顺善良，平和自如，使游人陶醉。

因为时间有限，我们不能人人当导游，不过我们还有机会，但是要求却高，快拿出学习单，运用上面的几段资料，使用我们学习到的表达方法进行介绍，使各景点的特点更加突出，当然也可以用到你收集到的资料。(每两组资料相同，其他四组资料顺序调整)

可以同桌交流后发言

学生汇报，交流。

交流补充，小结：看来我们人人都可以当导游，都可能写游记，因为我们都能抓住景物的特点，用不同的表达方法使其丰富生动。

(三) 比较异同，总结写法

1. 游客回到读者，看看课文。到此为止，我们学习了“长廊”“佛香阁”“昆明湖”，发现每段描写方法都不一样。可其实啊，这几段也有一个共同的写法。

出示表格

景点	特点	表达方法	共同点（衬托）
长廊	长、画多、美	列数字	两边、昆明湖
佛香阁	美、壮、	变换句式	排云殿
昆明湖	绿、静	比喻、动词的准确使用	宫墙、城楼、白塔

不写，可以吗？——［孤立，单调，不那么美，犹如绿叶衬托红花，云彩托起明月，犹如美丽的花边点缀。会把主景打造、衬托得更美，更精彩。］

2. 尝试背诵

试着背两段，体会这些表达方法的妙用。

小结：不论写任何景点，文章都抓住了景物的特点，运用多种表达方法使景物描写更加丰富生动。

（四）总结，启发

学习了《颐和园》这篇游记，你觉得对你今后写游记有什么帮助和启发？看来大家的收获可真不小！掌握了这些绝招法宝并努力运用就会提高。

（五）布置作业，尝试写作

描写自己熟悉的一处景观，尝试运用积累的表达方法，把景物写具体生动。

七、课后反思：

在《颐和园》这篇课文的教学过程中，我尊重学生，始终让学生处于主体的地位，教师则更多的成了引导者、组织者，成为学生学习的伙伴，整个教学的过程，教师和学生始终是平等对话的过程。

《颐和园》是小学语文课本第一篇游记，游览顺序清晰，在景物描写上，方法也各有不同，对学生的习作具有较强的指导和示范性。因此我把教学重点确定为体会作者抓住景物特点描写的表达方法，并运用到写作中。

在学习“长廊”时，我引导学生以“世界之最”为话题，让学生体会长廊的长、画多、画美的特点，重点关注了列数字的说明方法；佛香阁的壮丽，作者是运用倒装句凸显出来的。我引导学生通过个别读、分工读、边读边体会变换语序给读者带来的不一样的情感体验。在昆明湖一段的学习中，学生则关注到比喻的句和动词的准确运用对突显景物特点的重要作用。每体会一处景物，就让学生习得一种方法。与此同时，我还充分利用多媒体教学设备，直观地展示了与课文相关的精美照片，让学生真切地感受到颐和园的美，激发了学生视美、爱美的情感，实现了学生对文本的理解与欣赏。因为文章篇幅比较长，知识点比较多，为了使一堂课充实饱满而又不显得面面到面面松，所以我大胆地将不少“亮点”舍去了。在课的最后环节，请同学们结合老师提供或自己查找的资料，仿照文章的表达方法介绍景物特点，学生不仅能运用课文的写法描述，还把自己以往的积累调动出来，在美图美乐的配合下，绘声绘色地讲述景物特点。一节课下来，孩子们得言得法的教学效果，还是让我感到很欣慰的。

指导老师：灯市口小学　崔　影

古诗词三首

（第一课时）

灯市口小学　袁日涉

一、教学目标：

1. 认识“蚕、昼、耘”3个生字，读准“蚕、桑、了、昼、供、傍、耘”7个字的字音，会写“蚕、桑、昼、耘、绩”5个生字。

2. 正确、流利、有感情地朗读、背诵这两首古诗。

3. 借助注释、插图自主学习，正确理解诗意。在诵读品味、情景想象中感受优美的田园风光，体验繁忙、紧张的乡村生活，激发学生对乡村的热爱，对劳动人民的热爱。

4. 激发学生对古诗的热爱，养成课外主动积累的习惯。

二、教学重点：

正确理解诗意，在诵读品味、情景想象中感受优美的田园风光，体验繁忙紧张的乡村生活，激发学生对乡村的热爱、对劳动人民的热爱。

三、教学难点：

培养阅读古诗词的兴趣和对古诗词的热爱之情，养成课外主动积累的好习惯。

四、教学时间：

第一课时

五、课前准备：

学生查阅翁卷和范成大的资料；借助注释和工具书，疏通字词，了解诗意；搜集、积累课外的田园诗。

六、教学过程：

（一）主题导入，复习方法

1. 师导语：在这个单元中，我们走进了自然和谐的乡村人家，游览了辽阔的牧场之国，今天我们一起到诗词中感受别样的田园风光。

2. 齐读诗题：《乡村四月》《四时田园杂兴》

（二）自学《乡村四月》

1. 古诗的学习我们并不陌生，谁还记得我们学习古诗的方法？（读诗题，知作者，明诗意，悟诗情）【板书】

2. 下面我们就按照这样的方法，先来学习第一首诗——《乡村四月》。出示小组合作学习要求：

①理解诗题，了解作者。

②初读诗歌，读准字音，借助注释，结合插图，理解诗意。

③细读诗歌，品读语言，想象情景，感悟诗人所要表达的情感。

④诵读诗歌，在朗读中加深体会。

3. 学生根据以上的学习环节和要求小组合作自学《乡村四月》。

4. 按照学习要求的步骤，交流自学成果。

预设：

（1）诗题《乡村四月》是讲农历四月时的乡村景色。诗人翁卷字续古，一字灵舒，南宋诗人。

（2）读音：提示大家“了”字读音是 liǎo。（师：你怎么确定的这个字的读音?）注释中“了”是“结束”的意思。（据义定音）

（3）诗意：

①“雨如烟”：细雨蒙蒙像烟雾一样扑面而来

②“蚕桑”：养蚕和种桑，制作丝绸。

③“插田”：插秧

师：谁能再来完整地讲讲这首诗的意思?

山坡原野草木茂盛，一片葱茏，而稻田里的水色与天光相辉映，满目亮白，杜鹃声声啼叫，天空中烟雨蒙蒙。四月到了，农民都开始忙农活，没有人闲着，刚结束了蚕桑的事又要插秧了。

（4）诗情：

①我感受到乡村的景色很美。（师：你看到了哪些美丽的乡村景象?）

【板书：景美】

a. 山陵和原野都是绿的。

山陵原野上什么绿了呢？你在田园中都看到了怎样的绿色？（树木、小草、竹叶……在大好的春光下，到处都是绿色，有深有浅，有明有暗，绿得鲜亮、耀眼，充满生机。）

是啊，绿了这么多，真是——（生）绿遍山原。

这就是古诗词的魅力，一个“绿”一个“遍”就把四月乡村那绿的世界展现在我们的眼前。

b. 稻田的水色映着天空的光辉。

在绿色的原野上河渠纵横交错，一道道是白茫茫的；那一片片放满水的稻田，也是白茫茫的，这就是——（生）白满川

把这美的画面通过你的诵读表达出来吧，——（生）绿遍山原白满川。

c. 还有哪里让你感受到美？“子规声里雨如烟”

读了这一句，你仿佛听见了什么？看到了什么？“杜鹃鸟的叫声”“春雨沙沙的声音”

雨大吗？用你的语言形容一下那是怎样的雨？（蒙蒙细雨、像牛毛、像花针）

正因为雨降大地，稻田波光粼粼，才让水色天光辉映，满目亮白，才会有——（生读：绿遍山原白满川。）

师：你喜欢这样美丽的田园风光吗？谁愿意带着你的感受再来读读这美丽的景色？（指生读）

②（你从诗中还感受到了什么？）我感受到乡村的人们很忙。（你从哪儿感受到人们的繁忙？）【板书：人忙】

“才了蚕桑又插田”“才了”“又”体会到什么？（刚刚结束了蚕桑的事又要插秧了，农活很多，农民的劳动繁忙紧张）

师：谁和他有一样的感受？为我们读出你的感受。

5. 多么美的田园风光，多么勤劳的乡下农民！让我们带着对他们欣赏和热爱，自己试着有感情地背一背这首诗。（生自由背诵）

指生背。

齐背。

（三）自读质疑，学习《四时田园杂兴》

1. 谈话过渡：欣赏了《乡村四月》给我们带来的江南农村初夏时节的迷人景象和劳动人民紧张、繁忙的劳动情景，接下来，让我们再来学习一首同样也是描写田园风光的诗歌——《四时田园杂兴》。

2. 学生自由朗读，读准字音，读通句子。

指名朗读，师生正音。

读准多音字“兴”，理解“杂兴”。

指导生字书写“昼”：旦指日出，太阳升出一尺，白昼开始了。

齐读古诗。

3. 在预习中，你有哪些疑问吗？

"绩麻"：将苎麻一分为二，一分为三四，再划成若干缕如霆霆细雨般的麻线。之后，再把似银丝如白发的线段，接拧成一根数百上千米的长线。（出示图片）

"村庄儿女各当家"：农家男女各自忙着自己的事情，各有自己拿手的本事。

4. 谁能完整地讲讲诗句意思？

白天锄地，夜晚搓麻，农家男女各自忙着自己的事情，各有自己拿手的本事。小孩子哪里懂得耕织之事，也模仿大人的样子，在靠近桑树的下面学着种瓜。

5. 你从诗中感受到了什么？

①农民的勤劳（从哪感受到？读出他们的勤劳。）

②（诗中还写了谁？"也傍桑阴学种瓜""学"字写出了什么？）孩童天真、可爱（你从哪个字感受到的？你能读出他们可爱的样子吗？）

6. 这首诗也为我们呈现出了农人供耕织、孩童学种瓜的乡村劳动景象。谁愿意带着你的感情试着背背这首诗？

齐背。

（四）拓展延伸

1. 拓展阅读《四时田园杂兴》

（1）过渡语：诗人范成大的《四时田园杂兴》共六十首，我们再来欣赏一首他写于夏日的田园诗。看看诗中都写了哪些景象？你从诗中感受到了什么？

四时田园杂兴

范成大

梅子金黄杏子肥，麦花雪白菜花稀。
日长篱落无人过，惟有蜻蜓蛱蝶飞。

（2）学生交流：梅黄杏肥，麦白菜稀，色彩鲜丽；农民早出晚归，农舍人稀，蜓飞蝶舞，更显安静。

（3）谁愿意读出你的感受？指生读

2. 在课外阅读中，你还积累了哪些田园诗？和大家分享一下。

（1）学生读（背）积累的诗句

（2）田园是________的，____感受____。

3. 在五一假期中，同学们也走进乡村，感受了质朴、自然的田园风光。你愿不愿意也像翁卷和范成大一样，将我们的所见、所想用诗记录下来？

你可以像21课的阅读链接中《在天晴了的时候》一样，写一首儿童现代诗，也可以像这些古人一样，挑战一下古诗的表达方式。一会儿请你带领大家走进你心中的田园。

（学生创编田园诗、交流）

4. 今天，我们以诗作笔勾勒乡村的清新朴实。在你们的带领下，我也陶醉在了迷人的田园风光中。课后，请把这两首古诗默写在积累本上。

七、课后反思：

主要成绩：

1. 学生对于古诗的学习已经不再感到陌生，对于古诗的学习方法也不再感到生涩，于是在教学的过程中我采取了以复习古诗的学习方法，从而引导学生自学、汇报的方式进行学习。学生很快就进入了学习的状态，由读到悟，在整个的自学过程中，学生不断抓住相应的字眼，品味到了古诗所传达的意境。

2. “诗是无形画，画是有形诗。”在教学《乡村四月》时，我适时引导学生大胆想象，“如果你要为这首诗配一幅画，你会画什么?”要把学生引入诗境，教师必须先批文入情，用富有感染力的语言，去点燃学生的情感。于是我在让学生发言之前，先出示田园之美的图片，用诗意的语言引导学生想象，对深入感悟诗情起到了很好的作用。

3.《语文课程标准》指出：“语文是最重要的交际工具，是人类文化的重要组成部分。工具性与人文性的统一，是语文课程的基本特点。”在两首古诗、学生诗词积累和拓展阅读之后，我设置了让学生自创田园诗的环节。在预设中本没抱太大希望，但在教学过程中，学生的创作真是令人啧啧赞叹。有的学生创作的现代儿童诗让人感受到孩子的想象之丰富，有的学生挑战了古诗的表达方式，平仄押韵煞有其事，还有的学生特别强调，自己写的不是诗，是一首词……在这个过程中，学生将自己脑海中的一幅幅田园美景，化作一首首想象丰富、语言精练优美的田园诗，为他们抒发情感、记录生活又开辟了一条新途径，实现了工具性和人文性的统一。

农家田园游

王汉达

春季踏青到农家，青菜植物满地长。
鸡鸣鸭叫乐融融，樱桃树下花儿笑。
池塘游客来垂钓，儿童嬉戏欢声叫。
农夫做菜满香飘，田园农家无限好。

秋月词

鲁翰飞

晚月当帘，连绵青山雪。
独出前门望村景，
金稻含苞新叶。
桃花流水。
渔歌唱晚，落霞已沉溪。
芦中飞鹭鸶。

乡村的动物

张塬钒

清清的溪水边，
一群肥肥的鹅仔，
扑腾着翅膀，
嗷嗷地叫着："我饿！我饿！"
栅栏里的大黄牛也不甘示弱，
哞哞地叫着："我饿！我饿！"
一手拿着稻米，一手拿着青菜，
真不知道先给哪个好！

主要问题：

在引导学生想象的过程中，教师的引导虽然很多，从学生的神情也能看出他们陶醉其中，但是在表达上，孩子们还是很难做到将自己想象到的画面表达出来，在朗读上体现得也不够。在这方面还要加强训练。

指导教师：西中街小学　孙桂芬

老人与海鸥

（第二课时）

东城区黑芝麻胡同小学　胡　滨

一、教学目标：

1. 有感情地朗读课文，体会海鸥对老人的那份令人震撼的感情。

2. 揣摩课文的语言文字，领悟作者是通过老人死后，海鸥翻飞盘旋，肃立，鸣叫等几个具体的画面把老人和海鸥之间的感情写真实、写具体的。

3. 体会人与动物和谐相处的美妙，激发学生关爱小动物的热情。

二、教学重点：

体会海鸥对老人的那份令人震撼的感情。

三、教学难点：

领悟作者是通过老人死后，海鸥翻飞盘旋、肃立、鸣叫等几个具体的画面把老人和海鸥之间的感情写真实、写具体的。

四、教学时间：

一课时

五、课前准备：

PPT 课件　视频

六、教学过程：

（一）创设情境，导入新课

1. 通过上节课的学习，我们了解到老人和海鸥之间有着非比寻常的深厚情谊，下面我们先来看个视频，感受一下，老人对海鸥无私的爱。

2. 学生汇报

预设：通过看视频，让学生回忆起老人对海鸥无私的爱的具体内容。

3. 从老人喂海鸥，呼唤海鸥，谈海鸥这三件事，感受到了老人对海鸥无私的关爱。（板书）：无私的爱后来又发生了什么？

（二）品读送别段，感悟海鸥情

1. 过渡：在我们采访老人的十多天后，我们得到了老人去世的消息。为了纪念老人，我们把老人的照片放大，放到了翠湖边，这时却发生了意想不到的事情。

（1）下面请同学们看自学提示。

出示自学提示：（学生读）

默读 14—19 自然段，找出老人去世后，发生了哪些意想不到的事情？用曲线画出完整的句子。

写出你感受到了什么，从哪里看出的，可以在旁边做批注。

学生读书，找句子，读句子，汇报。

（2）那么我们首先来看第一组句子。

出示课件

一群海鸥突然飞来，围着老人的遗像翻飞盘旋，连声鸣叫，叫声和姿势与平时大不一样，像是发生了什么大事。

学生读句子，汇报

预设：通过出示课件，让学生读文，可以让学生初步感知海鸥出现异常行为的原因。再通过追问，使学生发现文段中的关键词语。

翻飞盘旋（板书）

(3) 那可不可以换成别的词？下面看一组句子。

一群海鸥突然飞来，围着老人的遗像翻飞盘旋，连声鸣叫，叫声和姿势与平时大不一样，像是发生了什么大事。

一群海鸥飞了过来，围着老人的遗像不停地飞，发出叫声，叫声和姿势与平时大不一样，像是发生了什么大事。

学生读句子

哪句话好，为什么？

学生汇报

预设：利用换词对比，使学生深入感受到两个句子所表达语气的强弱，进而深入体会文意。

(4) 你说得非常好，作者通过海鸥的一个动作，写出了它们急切的心情。如果此时你是老沙，你会说什么？

学生汇报

预设：设计这个问题，更多地是为了让学生更加深刻地体会海鸥心情的急切。

(5) 刚才大家都能比较准确地理解海鸥的心情，那么你能带着这种情感再读一下这个句子吗？

学生有感情地朗读句子

2. 从大家的朗读中，可以看出海鸥对老人的感情很深，接着又出现了更加令人惊奇的举动，是什么？

出示课件

过了一会儿，海鸥纷纷落地，竟在老人遗像前后站成了两行。它们肃立不动，像是为老人守灵的白翼天使。

学生读句子，汇报

预设：让学生进行充分的表达，能够更好地理解文段的意思。

（板书）肃立

(1) 什么是肃立？

学生回答

(2) 同学们说的都很好，下面咱们看一张图片，深入地体会一下。

学生看图片

图片上表现的内容是，我国的公安干警在送别一位因公殉职的战友，他们都分别站立在两旁，肃立默哀，表达对战友的哀思。

(3) 从海鸥的肃立中，你体会到什么？

学生汇报

预设：通过提问以及让孩子观看图片，能够比较形象地体会海鸥令人惊奇的举动的原因。

(4) 海鸥这种有灵性的动物在用这样庄严的仪式在与它们的亲人告别。下面我们随着音乐，有感情地朗读这些句子

学生有感情地朗读句子（个别读，配乐读）

3. 当我们不得不收起老人的遗像时，又出现了这样的画面？

当我们不得不去收起遗像的时候，海鸥们像炸了营似的朝遗像扑过来。它们大声鸣叫着，翅膀扑得那样近，我们好不容易才从这片飞动的白色旋（xuán）涡（wō）中脱出身来。

学生读句子

(1) 你又有什么体会？从哪里看出的？

学生汇报

鸣叫（板书）

(2) 你体会到了海鸥那种不舍的心情吧，带着这种心情再读一读。

学生有感情地读句子

预设：这个教学环节的设定，主要是利用学生抓住关键词来体会句子所表达的情感。

4. 看 18 段，这段很特别吧？有什么作用？

学生读句子，汇报

5. 省略号在这里的作用是语意未尽。

学生做批注

老人和海鸥之间的情感没有表达完。文中 14－19 段，还有省略号吗，找出来，说说作用？

学生读句子，汇报

预设：设计这个教学环节，目的还是让学生利用标点符号的用法，来深入体会老人和海鸥之间的深厚的情感。

6. 小结：文中通过几件事以及海鸥的几个动人的画面，感受到了海鸥对老人令人震撼的情感。（板书）震撼的情感

（三）拓展延伸，体验升华

1. 下面我们来看一段资料。你感受到了什么？

蹒跚的背影

云南电视台的记者们知道了老人的情况，和老人约好，要去看海鸥晚上栖息的地方。隔天约见的时间到了，老人并没有赴约。又隔了几天，记者忽然见到了老人，问老人的情况，老人的声音很低，很安详地告诉记者，这几天病倒了，几天的时间，只吃了一碗面条。过了一会儿，老人说他很累，想回家休息。夕阳中，留给人们的是老人蹒跚的背影。

学生汇报

预设：结合补充资料，侧面烘托老人对海鸥的爱，重点是让学生感悟情感。

2. 我们通过刚才的文字已经充分感受到了老人对海鸥无私的爱，那让我们再次回顾文中的 2、3、11 自然段，感受一下人与动物之间的浓浓的深情。(完善板书，出图形)

学生回读 2、3、11 自然段

3. 老人已经离我们而去了，如果你是“独脚”“灰头”“老沙”“红嘴”或“公主”……，你现在会对老人说些什么？请写在学习单上，用书信的格式。(小练笔)

学生练笔　展示

预设：小练笔的作用，在体会情感的基础上，适时地锻炼学生的书面表达能力，同时也可以起到升华全文的作用。

教师点评

4. 刚才通过大家的发言，可以看出大家都对老人们的感情非常深厚，老人虽然已去，但他的心里依然装着他的“儿女们”。

出示 19 段

同学们，让我们带着对老人的深情厚谊，再次齐读 19 段，一起感受一下吧！

学生齐读

(四) 总结全文：

今天我们学习了普通人的感人的小故事，作者是通过 6 个画面的描写来表现，展现了老人对海鸥无私的爱，和海鸥对老人震撼的情。你知道如何面对自然界中的小动物吗，我们应该怎么做？

学生汇报

七、教学反思：

讲完本课之后，我觉得在课程环节总体上设计比较合理，各个环节衔接紧密，重点突出，学生总体上比较活跃，能够积极配合老师完成各项活动，充分体现了学生自主学习的特点。当然，在设计上也难免存在一些问题。比如开头的视频导入可以更加精练一些，指向性要更加明确。在处理重点段落手法上可以更加多样，这样更加有利于学生的接受。教师的提问还可以更加精练，便于学生更加整体地深入地理解全文。

指导教师：东城区黑芝麻胡同小学　冯　煜

花　钟

（第二课时）

东城区回民小学　孙欣丽

一、教学目标：

1. 正确、流利、有感情地朗读课文，背诵自己喜欢的段落。

2. 读懂课文内容，体会并学习运用拟人的修辞手法描写花的开放。

3. 理解植物开花的奇妙之处，初步培养学生留心观察周围事物的习惯。

二、教学重点：

读懂课文内容，体会作者运用拟人的修辞手法描写花的开放，感受植物开花的奇妙之处。

三、教学难点：

理解植物开花的奇妙之处，学习运用多样的句式来表达花开放时的特点，并培养学生留心观察周围事物的能力。

四、教学时间：

一课时（40 分钟）

五、课前准备：

1. 多媒体课件。

2. “花钟”（卡纸做的圆盘）和书中所提到的相关花朵图案的贴纸。

六、教学过程：

（一）复习巩固，导入新课

1. 上节课我们开始了第四单元的学习，通过单元导读，我们知道本单元的主题是（“观察与发现”）。

2. 这节课我们继续来学习第 13 课《花钟》。让我们一同跟随作者走进花的海洋，观察、发现其中的奥秘。

3. 回忆这些词语，你能不能都读准确呢？（PPT 出示本课生词）

提示“昆”字的笔顺。

4. 还记得什么是“花钟”吗？请你通读全文，读准字音，读通句子，回忆课文内容，一会儿请同学来回答。（PPT 出示读书要求）

谁能用自己的话，概括地说一说什么是花钟？

预设：“花钟”是根据不同花开放的时间不同，修建成像钟面一样，组成花的“时钟”。

5. 这是世界上最早、最著名的日内瓦花钟，就坐落于瑞士这个“花园之国”。各个季节装点不同的花，大约有 6500 盆左右。花团锦簇，吸引着许多游客前去参观。（配乐，播放日内瓦花钟的图片）

（1）欣赏了花钟，你有什么感受吗？

预设：数量多；样子美；景色壮观。

（2）除了美丽之外，你知道花钟有什么作用吗？

预设：花钟还可以提示给人们时间。

6. 这节课就让我们跟随课文的介绍，认识一下美丽的花钟吧！

（二）入情入境，自悟自得

1. 课文向我们介绍了哪些花的开放时间呢？请同学朗读第一自然段，其他同学把书平放，边听边圈出课文中提到的花和它的开放时间。（指名朗读第一自然段，PPT 出示学习要求）

（1）美丽的花钟上到底有哪些花呢？这些花又是什么时间开放呢？边读边圈画。

（2）仔细观察，作者是按什么顺序写这些花的？

凌晨四点，五点左右，七点，中午十二点左右，下午三点，傍晚六点，七点左右，八点，九点……（教师引导学生观察）

预设：从早到晚的时间顺序。

2. 再来读读第一自然段，看看你最喜欢哪种花？美美地读一读，一会儿请同学和我们大家分享。（PPT 出示第一自然段）

谁愿意和我们分享你喜欢的花？读一读描写它的句子。

（一共 9 种花，分别找 9 名同学读句子，同时把相对应的花的图片贴到黑板的花钟上）

（1）根据学生的回答，引导发现拟人的修辞手法。

谁可以吹响小喇叭呢？

预设：只有人才会吹喇叭，所以把这样直接当作人来写的、具备人的特点的句子叫拟人句。

为什么作家这样描写牵牛花呢？

预设：突出这种花开花时绽放得大、艳丽，抓住了花的特点来形容开花的奇特之处。

（2）学生容易忽视较短的句子，教师要及时引导和补充。

午时花和夜来香也非常可爱。因为他们的名字好像和开放时间有着密切的关系。午时花是中午十二点左右开花，从它的名字就可以大致知道它的开花时间了。夜来香也是如此。它在晚上八点开花，正是要入夜的时间，而它的名字中也包含着“夜”这个字。

（3）我们发现了这两种花的可爱之处，而且作者描写地简洁明了。那如果把这段的语句都改成这样简单的句子，你觉得好吗？读一读。

PPT 出示：

凌晨四点，牵牛花开了；五点左右，蔷薇花开了；七点，睡莲开了；中午十二点左右，午时花开了；下午三点，万寿菊开了；傍晚六点，烟草花开了；月光花在七点左右开花；夜来香在晚上八点左右开花；昙花却在九点左右开放……

预设：不好。因为这样的表达太单调、无趣。

原文突出修辞的好处，把花朵写活了，就像一位位仙子有喜怒哀乐，有人的动作、行为，更加生动形象了。读起来也更有意思了，让人觉得就像我们人一样。

（4）这些词语运用得多准确，多生动啊！今后我们在描写景物时也可以运用这样的方法。请同学带上这种喜爱，再美美地读一读第一自然段。（配乐指名接读）

3. 这么多漂亮的花在不同时间开放，景色一定非常的美。请你试着不看课文，将作者描写花的语言补充在横线上。

PPT 出示：蔷薇　<u>绽开了笑脸</u>　　睡莲　<u>从梦中醒来</u>

万寿菊　<u>欣然怒放</u>　　烟草花　<u>在暮色中苏醒</u>

月光花　<u>舒展开自己的花瓣</u>　　昙花　<u>含笑一现</u>

4. 为什么作者能把花写得这么具体、这么生动呢？

预设：因为作者进行了认真、仔细地观察，发现了其中的奥秘。所以第一段可以写得这么详细。

植物学家仅仅研究了这 9 种花吗？你是怎么知道的？

预设：不是。第一段结尾处有省略号，只是在这里不一一介绍了。

5. 学生根据所查资料进行发言，教师进行补充。

你能不能也用优美的语句把你查找到的花描写出来呢？请你试着在学习

单上写一写。(PPT 出示例句)

6. 学生交流，并把花的名称补充在黑板的“花钟”上。(实物投影展示学生仿写句子)

你为什么这样写呢？谈谈你观察的结果。(引导学生突出自己观察这种花的开放特点，与拟人的描写联系起来说)

(三) 小组合作，寻找原因

1. 自主探究，提出疑问

为什么不同的植物开花的时间有所不同呢？

PPT 出示学习要求：

(1) 请同学们默读第二自然段，看看从中你发现了哪些植物开花时间不同的原因。边读边进行简单的圈画。

(2) 小组交流，分组汇报

预设：植物开花的时间与温度、湿度、光照有关系；

与昆虫活动的时间相吻合。

2. 引读原文，品味语句

(1)“不同的植物为什么开花的时间不同呢？原来，植物开花的时间，与温度、湿度、光照有着密切的关系。”(设问句)

(2)“长期以来，它适应了晚上九点左右的温度和湿度，到了那时，便悄悄绽开淡雅的花蕾，向人们展示美丽的笑脸。”

预设：只有人才会有笑脸，所以这句话运用了拟人的修辞手法，生动形象地写出了昙花绽开时的美丽与可爱。

3. 作者为什么能把昙花开花的原因和开花时的样子写得这么具体，这么形象呢？

预设：因为作者观察得认真仔细，所以才能把昙花写得那么清楚、详细。也因为作者非常喜爱昙花，所以才能够把昙花描写得那么美。

(四) 朗读感悟，体会妙处

1. 植物学家研究了花的开放时间不同后，有了一个奇妙的想法。齐声读一读最后一段。想想从中你知道了什么？

预设：我知道了植物学家有意把不同时间开放的花种在一起，根据开花时间的不同，表示大概的时间，感受到植物学家的这种想法很奇妙，这样的花钟也一定很有趣。

2. “你只要看看什么花刚刚开放，就知道大致是几点钟，这是不是很有趣？”为什么说是“大致知道”，而不直接说“知道”呢？(对客观事物真实情况的准确反映)

（五）小结

1. 今天，我们跟随着植物学家的脚步漫游了花之王国，认识了这么多的花，你有什么收获呢?

预设：不同花的开花时间不同。

开花时间不同的原因。

2. 积累词句，按要求抄写在学习单上。

3. 其实就在我们身边，还隐藏着许多有趣的事情，希望同学们也多观察周围的事物，说不定你也会发现其中的奇妙之处!

七、课后反思：

课文伊始，我带领学生回顾单元主题、回忆本课第一课时所学的生词、复习花钟的含义并揭示本节课我们一同来制作花钟的主线。使学生对本节课的学习产生兴趣。

课文的第一自然段是本节课的重点段落。先利用朗读描写不同花朵开放的语句，品味拟人修辞手法的生动形象，并适时地用贴补“花朵”补充花钟的方式，加深对花钟的理解。最后再通过仿写，提高学生拟人句式的实际应用能力，突出本节课的训练特点，在评与说中加深印象，互相学习。

二、三两段采用教师引导，充分给学生自我学习和小组讨论学习的空间。通过自主讨论，找到不同植物开花时间不同的原因。细读昙花开放的原因，感受作者对昙花的喜爱和细心观察的做法。引导学生从中感悟“妙”处所在。并思考“大致”一词所表达出的更加真实、准确的含义。

本节课教师使用多媒体课件，图文并茂地指引学生进行学习，让发言的学生将黑板上的花钟补充完整，从视觉上让学生有所感悟。若在补充“花钟”的过程中，能够放慢些速度，会更有助于加深学生对植物开花时间的印象和语句的理解。

指导教师：东城区回民小学　罗　冰

雪地里的小画家

（第二课时）

东四十四条小学　李　想

一、教学目标：

1. 复习生字词。

2. 能正确、流利地朗读课文。背诵课文。

3. 理解课文内容，知道小鸡、小狗、小鸭、小马这四种动物爪（蹄）子的不同形状以及青蛙冬眠的特点。

二、教学重点：

写字，正确、流利地朗读课文，背诵课文。

三、教学难点：

通过朗读，知道小鸡、小狗、小鸭、小马这四种动物爪（蹄）子的不同形状以及青蛙冬眠的特点。

四、教学时间：

40 分钟

五、课前准备：

课件　字卡

六、教学过程：

（一）激趣导入，唤出小画家

1. 出示：雪景图，配上音乐。（请学生欣赏雪景，激发学生见到雪的欣喜之情）

教师有感情地朗读："下雪了，下雪了！天上飘着雪花，地上铺着雪毯，到处一片洁白。"

教师追问："雪落到了哪儿？你们想在雪地里做什么？"（结合观察图画和生活实际进行语言表达）

过渡：有一群小画家被这美丽的雪景吸引了，他们也来到了雪地上。伸出小手和我一起写课题。（板书：雪地里的小画家）

2. 指名读课题（读清楚哪里的小画家；雪地里的什么）

3. 读了课题，你有什么问题吗？

预设：谁是小画家？他们是怎么画的？他们画了什么画？

（二）复习生字，初识小画家

1. 自读课文。（要求字音读正确，难读的句子多读几遍）

2. 检查词语。（玩摘苹果的游戏）

重点指导：啦　蛙　睡

3. 指导朗读：

（1）下雪啦，下雪啦！

指导学生发现标点符号的不同之后，适时指导：下雪啦，多么令人兴奋的一件事啊！怎么读？听，谁在呼唤小伙伴们呢？又怎么读？

（2）指导长句难句，正确停顿。

根据学生朗读的情况，重点指导长句的停顿：（雪地里　来了　一群小画家。）

4．整体感知。

（1）指名分句读全文。（指导学生数句子。）

（2）这群小画家都有谁呢？用“雪地里的小画家有＿＿＿＿＿＿”回答（请学生上来边说边在黑板上贴图）

预设：图片的摆放顺序出现错误，学生发现之后，教师适时指导这是为了让诗歌更押韵，不信你读读看？

（3）句子训练

用“雪地里的小画家有……有……有……还有……”句式说话。

练习说话，把朗读和语言训练相结合，感悟诗歌中蕴含的情趣。

（三）细读诗歌，品味语言

1．学习第三、四句话。

（1）欣赏画作之美。（重点和难点）

①小画家画了什么？读一读句子，用曲线画下来。

②学生回答并把竹叶、梅花、枫叶、月牙的图片，贴在黑板上。

③指名读第三句话（白雪映衬下的“竹叶、梅花、枫叶、月牙”多美呀！谁能把“小画家画了什么”读清楚。）

（2）欣赏画作之神奇

①这些小画家是如何作画？请学生读文找一找。

②指名读，说一说小画家是用什么画画的，从哪个词语看出来的？

预设1：小画家是用脚画画。

预设2：我从“不用颜料不用笔，几步就成一幅画”可以看出

③对比中体会小动物用“脚”作画的神奇。

请学生联系生活实际说说自己用什么画画。

教师指导读：我们都是用画笔，用颜料在纸上画画，小动物们却能用“脚”在雪地上画画，多神奇呀！你能读出这种神奇吗？（在轻快活泼的语调中，读出“小画家”们兴奋的心情及几步就能画成一幅画的自豪感。）

指名读　齐读

（3）欣赏画作之绝妙

①质疑为什么把脚印当成画作？

②出示图片：脚印和图画的相似之处。

③师生接读小鸡画什么，小鸭画什么……

男女生互读

④句式训练

用“因为……所以……”说话。

⑤朗读1—4句话。(齐读)

2. 学习五、六句话(以读代讲)

(1)教师引读问句,学生用课文内容回答。

(2)你知道青蛙没回来的原因吗?

(3)除了青蛙有冬眠的习惯,你还知道哪些动物也冬眠。

预设:学生会说有蝙蝠,但是蝙的读音可能会读成三声。教师要适时纠正。

(四)回归整体,朗读全文。

1. 背诵课文。

出示:下雪啦,( )!雪地里( )。小鸡( ),小狗( )小鸭( ),小马( )。不用( ),青蛙( )?他在( )。

(五)写“鱼”字

1. 注意观察,写时要注意哪些笔画。

2. 老师示范。

3. 学生书空,描一个写一个。(相机评价)

(六)组合阅读儿歌《下雪天》

下雪天

下雪天,真好看,房子变成胖老汉。
小树好像大白伞,地上铺了白地毯。
我也变成小神仙,嘴巴鼻子冒白烟。

1. 试着填空。

下雪天发生变化的有( )有( )有( )还有( )。

七、教学反思:

《雪地里的小画家》是一首融儿童情趣与科普知识为一体的儿歌,富有童趣。本文以韵文的形式,不但形象地讲述了四种动物爪(蹄)的形状和青蛙冬眠的特点,而且语言活泼,富有童趣,读起来朗朗上口。

首先在新课导入时,用课件出示雪花飘舞的画面,让可爱的雪花走入孩子的心中,把冬天下雪的情景展现在学生面前,把学生引入冬天世界里,这样牢牢抓住学生的年龄特征,调动学生的情感。紧接着在教授第三四句话是时,由于低年级学生以形象思维为主,“竹叶、梅花、枫叶、月牙”这些自然物学生虽然知道一些,但与动物脚印之间的联系似乎还有一段思维的距离。此处我适时播放课件,出示图片,让学生们直观地了解到它们之间的关系。

另外，在课堂中为了调动孩子的学习兴趣，我设计了两处先读文，再到黑板上贴图的环节，学生们兴趣浓厚，可以从读和动手贴中理清韵文脉络。

总而言之，在教师的指导和启发下，充分调动学生的主动性和创造性，让学生最大限度地参与到课堂中来，在欢快的氛围中度过一节课。但是，由于经验有限，这堂课也暴露出了几点不足，首先，针对学生的发言评价语过于单一，有些评价不具有针对性。其次，设计的让学生贴图环节，让学生边说边贴，要求过高，孩子小，在完成的过程中有些手忙脚乱。

指导教师：东四十四条小学　秦春革

真理诞生于一百个问号之后

（第二课时）

府学胡同小学　王　蕊

一、教学目标：

1. 有感情地朗读课文，理解文中含义深刻的句子。

2. 学习课文用具体、典型事例来说明观点的写作方法。

3. 体会科学家不断探索、独立思考、锲而不舍的科学精神；激发学生阅读叶永烈相关作品的兴趣。

二、教学重点：

理解文中含义深刻的语句，学习课文用具体、典型事例说明观点的写法。

三、教学难点：

理解文中含义深刻的语句，学习课文用具体、典型事例说明观点的写法。

四、教学时间：

四十分钟

五、课前准备：

理清课文顺序，了解课文主要内容，了解科学家们真理的过程。

六、教学过程

（一）复习导入。

1. 齐读课题。

2. 回顾课文内容。

（二）聚焦“说理”，关注表达。

1. 学习令自己受启发的语句。

（1）默读课文，画出文中令自己深受启发的语句，并写下自己的感受。

（2）全班交流。（板书：发现　发问）

重点指导第二自然段，体会“?”“!”的作用。

①随学生发言出示：

纵观千百年来的科学技术发展史，那些定理、定律、学说的发现者、创立者，差不多都善于从细小的、司空见惯的现象中看出问题，不断发问，不断解决疑问，追根求源，最后把“?”拉直变成“!”，找到了真理。

②我们都来轻声读读，你有什么发现？

③学生关注“?”“!”的表达，体会作者的态度。

④学生体会读。

2. 整合受启发的语句，体会文章表达。

（1）随学生发言，出示文中所有含义深刻的语句。

（2）引导关注：这些语句放在一起读一读，你有什么发现？

（3）引发交流：它们表达的意思相同，带给你重复的感觉了吗？这又是为什么？

预设 1：学生关注表达方式。

预设 2：学生关注表达角度。

深入思考：把这些语句带回到文章中去，再读一读，你又有什么新的发现？

3. 深入理解文章表达。

（1）引导关注：不光是令我们深受启发的句子，其实作者通篇文章都是在表达同一个意思。

（2）引入作者叶永烈“写作背景”介绍：

在《真理诞生于一百个问号之后》中，为了论证“真理诞生于一百个问号之后”这个观点，我选择了三个有趣而富有说服力的事例，即洗澡水的漩涡、紫罗兰的变色、做梦时眼珠的转动。我特地选择浅显、在普通人的生活中触手可及的事例，为的是使读者感到科学并不神秘。然而，恰恰是从“人人眼中有”的身边事，科学家加以研究、探索，提出一个又一个问号，终于发现了“个个笔下无”的科学真理。

（3）学生交流：你能理解叶永烈爷爷的创作初衷吗？（板书：理　事）

（4）整合全文，师生感情朗读。

（三）组合阅读，拓展延伸。

1. 了解作者，激发兴趣。

介绍作者叶永烈的作品《小壁虎借尾巴》《十万个为什么》

2. 推荐选文，阅读交流。

（1）出示选文题目，激发阅读兴趣。

（2）明确阅读要求：

> 默读两篇选文，画出令自己深受启发的语句，在旁边写出自己的感受，并把这两篇选文和《真理诞生于一百个问号之后》放在一起读一读，看看你又有什么发现？

（3）学生自主阅读。

（4）学生小组交流。

（5）全班汇报，教师相机点拨：

预设1：学生针对选文内容交流。

预设2：学生针对选文表达交流。

预设3：学生将选文与课文进行对比交流。

（四）推荐阅读——《一百个问号之后》。

七、教学反思：

针对这节课我想从得与失两个方面来说说我对这节课的一些思考。

在文章当中应聚焦说理，关注表达。首先我引导学生关注深受启发的语句，在学生初步交流感受之后，又引导学生把这几句令他们深受启发的语句放在一起，发现这些语句在意思上都是相同的，但是在表达的方式、表达的角度上，学生还是能看出有所不同，甚至我们还把这几个句子又带回到文章当中去，让学生与文本有了一个再次交流的过程，学生也就自然而然发现了作者通篇文章的这种表达。

在这篇文章中我设计了两处组合阅读。第一处是为了帮助学生体会这篇文章作者的表达特点的时候，我引用了作者叶永烈先生对文本写作背景的解读这样的一段话，通过叶永烈先生自己对文本的解读帮助学生进一步验证我们在读文本时候体会的表达和作者想表达的初衷是相同的。学生通过这个环节体会到了作者真正想表达的是什么。第二处组合阅读是出现在学习完这篇文本之后，引入了叶永烈先生在《一百个问号之后》这本书中的其他两篇，同样是表达了科学精神，同时又体现出了和这篇文章表达形式相同的两篇选文。一篇是节选，一篇是原文，学生通过自己阅读文本加深了对课文作者表达方式的理解，从学生的发言当中，又体会到了作者这种有意思的表达。这些也为他们在之后的写作做了一个铺垫。

在这节课当中，我也有遗憾的地方，在今后的教学过程中，我会吸取经验，力争让学生感悟用“多种方式说明一个道理”的写作方法。

选文

粗心·专心·事业心（节选）

粗心与专心，像一对反义词，如水与火不兼容，如矛与盾相对立。奇妙的是，许多科学家常常兼具两“心”——既粗心，又专心。

著名的英国物理学家牛顿，就是这样的一个人。他确实是够粗心的了：有一次，他请老朋友吃饭。入席以后，他说去取一瓶酒，竟一去不返，害得那位老朋友等了半天也不见他的影子。原来，牛顿去取酒时，忽然想起了一种新的实验方法，竟跑到实验室里专心致志地做起实验来，把那位老朋友忘到九霄云外去了。还有一次，牛顿牵着马上山，走着，走着，又想起了科研中的问题，手就松开了，放掉了缰绳。当他走到山顶，这才发现马儿跑了！牛顿的粗心，是生活上粗心，这种粗心，是由他对科学的专心引起的。牛顿在科学上确实是专心致志、兢兢业业的。正因为他把全部心血用在科学上，所以才在生活上显得那么大大咧咧，甚至丢三落四。

在科学家当中，像牛顿这样的不乏其人。爱因斯坦也是这样。有一次，爱因斯坦在一个桥头等候朋友，等着，等着，他陷入了沉思，连雨水湿了衣服都不觉得。他想了一会儿，就掏出纸条，记了下来。这时雨点打湿了纸条，他才发觉正在下雨。他赶紧把纸放进衣袋，却又沉思起来，忘记了冰凉的雨滴正打在他的脸上。

科学家们在生活上的粗心，常常被人们认为“怪”，甚至被称为“科学怪人”。其实，“怪人”不怪。从某种意义上说，这种“怪”，往往是科学家们废寝忘食、通宵达旦钻研科学引起的。正如俗话所说：“一心不可两用。”他们的心思全部扑在科学上去了，自然对别的事情就显得漫不经心，心不在焉了。

科学家们在生活上粗心，在科学上专心，正是他们对科学有强烈事业心的表现。

扫地、敲钟及其他（节选）

中国科学院动物研究所实验室里，虽然地已经扫过，但是扫得不干净。人们一看，就知道童第周生病了！

地扫不干净，怎么会跟童第周生病有关系呢？

原来，童第周以科学的态度扫地，总是把地扫得一干二净。一旦童第周病倒了，换另外一个人扫地，就没有童第周扫得那么干净了。所以，扫地干净不干净与童第周是否生病这两件看来风马牛不相及的事情之间，却发生了密切的联系。

人们习惯地用敲钟的声音来校准手表。因为大家都知道，这钟声就像中央人民广播电台那“嘟、嘟”的报时讯号一样准确。为什么呢？原来，敲钟者不是别人，正是钱三强的夫人、核物理学家何泽慧教授。她身体孱(chán)弱，无法胜任重活，就被分派去敲钟。何泽慧以科学的态度敲钟，不到最后一秒，决不敲响大钟。正因为这样，人们笑称她是“格林威治天文台的报时钟”。

科学家扫地，如此认真；科学家敲钟，分秒不差。这是什么原因呢？这是由于科学家天长日久地研究科学，养成了严格、细致的工作作风。科学是老老实实的学问，容不得半点虚假，容不得半点马虎。在科学上，稍一疏忽，便会铸成大错。正因为这样，科学家做事，比绣花女工还细心！

如果你要在科学上有所贡献，那么，你首先要养成一种严格、细致的科学态度。

指导教师：府学胡同小学　屠　静

称　赞

（第二课时）

和平里第四小学　郭　悦

一、教学目标：

1. 巩固第一课时所学课文部分的内容及学过的字词，会写“背、采”2个字。

2. 有感情地朗读课文，读好人物的对话。能够抓住文中关键语句，体会真诚称赞的意义。

3. 学会发现别人的优点，真诚地称赞别人。

二、教学重点：

有感情地朗读课文，读好人物的对话。

三、教学难点：

抓住文中关键语句，体会真诚称赞的意义。

四、教学时间：

一课时

五、课前准备：

多媒体课件、小獾和小刺猬的卡通画、编写《小刺猬的一天》组合阅读

六、教学过程：

（一）复习导入，学写生字

1. 复检字词，领读词语

课件出示：采花　粗糙　后背　但是　傍晚　椅子　瞧了瞧

2. 学习生字“采”“背”

（1）出示汉字“采”和甲骨文“采”，学生观察字形和字义的关系

预设：爪字头表示一个人的手，伸手去树上采果子，就是“采”的字义。

（2）谁会给“采”加个偏旁，组成新字？

预设：彩、菜、踩

（3）写“采”字时需要注意什么？（学生发言）

预设：爪字头的第一笔是横撇，不要写太长；下边“木”的第二笔竖不要与爪字头的第二个点连上。

（4）教师范写“采”

（5）教师范写“背”，强调第六笔为“竖”

（6）学生书写，教师巡视

（7）展示学生所写生字，进一步评议指导

（二）精读课文，指导朗读

1. 体会小刺猬对小獾的称赞

（1）这一课的题目是？你还记得是谁称赞了谁吗？小刺猬为什么要称赞小獾呢？快来读一读 1 到 4 自然段吧！

预设：学生齐读课题，根据第一课时的学习，知道是小刺猬称赞了小獾，小獾也称赞了小刺猬，或可以简洁说出小刺猬和小獾互相称赞。

（2）自由朗读第 1—4 自然段，要求：读准字音，读通句子。

（3）（出示小獾做板凳的图片）引导学生说说图上有谁？它在做什么？从图中观察到小獾很辛苦。

预设：小獾在做板凳。

（4）（出示其中一个板凳的图片）通过观察图片说一说粗糙的意思。

预设：不光滑，不精致。

（5）启发学生思考：小獾做得这么粗糙，小刺猬怎么还会称赞它呢？

预设：因为小獾做得很认真。因为小獾做的板凳一个比一个好。

(6) 观察图片，根据图片理解“一个比一个好”

师小结：我明白了，虽然小獾做的板凳很粗糙，但是它非常认真而且做得一个比一个好，所以小刺猬称赞它。小刺猬是怎么称赞小獾的呀？

(7) 指读小刺猬称赞小獾的话

(8) 分角色演一演

过渡语：小獾听了小刺猬的话一定特别开心，让我们把当时的情景再演一演吧！

(9) 随机采访小獾的扮演者，师：小獾，听到小刺猬的称赞，你是什么心情呀？接下来你会怎么做？感悟小獾受到称赞后的心情，展开想象小獾接下来会怎么做。

预设：①听到小刺猬的称赞，我很高兴，我会努力干活，越做越好。

②听到小刺猬的称赞，我有了信心，我相信我会越做越好，做出精致的板凳。

2. 组合阅读，补白故事

过渡语：小獾得到小刺猬的称赞一定会更努力地做板凳的，那小刺猬这一天做了什么呢？快来读一读这篇小短文吧！

(1) 阅读《小刺猬的一天》

小刺猬的一天

清晨，小刺猬走出家门去树林里采果子。他爬过一座小山，沿着河流，穿过草丛，来到树林里。

小刺猬看到一棵棵结满苹果的树，开心地向一棵树跑去。到了树下，他急忙往树上爬，可是每爬几下就滑（huá）落下来，原来他不会爬树。于是，他开动脑筋，用力地摇树，只见红苹果一个接一个地往地上掉。小刺猬一团，露出锋利的刺，在地上来回打了好几个滚儿，他的背上扎满了果子。

傍晚，辛苦了一天的小刺猬背着沉甸（diàn）甸的果子回家了。

(2) 想一想、说一说：小刺猬这一天干了什么？它忙了一天，感觉怎么样？它为什么这么辛苦，你从哪儿看出来的？

预设：小刺猬去树林里采果子，它非常累（疲劳、辛苦）。小刺猬要爬过小山，沿着河流，穿过草丛，才能到树林里，路途十分艰辛。学生也可从小刺猬采果子的过程中，看出小刺猬的辛苦。它用力地摇树，在地上来回打了好几个滚儿，最后背着沉甸甸的果子回家。

过渡语：（出示傍晚的图片）快看！现在天已经黑了，小刺猬在回来的路上又碰到谁了？

3. 体会小獾对小刺猬的称赞

（1）自由朗读第6—10自然段，画出小刺猬和小獾的对话。

（2）指名读小刺猬和小獾的对话。

（3）感受小獾的进步并思考：（出示板凳和椅子的图片）小獾怎么有这么大的进步呀？

预设：小獾得到小刺猬的称赞后有了自信，取得了进步。

（4）在朗读中解疑。（指名读）

（5）结合组合阅读，体会小刺猬受到称赞，消除一天的疲劳所获得的快乐，并读语气。

（6）师总结：称赞的魔力这么大，它让小獾获得自信，让小刺猬消除了疲劳。（板书"获得自信"、"消除疲劳"。）

（三）拓展延伸，训练语言

1. 说一说身边同学的优点，问一问被称赞同学的想法。

预设：学生会对同学书写工整、乐于助人、尊敬老师、热爱劳动、热爱阅读等优点进行称赞。

2. 写一张称赞卡，送给你的小伙伴

格式：____________，我要称赞你，因为____________。

七、教学反思：

在识字教学过程中，我利用会意字的特点，出示甲骨文中的"采"字，让学生观察后识记字形，并且试着给"采"加偏旁组成新字，调动学生自主识字的积极性，丰富学生的识字量。

教学过程中，我着力为学生创造出小獾和小刺猬的生活情景，出示了"小獾做板凳时大汗淋漓""小獾做的板凳""小刺猬摘果子"和"傍晚小刺猬走在回家的路上"等几张图片作为课文发展的背景，让学生在朗读、感悟课文时置身在童话世界，帮助学生理解课文并且更语气地朗读对话。

体会称赞的意义是本节课的重难点，学生体会到小刺猬的称赞给了小獾自信后，我创编了《小刺猬的一天》作为本课的组合阅读材料，学生阅读时通过抓住关键词语体会小刺猬劳动时的辛苦。这样，当学生读到小獾称赞小刺猬的果子时，小刺猬消除了一天的疲劳，这个称赞多么真诚多么珍贵，学生的体会就更丰富更深刻了。

最后，我引导学生做一个善于发现别人优点的孩子，让他们每个人说一说同学的优点。全班交流后，我给出格式，让学生在我精心准备的点赞卡上写下一句话，送给同学。

本节课的评价语有些单一，学生朗读课文后，我只做了简单的反馈评价，如果我再加上适当的引导或激励，学生可能会读得更有感情。最后一个环节，学生交流他所发现的同学身上的优点，在第一个学生说完后，我应该诱导学生去发现其他同学的不同优点，这样就提高了课堂效率。

指导教师：和平里四小　高　坤

《太阳是大家的》

（第二课时）

东城区和平里第四小学　路　斌

一、教学目标：

1. 有感情地朗读诗歌，并背诵下来。

2. 通过朗读和想象理解诗歌内容，体会拟人写法，并试着用拟人的手法写太阳做的好事。

3. 理解诗歌深层含义，感受到全世界孩子在同一片蓝天下分享太阳的温暖。

二、教学重点：

深入理解诗歌的内容，加以朗读感悟并背诵。

三、教学难点：

理解诗歌的深层含义，知道“世界是大家的”，会用拟人的手法写太阳做的好事。

四、教学时间：

一课时

五、课前准备：

PPT

六、教学过程：

（一）复习导入，感悟诗景：（学习第一小节）

1. 看拼音写词【朵朵白云、晚霞、红彤彤】，复习了上节课所学的易错生字“霞”“彤”，学生相互订正。

2. 孩子们，读着这些词语，你们脑海里会浮现出怎样的画面啊？

预设：我看到了太阳落山的时候，朵朵白云被染红了，晚霞的景色太美了。（板书：落）

3. 现在请你美美地朗读这一小节，读出太阳带给我们的美丽画卷。

(二) 品词品句，尝试创作：(学习第二小节)

1. 太阳不仅给我们带来了美丽的景色，还为我们做了很多好事呢！自己读读第二小节，找一找太阳做好事时表示动作的词语。

(板书：做)

预设：洒、拔、陪、看。

把这四个动作词语带回句子中，自己读一读，并说说读懂了什么？

2. 【出示：她把金光往鲜花上洒。】

预设："洒"字在这里就表明了太阳把光芒均匀地、广泛地照射在世界的每一个角落里。

想象一下，每一缕阳光会洒在哪里？哪些角落更需要这些阳光？

预设：太阳把金光洒在病床上，让病榻上的病人快快恢复健康；太阳把金光洒在阴暗的小老鼠洞门口，唤醒了沉睡的小老鼠。

是啊，太阳无私地照耀着每一个地方，给万物带来温暖。

3. 【她把小树往高处拔；】

预设：这个"拔"字表明了太阳希望小树快快成长，长得高高的。

太阳真是有一颗善良的心啊，她还会将自己的这份爱心奉献给谁呢？

预设：太阳把禾苗、把稻穗变成金黄，把高粱的脸染红。

只有在太阳的照射下，万物才会茁壮成长。

4. 【她陪着小朋友在海边戏水，看他们扬起欢乐的浪花……】

太阳陪伴着、陪同着小朋友一起游戏。

谁能结合生活实际说一说，太阳与我们一起还做了哪些事情？

预设：太阳陪伴着敬老院的老人在草地上散步，静静地听着老人聊天。

5. 我们一起有语气地夸夸太阳吧，朗读第二小节。【师范读】

6. 仿写诗歌，一天之中，太阳还会做哪些好事？

(三) 以读代讲，领会情感：(学习第三、第四小节)

1. 太阳忙碌了一天，她是否和我们一样也要进入梦乡呢？她要去哪儿？请你们朗读第三小节。

(板书：走)

2. 是啊，太阳去另外的国家了，她到哪里又做了些什么呢？男女生对读，感受诗人所想要表达的情感。

(板书：盼)

(四) 回顾全文，朗读背诵。

学生完整地、有感情地朗读这首小诗，想象着画面，背诵诗歌。

（五）拓展延伸，升华情感。

1. 推荐同一作家笔下的另一首儿童诗《地球万岁》（节选），引导学生朗读并交流感想。

预设：我感受到了不仅太阳是大家的，世界也是大家的，我们都有权利分享，也都有义务去珍惜爱护我们生活的家园，让世界永远和平美好。

2. 课堂上我们读了两首儿童诗，结合课后题，我们一起积累了感兴趣的诗句，把美好的诗句记在心里。如果你对儿童诗会兴趣浓郁，推荐你们读一读薛卫民诗歌集《少年海总是很帅》。

七、教学反思：

《太阳是大家的》是一篇文质兼美的儿童诗。课文用拟人化的手法，把太阳当作全世界孩子的朋友，她在一天中的不同时间里，和不同国家的孩子游玩。整首诗想象丰富，意境深远，语言简练而优美。在整节课的教学过程中，我引导学生通过多种形式的诵读，背诵，让他们在不知不觉中进入诗歌所营造的意境中去，陶醉在这美丽的图画中，不仅体会了作者的纯美情感，而且让学生的语言得到积累。诗歌的教学也要有重点词的理解，但这种理解不是要求作概念上的解释，而是领悟体会，展开想象。如学生体会“拔”字在诗中的含义，学生回答，这个“拔”字用得真好，它表明了太阳希望小树快快成长，长得高高的。这时，我告诉学生，是啊，太阳真是有一颗善良的心啊，她还会将自己的这份爱心奉献给谁呢？学生想到，把禾苗、把稻穗变成金黄，把高粱的脸染红。世界万物都离不开太阳。在太阳的照射下，万物才会茁壮成长。在为学生创设了想象的空间后，再让他们带着自己的想象和感悟来读诗，效果一定比空洞的读课文要好很多倍。在第二小节的教学中，抓住课文的省略号，启发学生联系生活，调动学生的知识积累，展开想象，着眼于写法迁移，以当小诗人的形式，让学生模仿课文中的写作方法进行练笔，让学生徜徉在诗的王国里，共享着才思的愉悦幸福，让语言进一步得到内化提高。从这点上讲，真正做到了变教材为用教材。“学文如聚沙”，作为老师，如果经常地设计一些练习，让学生活学活用课文中一些富有表现力的生动语言，对学生的语言表达能力是大有益处的。

指导教师：和平里四小　霍玲娜

诗·你从远古走来

（第一课时）

北京市东城区和平里第四小学　朱　杰

一、教学目标：

1. 学生通过对诗歌赏析，了解诗歌特点。

2. 通过视听感知，感受诗歌所蕴含的情境，体会诗人内心情感。

3. 根据诗歌的发展历程，帮助学生培养积累古诗的方法，激发学生学习古诗的兴趣。

二、教学重点：

通过运用多种方法，感受诗歌所蕴含的情境，体会诗人内心情感。

三、教学难点：

根据诗歌的发展历程，帮助学生培养积累古诗的方法，激发学生学习古诗的兴趣。

四、教学时间：

一课时

五、课前准备：

PPT

六、教学过程：

（一）激趣导入

1. 播放音频 1 鸟叫虫鸣

听到了什么？这个声音又给你了怎样的联想？（预设：寂静的森林）

接着听看你还能联想到什么？

2. 播放音频 2 “集市一人声”

联想到什么？（预设：热闹的集市）

导入语：由鸟鸣、虫声，人言碎语我们能联想到了自然，联想到了生活。还有一种特殊的声音，大家再听，看看你还能联想到些什么？

3. 播放音频 3 “朗诵古诗”

4. 导入：声音→联想生活→特殊的语言（对生活的反应）→诗。

（二）追溯诗源

1. 进入课题，板书：诗

2. 提问：什么是诗？（学生发言，请学生上前板书 预设：押韵 格律 抒

情）

3. 追溯诗源

（1）远古

出示：《猎歌》“断竹、续竹，飞土、逐肉（宍）”

是不是打猎的场景呢？我们看看这首诗的题目是什么吧？（猎歌）通过这古老的诗有没有带给你启发，你觉得什么诗呢？

（学生发言，请学生上前板书 预设：叙事 描绘生活）

（2）西周

①学生朗读《采薇》（节选），看看这首诗是表达什么生活场景的？你能读得懂么？

②师吟唱诗经《黍离》（节选），带着学生吟唱。

提问：什么是诗？有什么新的启发？

（学生发言，请学生上前板书 预设：音乐性）

（3）魏晋

学生介绍七步诗创作时的背景，带着这种情感朗读诗歌，什么是诗有什么新的启发？

（4）唐

①学生浏览接触过的唐代著名诗人，学生背诵相关诗人的古诗。构建诗人与诗歌的关联的积累方法。

②学生根据绘画，感知已学诗句。

（三）描写诗境

以《静夜思》《江畔独步寻花》《送元二使安西》为基础，用语言描绘联想到的画面已经诗人抒发的情感。

（学生打开学习单，自选完成，展示）

（四）总结提升

在写过之后，同学们对于什么是诗还有没有新的启发？（学生发言）什么是诗呢？这些都是（黑板）。其实什么是诗本没有一个标准答案，我们能确定的是这些，使我们离诗又近了一步。诗，从远古走来，一点点走到我们的面前，走进人们心中。联想和想象就像一把钥匙，帮我们揭开诗歌那既熟悉而又神秘的面纱。有一天我们可以感知声音，有一种特殊的声音叫做生活，是生活中让我们有了语言，让我们有了优美的语言，让我们集下了优美的文字。这些语言，这些文字，描绘着我们的生活，抒发着我们的情感，表达着我们的思想，千百年来被我们传唱着。我们管这种语言就叫做——诗。

七、教学反思：

在六年级下册教材中为我们提供了十首古诗词。从时间角度来看，共涉及魏晋、唐、宋、明、清等五个时期的诗词作品；从内容角度来看，共涉及咏物、绘景、送别、言志等诗歌的多个主题；从体裁角度来看，共涉及古体诗、格律诗、词等多个诗歌体裁。这十首诗总体上已经具有鲜明的诗歌发展脉络，我以此为切入点，在本册原有古诗的基础上整合学生小学阶段积累的古诗，按照诗歌发展历程选择、排列。帮助学生在梳理诗歌发展脉络的过程中，丰富诗歌文化背景，整体感知诗歌内涵。

六年级学生对于古诗词并不陌生，在小学六年的语文学习中已经背诵和学习了不少的古诗词。然而临将毕业的他们对于诗的内涵，积累古诗词方法，如何将积累的古诗词内化为自身的语言系统还缺乏明确的认识与能力的培养。需要通过教学引导学生对六年学习的古诗词进行归纳、积累、整体感知。

《义务教育语文课程标准》（2011 年版）中明确指出：语文课程是工具性与人文性的统一；学生是学习和发展的主体。因此，我以“什么是诗?”为主问题，引发学生质疑问难，在教学过程中引导学生结合自身已有经验，从自主思考中获得对诗的进一步理解与提升。

在课堂教学中能引导学生对小学阶段学习的古诗词进行整体的感知。课程以“什么是诗?”为主问题引导学生，引导学生在学习和思考诗的含义的过程中感知诗歌源自生活、记录生活事件、描绘生活场景、抒发生活情感等特质。在潜移默化中帮助学生建立多种角度积累古诗的意识。帮助学生理解诗歌并不遥远，他从我们的生活中走出，又走入我们的心中。

学生在课堂学习中能通过质疑问难、资料交流加深对诗的理解与整体感知，体会诗人文字背后的情感，产生情感共鸣。并能通过品读诗句、吟诵诗情、描绘诗境在潜移默化中培养学生从“诗人”“诗意”“诗情”“诗画”等角度积累古诗词。课程《诗·你从远古走来》关注学生思维，通过组合阅读，视听多种感官教学，引导学生树立运用联想与想象理解诗歌、文本的意识。

指导教师：东城区教研中心　蒋杰英

称　赞

（第一课时）

花市小学　唐丽丽

一、教学目标：

1. 回顾生字，复习词语，书写“椅、板、但、傍”四个生字

2. 学习课文内容，了解称赞别人是快乐的，体会相互称赞带来的力量。

3. 正确、流利、有感情地朗读课文，练习分角色朗读和演一演。

二、教学重点：

回顾生字，复习词语，书写“椅、板、但、傍”四个生字。正确、流利、有感情地朗读课文，练习分角色朗读和演一演。

三、教学难点：

学习课文内容，了解称赞别人是快乐的，体会相互称赞带来的力量，以读代讲，在朗读中感悟体会文章表达的深意，突破难点。

四、教学时间：

40 分钟

五、课前准备：

人教版二年级上册语文教材、多媒体课件

六、教学过程：

导入：上节课，我们初读了《称赞》这个小故事，还认识了一些生字新词，现在我们来复习一下。

（一）回顾生字，指导书写。

1. 指名带读这些词语

课件出示：刺猬、小獾、板凳、粗糙、但是、傍晚、椅子、泄气、瞧、留下

2. 其中，这四个字是我们这节课需要书写的生字：椅、板、但、傍

观察一下，你有什么发现？

预设：左右结构；左窄右宽；形声字

（渗透形声字的概念，体会形旁和声旁的不同作用）

3. 这几个字都是左窄右宽的字，老师来范写其中的一个，同学们试着自己模仿字头书写，好吗？

4. 教师板书：傍　边写边讲解

学生在书上进行书写练习

（二）练读课文，认识“称赞”。

1. 现在，把我们会认的、会写的这些字再送回到课文里，大家自己出声音读读课文，边读边回忆：故事中的小刺猬和小獾是谁称赞了谁呢？

预设：他们是互相称赞的。

2. 不仅如此，同学们还在第一节课时，选好了自己想扮演的角色：小刺猬、小獾和旁白，读一读互相称赞的句子。

出示句子，

“你真能干，小板凳做得一个比一个好！”

“你的苹果香极了，我从来没有见过这么好的苹果。”

3. 小刺猬和小獾互相称赞了什么，我们一读就找到了，但是他们当时是怎样称赞对方的呢？我们一起到课文中去看看。

出示句子：

小刺猬走到小獾身边，拿起板凳仔细地看了看。他对小獾说：“你真能干，小板凳做得一个比一个好！”

“真的吗？”小獾高兴极了。

小刺猬和小獾的话分别应该怎样读呢？邻近的三个同学分角色试一试。

请一组同学全班读一读

指导：（小刺猬，你为什么这么仔细地看这个小板凳呀？）真诚地称赞怎么读？

听了他的称赞，什么心情？

板书：真诚

4. “小板凳做得一个比一个好！”你们看，小刺猬多会夸人呀！（板书）

你在生活中还听到过，或者说过这样的句式吗？

出示课件：一________比一________（学生发散练习）

预设：一个比一个美丽，一个一个高……

课文中说的是：小板凳做的一个比一个好！

5. 过渡：听了这样的称赞，小獾很高兴。傍晚，当小刺猬往家走时，又看见了小獾。

出示句子：

小獾见小刺猬来了，高兴地迎上去。他送给小刺猬一把椅子。小刺猬不好意思地说：“我怎么能要你的椅子呢？我可没干什么呀！”

小獾拉着小刺猬的手，说：“在我有点儿泄气的时候，是你称赞了我，让我有了自信。瞧，我已经会做椅子了。这是我的一点儿心意，收下吧。”

小刺猬连忙从背上取下两个大苹果，对小獾说："留下吧，这也是我的一点儿心意!"

师生互动，练习分角色朗读

引导学生体会：此时的小獾送给小刺猬的是小椅子，指着板书你发现了什么？

预设：小獾的小板凳越做越好，现在都能做出小椅子了，越来越有进步了。

小凳子到小椅子的变化，这就是称赞的力量！

6. 小獾接过苹果，他准备要称赞小刺猬了，怎么称赞的呢？

出示句子：

小獾接过苹果闻了闻，说："你的苹果香极了，我从来没有见过这么好的苹果。"

小刺猬也高兴极了，说："谢谢你，你的称赞消除了我一天的疲劳!"

我们直接找一组同学练习分角色朗读

引导学生体会：小獾的称赞带给小刺猬的是什么呢？

预设：消除了一天的疲劳

板书：高兴

7. 小獾闻了闻苹果的动作做得特别好，生活中还做过这样的动作吗？

预设：看了看，想了想，找了找，尝了尝……

8. 这就是称赞的力量，无论是称赞别人还是被人称赞，都是快乐的。

（三）练习表演，表达称赞。

1. 从刚才的两组相互称赞的对话中挑选一组演一演

想象：他们还会夸什么，说什么，可以加动作

2. 学生表演，评价

七、课后反思：

《称赞》是人教版二年级上册的一篇课文，这是一篇很有启迪意义的童话故事。在小獾有点泄气的时候，小刺猬称赞了它，使它有了自信，小獾称赞小刺猬的苹果香 极了，使小刺猬消除了一天的疲劳，所以称赞的效果多么神奇啊！文中的小刺猬和小獾相处得多么融洽，多么富有人情味儿！只要是发自内心的称赞，即使是平淡如水的一句话，也会产生意想不到的效果。学习这篇课文，让孩子学会发现别人的优点，学会称赞别人是非常有意义的。

朗读是二年级学生一项重点训练项目。为此教学中，我没有过多地分析、讲解课文，而是充分创设情境，以情感为纽带，以读为主线，引导学生

从课文中找重点词句，采用自由读、同桌对读、分角色读、表演读等多种形式指导朗读，使学生在多层次、多角度、多元化的读书中领悟到称赞带来的快乐，加深对课文的理解。

如：我有意识地引导学生找出小刺猬和小獾互相称赞的句子："你真能干，小板凳做得一个比一个好！"和"你的苹果香极了，我从来没有见过这么好的苹果。"这两句话。通过抓重点词"真""一个比一个""香极了"等指导学生朗读。同时还抓住了小刺猬和小獾对话的其他句子，培养学生从朗读到感悟。如：小獾的板凳做得很粗糙，小刺猬为什么还要称赞他呢？进而抓住"板凳做得很粗糙，但是看得出，他做得很认真"这句话，引导学生理解肯定别人的认真态度。学生从中学会了欣赏和称赞，体验到了称赞的快乐，成长的快乐。如此便可以让学生以读引读，以读引说，理出了人间的真情美，懂得了从平淡中见深情的真理，拓展了思维，培养了语言，提倡了学习互动，生生互动，让学生成为学习的主人。

指导教师：广渠门中学附属花市小学　杨　磊

大还是小

（第一课时）

回民实验小学　张　玉

一、教学目标：

1. 认识"时、候"等 11 个生字和双人旁、竖心旁 2 个偏旁。会写"自、己、衣"三个字。

2. 正确、流利地朗读课文，借助课文解决大还是小的疑问。

二、教学重点：

1. 会认 11 个生字和双人旁、竖心旁 2 个偏旁。

2. 正确、流利地朗读课文，借助课文解决大还是小的疑问。

三、教学难点：

会写"自、己、衣"三个字。

四、教学时间：

一课时。

五、课前准备：

1. 演示文稿。

2. 生字卡片。

3. 黑板贴图。

六、教学过程：

（一）谜语导入，谈话激趣。

1. 巧猜谜语：同学们，你们喜欢猜谜语吗？老师出一个谜题，你来猜一猜：一人（大）。

PPT 出示：大。

请你说说："你见过什么东西是大的?" 板书课题中的"大"。

生：大象、大楼、大人……

大小意思相反，它们是一组反义词。那还有什么是小的呢？板书课题中的"小"。

生：小猫、小狗、小草……

2. 揭示问题：你们知道这么多事物的大小，可有一个小朋友，他却不知道自己，大还是小。

随着说进行板书，把课题补充完整。

（二）初读课文，读准字音。

过渡：是啊，大还是小这个问题让小朋友犯了难，这是怎么回事呢？请你打开书第 96 页，出声读一读这篇课文，注意把读音读正确，遇到读不准的字，借助拼音多读几遍。

1. 自读。

标自然段并圈出生字，在课文中认识生字。

2. 同桌互读，检查读音。

3. 借助字卡，开火车读。

出示：时、候、觉、得、自、己、穿、衣、服、很、快。

我请一组同学开火车，其他同学请你认真听，如果他读对了，全班跟读。

（三）指导朗读，随文识字。

检查自然段：同学们学的可真棒！我相信你们一定解决了这个问题：就一起用手势告诉老师这篇课文共有几个自然段吧！（6 个）

1. 第一自然段。

过渡：请同学读一读第一自然段，如果他读对了请你夸夸他，如果有小问题，请你帮帮他。

PPT 出示：有时候，我觉得自己很大。

（1）指名读。

(2) 男生女生比赛读。

2. 第二自然段。

过渡：在第二自然段有很多生字宝宝呢，快欢迎它们出场吧！

(1) 请一组同学开火车带读，读对了且声音洪亮，其他学生再跟读。

(2) 去掉拼音，齐读。

(3) 游戏时间——火眼金睛。

PPT 出示：小时 问候 觉得 自己 西服 看穿 很快

生字宝宝很调皮，它会突然出现在屏幕上，看看谁能够马上发现调皮的生字宝宝，大声地读出来。

(4) 游戏时间——找朋友。

①摆一摆。

卡片：时—候 觉—得 自—己 很—快 穿—衣—服

拿出生字卡片，将可以组成词语的生字卡片摆在一起。

②进入游戏。

例：我是自，我的朋友在哪里——我是己，你的朋友在这里——自己。

过渡：细心的你一定能够发现在这卡片中，有两个偏旁一样的生字宝宝，快找一找。

(5) 区分“得、很”，学习双人旁：

PPT 出示并标红双人旁：得 很。

没错，找的又快又准。看一看它们：左半边都是双人旁。

PPT 出示：放大效果的“很”字。

同学们，请你看说一说你怎么记这个字？

预设 1：和“狠”“恨”右半部分一样。

预设 2：“很”的右半部分是“良”字去掉一点。

你真会观察，形成评价的小印章上就有这个“良”字。

PPT 出示：“良”字小印章。

“得”字，你有什么好方法记住呢？

PPT 出示：放大效果的“得”字。

生 1：“得”右半部分是“日、一、寸”。

(6) 指名读第二自然段。

问题 1：请你借助课文，用课文中的话说说这个小朋友什么时候觉得自己很

大？(课文：我自己穿衣服、系鞋带的时候，我觉得自己很大。)

板书：大。

教师贴图：穿衣服、系鞋带。

3. 第三、四自然段。

过渡：第二自然段有这么多的生字宝宝，我们都读得这么好！我相信第三自然段也难不倒你！

(1) 指名读第三自然段。

PPT 出示：有时候，我觉得自己很小。

(2) 我什么时候觉得自己很小呢？板书：小。

找两位同学，一个同学读第四自然段，另外一个同学随着他读把图片贴到黑

板上：够不到按钮，听到雷声喊妈妈。

PPT 出示动画：小朋友由大变小。

问题 2 ：你看这时，这位小朋友又觉得自己很小了，请你用课文中的话说一

说为什么？（课文：我够不到按钮的时候，我听到雷声喊妈妈的时候，我觉得自己很小。）

问题 3：这位小朋友到底希望大还是小呢？（指课题）

4. 第五、六自然段。

(1) 同桌互读第五、六自然段。

过渡：这位小朋友多有意思呀，有时候希望自己很小，更多的时候盼着自己快点儿长大。请你注意看这个“快”字。

(2) 学习竖心旁。

请你快快请教语文书第 120 页的小老师，告诉我它是什么偏旁（竖心旁）

好，你看看老师这里还有几个带竖心旁的汉字。

PPT 出示字：怕 惊 快。

PPT 再出示词语：害怕 惊讶 愉快。

生 1：这几个字，都是左右结构的字，左边都是竖心旁。

生 2：这些词语都是心里的感受。

你看，与心情有关所以是竖心旁，我们祖国的汉字多有意思呀！相信你一定记住了竖心旁！

过渡：我们再一起读一读这篇课文，感受这位小朋友非常有趣的想法吧！

(3) 师生共读：

教师读第一、三自然段，男生读第二自然段，女生读第四自然段。全班

齐读。

第五、六自然段。

小结：学到这里，这位小朋友到底是大还是小呢，你们明白了吗？（我自己穿衣服、系鞋带的时候，我觉得自己很大；我够不到按钮的时候，我听到雷声喊妈妈的时候，我觉得自己很小。）

你们真是会学习呀，通过读书，解决了我们课前的疑惑。

（四）引导观察、指导书写。

过渡：现在我们会认会读了，还要会写。今天我们要学习写这三个字。

PPT 出示：自、己、衣。

1. 自己：还认得它吗？请你说说你是怎么记住的呀？（加一笔、数笔画）

2. 小老师示范笔画书空。

3. 借助字源识字：这是古代的“衣”字，谁来说一说你的想法。

生 1：像一件衣服。

生 2：上面像个衣架，下面像一个古代的衣服。

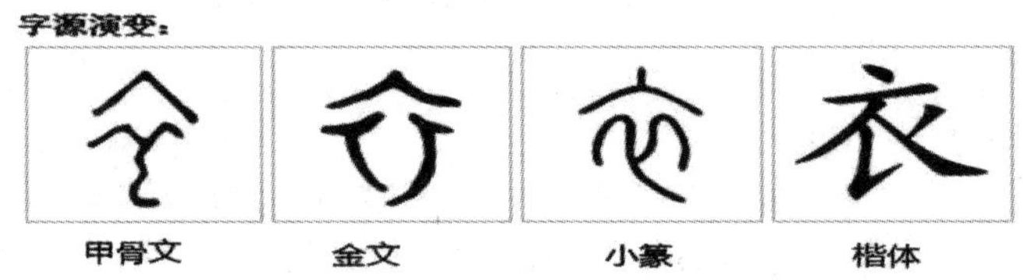

4. 小老师书空。

5. 教师范写。

“自”：注意多横等距。关键笔画撇起笔的位置在竖中线上，第四笔横压横中线。

“己”：这个字共几笔？（共三笔）竖弯钩要写流畅，写漂亮，注意不能出头，不然又念另外一个字了。你看我们祖国的汉字多有意思，差一点都不行。

“衣”：注意撇捺舒展，是这个字中最长的两笔。

6. 学生描 1 个写 1 个。

7. 点评（实物投影）。

8. 学生再练习。

七、课后反思：

1. 谜语导入，揭示课题，激发学习的兴趣。

每个人都有成长的烦恼，相信很多同学都有过和文中小朋友一样的矛盾心理。其实“大还是小”这个问题的答案就在课文中，怎样让学生清楚的说出来呢？于是我用简单谜语导入，出示“大小”这组反义词后，让学生结合生活实际说说大、小的事物，继而提出“大还是小”的问题，引出课题。激发了学生读课文的兴趣，帮助学生顺利地进入课文学习。

2. 在多种形式朗读中，使学生爱读、乐读、会读。

在指导学生朗读时，我通过指名读、齐读、男女生互读、师生共读等多种形式朗读，帮助学生正确、流利地朗读课文。学生读得有滋有味了，也就加深了对课文的了解。

3. 关注年段特点，巧设游戏识字。

考虑到低年段的学生很容易出现注意力不集中、偶尔有小动作的情况，所以在教学中我通过有趣的游戏，充分调动学生的手、耳、心、口，完成教学目标。比如第三个游戏找朋友，我细化为两步：先让学生把可以组成词语的生字卡片摆在一起，然后再找朋友。这样学生通过看——摆——找——听——说这五步，配合完成游戏，既让学生动起来，又保证了学生正确率高，充分调动了学生的参与游戏的兴趣，游戏达到预期效果，也就更好地完成教学目标。

在实际教学中，课堂中的遗憾也留在我的心里。比如在“双人旁”的教学中，我出于对学生的了解，知道学生认识“狠、恨”这两个字，于是在预设中设想学生可以借助换偏旁的方法记住“很”字。但在实际教学中，识记“很”的环节比预设时间要长，学生并没有想到这个方法，不能够灵活地将新知识和既有知识贯穿起来。所以在今后的教学实践中，我也会多请教有经验的老师，学习一些教学策略；多去了解学生，加强有针对性地指导，提高学生灵活运用知识的能力。

指导教师：回民实验小学　吕秋影

夏夜多美

（第一课时）

北京市东城区培新小学　王晓帆

一、教学目标：

1. 识认“莲、哭”等 13 个认读字，重点识记“莲、哭、睁、趴、根、腰、爬、非”8 个字。

2. 正确书写“她、他”2个生字。

3. 正确、流利地朗读课文，边读边初步体会夏夜的美。

二、教学重点：

识记“莲、哭……”8个字，规范书写“她、他”2个生字 。

三、教学难点：

正确、流利地朗读课文。

四、教学时间：

一课时

五、课前准备：

人教版一年级下册语文课本、自制 PPT、词语卡片、朗读配乐、睡莲和小蚂蚁的头饰。

六、教学过程：

（一）看图导入，初识“美丽的夏夜”

1. 插图激趣，导入新课。

（1）出示美丽的夏夜图。（课文插图）

瞧，公园里宁静的夏夜，你们都看到了什么？

预设：睡莲、小蚂蚁、蜻蜓……

（2）教师小结：夏夜，有静静的池塘、美丽的睡莲、绿绿的莲叶，还有可爱的小蚂蚁和蜻蜓，夏夜多美啊。（齐读课题）

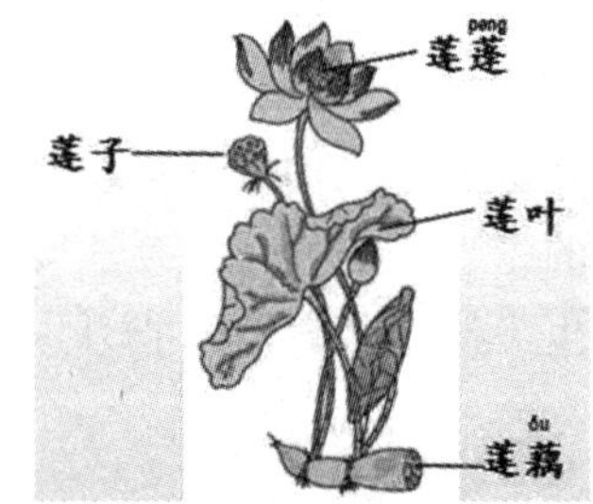

2. 相机看图识字：睡莲的“莲”字

（1）学生读词，读字卡。

记形解义。（草字头，它就是一种植物。这是莲花，也叫荷花，和课文插图中的睡莲不同）

（2）学生看图片扩词：你看，花心中的就是……（出示：莲蓬）

它长大了，里面就结出……（出示：莲子）

花朵的下面是……（出示：莲叶）

它的下面还长着……（出示：莲藕）

（二）读通课文，走近“美丽的夏夜”

1. 初读课文，归类识字：

（1）学生自由读课文，注意把字音读准确，句子读通顺。

（2）出示带拼音词语，学生开火车带读：

趴在	爬上来	这时	非常	哭声	急
感激	谢谢	睁开眼	弯弯腰	一根水草	

(3) 出示去拼音词语，多种方式指读。

①对应形体识字。

＊女生来读读这个词（“睁开眼”），看，睁开眼，所以这个睁是……（识记偏旁：目字旁）

＊男生来读读这个词（“弯弯腰”），摸摸你们的腰在哪里？腰是我们身体一部分，(月字旁)

②联系生活识字。

＊根：出示图片“一根水草”还可以说“一根”什么？

预设：一根跳绳、一根筷子、一根绳子、一根香蕉……

教师小结：我们说细细的、长长的东西时会用到“一根”。

③结合语境识记。

来，读读这句话（出示句子“一只蚂蚁趴在一根水草上。”）

(出示句子“睡莲弯弯腰，让小蚂蚁爬了上来。”)

出示字卡“趴、爬”，学生识认 趴 爬

④做动作识字。

再读句子，你们来当小蚂蚁，做做动作。

教师评价：这只小蚂蚁爬得多用力呀，用爪子用力爬的（“爪字旁”）

2. 再读课文，回文识字：

(1) 听老师配乐范读课文，请同学们边听边思考：

课文里（谁）遇到了困难，(谁）帮助了他。

(2) 随学生回答，板书出图。

借助板书，让学生体会运用句式表达：请你看着黑板完整说一遍

预设：课文里（小蚂蚁）遇到了困难，（睡莲、蜻蜓和萤火虫）帮助了他。

(三) 读文识字，走进“美丽的夏夜”

1. 学习第一组对话

(1) 结合语境识字。

我们一起来看看，小蚂蚁遇到了什么困难？(PPT 出示第二自然段第 1 句)

有什么好办法记住这个“哭”字？(加一加、组词)

预设：上面两个口就像两只眼睛，下面的点就像流出的眼泪。

(2) 多种方式朗读。

①师生配合读文：PPT出示第一组对话：

睡莲听到小蚂蚁的哭声，她关心地问（学生接读）：“小蚂蚁，你怎么啦?”

小蚂蚁说（学生接读）：“我不小心掉进池塘，上不了岸啦!”

②引导学生体会读文：你看，小蚂蚁趴在水草上，晃来晃去，多危险啊！谁来读读小蚂蚁的话。

如果你是这只小蚂蚁，心情怎样?（着急、伤心、害怕）那你来读一读吧!

③师生配合读文：老师来当睡莲姑姑，你们来当小蚂蚁。

2. 学习第二组对话

(1) 师生合作读文：睡莲姑姑是怎么帮小蚂蚁的呢?我们来读一读他们的对话。(PPT出示)

(老师读叙述部分、女生读睡莲姑姑的话，男生读小蚂蚁)

“快上来吧!”睡莲弯弯腰，让他爬了上来。

小蚂蚁非常感激，连声说：“谢谢您，睡莲姑姑。”

睡莲说：“今晚就在这儿住下吧！你瞧，夏夜多美啊!”

小蚂蚁摇摇头，说：“我得回家。要不，爸爸妈妈会着急的。”

(2) 结合语境识字：非。

①小蚂蚁非常感激睡莲姑姑。“非”这个字我们在哪个字里见过它?（借助熟字“排”识认：“非”）

②如果这里不用“非常”，还可以怎么说啊?（预设：特别、很、十分）

③我们再来读读这句话。这时的小蚂蚁就是特别感激睡莲姑姑。

(3) 生生合作朗读。

①同桌分角色再来读读他们的对话。

②全班展示读好对话。

(四) 巩固识字，指导书写

1. 新语境巩固生字：

老师把这几段课文编成小儿歌，里面红色的字都是生字，注意把它们读准确！同桌读读。

小蚂蚁，掉池塘，**趴**在一**根**水草上。

呜呜大**哭**声音响，夏夜多美无心赏。

睡莲姑姑**睁**开眼，弯下**腰**来帮帮忙。

小蚂蚁，**爬**上去，**非常感激**说**谢谢**。

2. 小游戏巩固生字——生字对对碰！

第一步：把生字卡从信封中拿出来，学生拿一个大声读一个，整齐地摆在桌子上。

第二步：老师举一个字，学生从字卡里找到一个能和它组成词语的字卡，组词巩固。

“我是【急】，谁能与我对对碰；我是忙——急忙”（注意区分：“激”“急”）

“我是【树】，谁能与我对对碰；我是爬——爬树、根——树根”

“我是【感】，谁能与我对对碰；我是激——感激、谢——感谢”

（“感激”就是非常“感谢”。课文里，小蚂蚁就特别感激睡莲姑姑）

第三步：老师说一个字，学生往信封里收一个字。

3. 认真读帖，规范书写：“他、她”

（1）观察：看看这两个字里面都藏着一个（“也”字）

仔细看看，“也”到了这两个字里有什么变化？

预设：“也”字变瘦。横折钩的横变短了，竖弯钩的弯变短。

（2）范写：“她”。

提示“女字旁”中“提”的位置：“撇”点的撇写的稍微直一点，超过横中线再折过去。

“提”从横中线起笔，稍稍向上提。“也”的第一笔横折钩在提的下面一点儿起笔。

（3）练写、展评【提示：写字姿势】。

放手练写“他”

（4）语境中练写：

水池里，睡莲刚闭上眼睛，就被呜呜的哭声惊醒了。（　　）睁开眼睛一看，是一只蚂蚁趴在一根水草上。“快上来吧！”睡莲弯弯腰，让（　　）爬了上来。

（5）留下疑问下节课再赏美丽夏夜。

小蚂蚁得到了睡莲姑姑的帮助，最后他是怎么回到家的呢？我们下节课继续学习。

七、教学反思：

1. 本课发挥学生学习主体性，采用多种方法，激发学生识字兴趣，提高了识字效率。学生有了一个学期的识字经验，能够顺利掌握本课生字读音，因此将字的“音形义”结合起来是本课的重点。我引导学生联系自身、联系已识生字，通过看图、做动作、比较识认等方式在语境中识认体会，并进行及时评价，肯定表现力强的同学，从而让其他同学更好理解词语意思。对于学生不易理解的地方放慢脚步，多花一些时间。尊重了学生的个性差异，课堂就会时时处处体现出学生的主动性和创造性，收到了意想不到的效果。

2. 用多种方式把学生带入语境，激发学生朗读兴趣。在学习第二组对话时，我让学生们通过读一读、演一演的方式，带上头饰，进行分角色读文，极大地调动了学生主动探究、小组合作的学习情绪，对难理解的词、句通过在台下练习，在台上演一演的方式让学生加深印象。在老师的指导下，“睡莲姑姑”还丰富了自己的语言并加上了动作，课堂一片欢声笑语。

3. 实践是语言教学的核心环节，《语文课程标准》倡导语文课要利用现实生活中的语文教育资源构建课内外联系，校内外沟通，拓展学生的学习空间，增加语言实践的机会。当学生充分朗读、尽情表演之后，如果能增加与本课内容相关的短文拓展学生的阅读视野就更好了。只有不断提高课堂驾驭的能力，与学生同进步共成长，才能适应新时期课堂的需要。

北京市东城区培新小学　许世新

秋天的雨

（第二课时）

东城区史家胡同小学　李芸芸

一、教学目标：

1. 复习巩固所学词语。

2. 正确、流利、有感情地朗读课文，读出对秋天的喜爱和赞美，背诵自己喜爱的部分，积累好词好句。

3. 读懂课文内容，体会秋天的美，培养学生热爱大自然，热爱生活的感情。

4. 理解文中运用修辞手法描写秋天的语句，并进行语言训练。

二、教学重点：

读懂课文内容，体会秋天的美。

三、教学难点：

理解文中运用修辞手法描写秋天的语句，并进行语言训练。

四、课时安排：

第二课时

五、课前准备：

幻灯片、秋天的图片、背景音乐

六、教学过程：

（一）揭示课题，复习巩固

1. 这节课我们继续学习第 11 课秋天的雨，请同学们齐读课题。

2. 上节课，同学们学习了生字新词，这些词语你们还记得吗，下面我们来开小火车读一读（课件演示：同学开火车带读，有错误纠正）看谁读得最准确。

点评：同学们读得真准确，看来这些字词你们都掌握了！

（二）整体把握，细读品味

1. 回顾课文，了解课文内容。

下面让我们再来读读课文，回顾一下：文章是从哪几个方面来写秋天的雨的？（指名回答）（板书：1. 是钥匙 2. 有颜色 3. 藏气味 4. 吹喇叭）

2. 过渡：秋天的雨是清凉的、温柔的，它轻轻地来到我们身边，就像一把钥匙一样，趁你没有留意，就把秋天的大门打开了（指名读，点评）谁来读一读第一自然段

评 1：多么清凉的雨啊

评 2：我从你的朗读中感受到了秋雨的温柔

3. 赏读第二自然段

过渡：秋天的雨是一盒五彩缤纷的颜料，那它都有什么颜色呢？

请同学们自读第二自然段【读完之后将描写颜色的词语，用“圆圈”圈出来（黄色、红色、金黄色、橙红色、紫红、淡黄、雪白；请学生回答：谁来给大家说说你找到了什么颜色.....）投影出示】

秋天的雨有这么多颜色，你能用文中的一个词概括一下吗？”

（预设：五彩缤纷）五彩缤纷就是形容颜色多而鲜艳

这么多颜色！秋雨都把他们给了谁呢？请你默读第二自然段，画出你最喜欢的语句。【请同学说说，你画出了哪句话，想想你为什么喜欢这句话】谁来给我们读读你画的句子，然后说说你为什么喜欢这句话

（1）你看，它把黄色给了银杏树，黄黄的叶子像一把把小扇子，扇哪扇哪，扇走了夏天的炎热。

预设：银杏树的叶子是金黄的，像一把小扇子，我觉得特别美

（投影出示图片，你们看！这就是银杏树的叶子，多像小扇子呀！谁来

读一读）

①对比句子：

你看，它把黄色给了银杏树，黄黄的叶子像一把把小扇子，扇哪扇哪，扇走了夏天的炎热。

你看，它把黄色给了银杏树，黄黄的叶子像一把把小扇子，扇走了夏天的炎热。

这里有两句话，你们都来读一读。发现什么了？你觉得哪句话好啊？为什么

（预设：第一句）

②从“扇啊扇啊”你感受到了什么？

③指名读，师指导朗读

扇哪扇哪，一点一点儿的，慢慢地，扇走了夏天的炎热。所以我们读的时候要慢慢地，让我们感受到夏天渐渐地离开了我们，秋天悄悄地走近了我们。

（2）它把红色给了枫树，红红的枫叶像一枚枚邮票，飘哇飘哇，邮来了秋天的凉爽。

①秋天还把美丽的色彩给了谁，你还喜欢哪句话？说给大家听一听。

②让我们来看看吧，看，一片片的枫叶多像一枚枚邮票啊。

还有谁也喜欢这句话吗？为什么？

③你看看上边那句话，我们刚刚说“扇哪扇哪”，那你看看这几句话有什么？

生体会“飘哇飘哇”

指导朗读：一点点慢慢地飘落的，告诉我们秋天慢慢来到了我们身边（动态下落的美）落叶慢慢地飘落下来，你能读出来吗？

（3）金黄色是给田野的，看，田野像金色的海洋。

（预设：像海洋一样，非常大）

①田野一望无边，多么的宽广啊，谁来读读（指名读）

②评：一眼望去，一片金色的海洋，多美啊！

哪位同学还想读读这句话

（4）橙红色是给果树的，橘子、柿子你挤我碰，争着要人们去摘呢！

①你为什么喜欢这句话？（体会“你挤我碰”）

②从“你挤我碰”这个词，你看出什么了？

（预设：果实非常多，树上长满了果实。）

③你挤我 我碰你，都争着让人们去摘呢（指名读）

评 1：果实挂满了枝头，多美的景色啊，一片丰收的景色

评 2：果实们在树上已经待不住了，谁再来读一读，读出果实们着急的心情

（5）菊花仙子得到的颜色就更多了，紫红的、淡黄的、雪白的……美丽的菊花在秋雨里频频点头。

①菊花仙子只有这些颜色吗？

（预设：不是）

②从哪里看出来的？

（预设：省略号）

③结合你的生活想一想，你还知道什么颜色的菊花吗？（生交流）

老师这里还有好多照片，大家想不想来看一看？（投影出示菊花图片）

④菊花仙子有这么多颜色，多美呀，谁能读一读？

⑤什么叫“频频点头”啊？

（预设：菊花在风雨中左右摇摆，就像在跟我们点头一样）

⑥是啊，美丽的菊花在秋雨里频频点头，你能再读读吗？

（6）课堂练笔：其实秋雨还把美丽的颜色给了许多的植物呢，你们看！

柿子，牵牛花，梨……【投影出示图片】

①你能不能选择其中一种植物，仿照书中的语句和同桌同学一起说一说呢：（同桌两个人讨论讨论，指名说）

秋天的雨把________色给了________，________像________________。

②下面请同学们打开积累本，写一写这个句子（教师巡视指导，全班交流）。

有能力的同学也可以结合自己的生活选择其他的植物来写一写。

4. 赏读第三自然段

过渡：秋雨不光有五彩缤纷的颜料，还藏着非常好闻的气味呢！同学们读一读第三自然段，说一说你都闻到了什么气味？

（预设：梨香香的，菠萝甜甜的，还有苹果、橘子，好多好多香甜的气味。）

（1）老师好像已经闻见甜甜的气味了，闭上眼睛想象一下，如果你就在这片果园里，有梨、菠萝、苹果、橘子，你会是什么感觉啊？（生交流）

（2）香味太浓了，小朋友想走都走不掉了。快来读读吧！

（投影出示，指名读）小朋友的脚，常被那香味勾住。

（3）这么多香甜的气味，多么吸引人啊，哪位同学来完整的大家读读这一自然段？（指名读）

5. 赏读第四自然段

秋天的雨不仅藏着好闻的气味，你们听，它还吹起了金色的小喇叭，它在告诉大家什么？——（预设：冬天快要来了）。【这时小动物和植物们在做些什么？

请同学们读读第四自然段，然后扣上书，试着来填一填】

小喜鹊____

小松鼠____

小青蛙____

松柏____

杨树、柳树______________________________________

①你还知道其他小动物会为过冬做准备吗？

生自由交流（拓展小资料）

②小动物们都在抓紧准备过冬，因为秋天的雨告诉我们冬天不远了。

（三）总结升华

同学们喜欢秋天的雨吗？（说说原因）

总结：秋天的雨是一把钥匙，悄悄地打开了秋天的大门；

它用五彩缤纷的颜料，装点了整个大地；

秋天的雨还为我们带来了丰收和欢乐，让我们来齐读最后一个自然段吧！

（生带有感情齐读最后一个自然段）

今天我们学完了课文，请同学们回去也去收集有关秋天的信息。

七、课后反思：

在本课教学后和区教研员王超男老师以及师父白雪老师进行了课后研讨。我认为在本课教学上要尝试做到把握整体，局部突破。抓住总体把握全文，引导学生找出最能代表秋天的雨的句子，继而以此为线索展开教学。

我在指导朗读时，通过各种形式的读让学生对整个句子所描写的景物既有了形的感知，又有了情的体验，学生能够通过对重点句子的朗读真正感受到秋雨的特点。例如：在教“秋天的雨轻轻地、轻轻地打开了秋天的大门”时，注重对“轻轻地”一词指导，并且在学生朗读完后让学生来评价，让学生做课堂的主人。再比如，“黄黄的叶子像一把把小扇子，扇哪扇哪，扇走了夏天的炎热”和“红红的枫叶像一枚枚邮票，飘啊飘啊，邮来了秋天的凉爽。”先请一位学生读一读再进行评价。接着抓住“扇哪扇哪”和“飘啊飘啊”两个重点词语，让学生带上动作来表演读，让学生体会秋雨的优美。

另外本篇课文中有许多优美的词句，在我的教学中更注重引导学生自主发现。让同学动手把自己喜欢的句子画下来并指导朗读。在教学句式中也应自然地把整节课的知识融入作文教学中，让学生学以致用。于是我结合单元训练的重点对本文的重点句式“它把什么颜色给谁，像什么”进行了朗读指导，并进行了说话的迁移训练。

本堂课整体效果不错，学生课堂气氛活跃，几位学生甚至说出了非常具有自己独特见解的答案，让老师都为之一动。但也有些缺点和不足，比如时间的把控方面。我会不断努力，争取在教学上取得更大的进步。

指导教师：北京市东城区史家胡同小学　白　雪

大还是小

（第一课时）

史家胡同小学　夏梦雪

一、教学目标：

1. 认识“时、候”等 11 个生字和双立人、点横头、竖心旁三个偏旁；会写“自、己”。

2. 正确、流利地朗读课文。

二、教学重点：

1. 认识“时、候”等 11 个生字和双立人、点横头、竖心旁三个偏旁。

2. 正确、流利地朗读课文。

三、教学难点：

会写“自、己”。

四、课前准备：

制作多媒体课件和生字词卡片。

五、课时安排：

第一课时（45 分钟）。

六、教学过程：

（一）激趣导入，引出课题，启发质疑

（1）先出示字卡“大”，并请学生大声齐读这个字；再出示字卡“小”，并请学生小声齐读这个字。

（2）观察这组词，让学生说说发现了什么。

（3）同时出示字卡“大小”，引出课题，并齐读课题。

(4) 教师单独指名两名学生示范读课题。

(5) 启发学生质疑课题，教师指名学生回答，同时将问题整理在黑板上。

预设：①课文中的“大还是小”说的是谁？(板书：谁?)

②什么时候大？什么时候小？(板书：什么时候大？什么时候小?)

③到底是大还是小？(板书：大？小?)

(二) 初读课文，学习生字

1. 读课文，认字词

(1) 学生自主朗读课文，读准字音、读通句子。

(2) 给课文标出自然段，教师巡视指导后订正答案。

(3) 同桌互读双蓝线中的会认字。

2. 检查自学，拓展学习

(1) 课件出示词语“时候”和“觉得”。

①教师指名学生示范朗读，着重强调这两个词的第二个字都要读成轻声。讲解后再指名两名学生领读。

②拼读多音字“得”：dé，得到。

(2) 课件出示“自己”。

①指名小老师领读词语。

②了解“自己”的意思。

③带着理解再读词语。

(3) 课件出示“很大”。

①指名一组学生开火车读词语。

②学生说说自己对“很大”这个词的理解。

③指名学生再读词语，要读出特别大的感觉。

(4) 课件出示“时候、觉得、自己、很大”四个词语。

①读好词语。

②把词语放进句子，读好句子：“有时候，我觉得自己很大。”

③教师指名学生示范朗读句子。

(5) 课件出示“服”和“穿衣服”。

①教师指名两名学生分别领读字和词。

②引导学生说说“服”字在两个词中发音的区别。

③反复练读。

(6) 课件出示“快点儿”，结合之前学过的词语“雨点儿”，练习读好儿化音。

(7) 课件出示句子“快点儿长大”，引师生互动，分层次读好句子。

①师：快点儿怎么样？生：长大。

②师：谁快点儿长大？生：自己快点儿长大。

③师：谁盼着谁快点儿长大？生：我盼着自己快点儿长大。

④教师指名几位学生朗读句子。

⑤“快”字拓展组词。

(8) 课件出示去掉拼音的生字“时、候、觉、自、己、很、穿、衣、服”。

①做“摘苹果”游戏抢答识字。

②抽选两组学生开火车认读。

3. 识记偏旁

(1) 课件出示“得、衣、快”，教师指名三位小老师分别针对自己认识的偏旁带领同学们认读。

①双人旁。

a. 找到并圈出书中双蓝线中另一个带有双人旁的生字。(很)

b. 回顾单人旁，区分双人旁和单人旁。

②竖心旁。

a. 拓展讨论还有哪些字也带有竖心旁。

b. 课件出示“怕、愉快、惊”，学生认读，体会带有竖心旁的字都和心情有关。

③点横头。

课件出示本学期出现过的带有点横头的生字“高、立、言、京”，学生练读。

4. 初步感知课文，解决简单问题

(1) 把生字带回文中，再读课文。

(2) 解决问题：“大还是小”指的是谁？(教师在“谁”后板书“自己”)

(3) 过渡：那么“我”到底是大还是小呢？“我”又是什么时候大，什么时候小呢？这两个问题我们留到下节课再解决。这节课，我们还要学写“自己”两个生字。

(三) 写字指导 (自、己)

(1) 交流谈话

师：(课件出示“自、己”) 咱们班的同学都这么精神，相信你们也一定愿意把“自己”两个字写得漂亮。

(2) 教师引导学生观察并讨论有什么好方法记住这两个字。(数笔画、

加一加等）

（3）教师引导学生说一说在写这两个字时需要注意哪些地方。（笔画及占格等）

（4）课件动图展示生字的书写，学生一边看，一边书空跟写。

（5）学生描红、练习书写，教师巡视指导点拨。

（6）教师挑选一名学生的书写在投影上展示，学生互评，教师在本上进行示范修改。

（7）学生修改自己的书写，教师巡视指导。

（四）课后总结：

今天我们在课上认识了许多新的生字朋友，请你们回家认真复习，不要忘了它们。我们还学写了两个生字，希望你们用心书写，争取生字作业一次过关！

七、课后反思：

识字是阅读和写作的基础，因而识字和写字教学就成了一年级语文教学的重、难点。然而，对于刚入学不久的孩子来说，在短时间内识记大量生字既枯燥又难以获得良好的收效。因而，教师在教学过程中采用符合一年级学生年龄特点的教学方法是十分必要的。

1. 在游戏中识字

一年级的学生专注力较差，若教师以单一的形式长时间进行讲解，自然无法吸引学生的注意力和调动学生学习的积极性。儿童好胜心强，喜欢重复，喜欢表现自己、凸显自己。采用儿童喜闻乐见的游戏、竞赛等形式来辅助识字教学，能够激发孩子内心渴望受到他人关注与得到称赞的心理，使学生更加积极踊跃地参与课堂；而多样化的教学方式让学生们觉得新颖有趣，因而学习得更加专注和用心。

2. 识记生字，要做到眼到、口到、手到、心到

人体的各个器官之间是相互联通的，因而，我在进行生字书写教学时，先让学生自主观察生字的笔画及占格，培养学生观察能力的同时使得重点笔画在学生头脑中有了初步的印象，这是“眼到”。接下来，我让学生们自己说一说在写这个字时需要注意什么，这是“口到”。然后，我在黑板上示范书写时，让学生们一边说笔画一边书空跟写，这是将“眼到、口到和手到”结合在了一起。最后，让学生自己在田字格中进行书写巩固，这就考验了学生的听讲情况，学生只有认真、用心书写，才能收获一笔好字，这是“心到”。

3. 识字教学要将字、词、句进行有机结合

我在识字教学中，先将本课要求会认的生字在课文中组成的词语呈现出来，让学生对生字有一个初步印象的同时知道这个字该如何组词。当词语掌

握熟练后，我再让学生将这个词语所在的课文中的句子有层次地进行朗读，让学生知道由这个生字组成的词语该如何使用。最后，再将生字剥离出来单独呈现，在学生已经能够熟练读出词语和句子的基础上，让学生回忆字的读音，记忆字形。先由点到面，再从面缩至点，使得学生全面掌握生字的音、形、义，能够由字联想到词句，也能在头脑中将词句里的字剥离析出。

4. 适当进行课外拓展

孩子们都有着强烈的求知欲和好奇心。在本节课中，我涉及了多音字“得”“快”字的拓展组词、带有竖心旁和点横头的字等课外拓展内容。此种形式使得基础较好的同学有了积极发言展示自己的欲望，同时也使得基础较弱的同学有了更多的收获。

5. 小组合作学习

在本节课中，我让学生们同桌间相互合作，认读双蓝线中的生字。同桌之间相互认读，使得学生既做到了听和说，又在听说的同时认真、反复查看了生字的字形，可以说做到了耳到、眼到和口到，使得生字在学生的头脑中留下了更加深刻的印象。

北京市东城区史家胡同小学　翟玉红

万年牢

（第一课时）

史家小学分校　马　婕

一、教学目标：

1. 正确、流利、有感情地朗读课文。

2. 通过揣摩、品读描写父亲制作糖葫芦、做买卖的词句，体会父亲做人讲究认真、实在的思想品质，并领悟作者叙述清楚、有条理的表达方式。

3. 通过交流拓展篇目，感受人物的思想品质，体会作者叙述清楚、有条理的表达方式。

二、教学重点：

通过揣摩、品读描写父亲制作糖葫芦、做买卖的词句，体会父亲做人讲究认真、实在的思想品质，并领悟作者叙述清楚、有条理的表达方式。

三、教学难点：

引导学生感受人物的思想品质，体会作者叙述清楚、有条理的表达方式。

四、教学时间：

一课时（40分钟）

五、课前准备：

1. 学校资源

史家小学分校是一所图书馆式的学校，无论是设计风格、学校校徽，还是“学习与生命同行”的校训都体现着学校要培养“读书人”的理念。在学校有一处风景最为美丽，那就是图书馆。课余时间来到图书馆阅读已经成为学生们的习惯。在学习本单元时，教师充分挖掘学校已有资源，引导学生阅读大量中华传统美德修养故事，并且能够交流自己的感受。

2. 教学内容

四年级下册第二单元是以“以诚待人”为主题展开教学，《万年牢》是本组第一篇略读课文。学生通过学习前一课《中彩那天》，通过对人物语言、行动、神态等语句的朗读与揣摩，感受了人物的思想品质，体会作者的表达方式。

六、教学过程：

（一）谈话导入

在《中彩那天》这篇文章中，我们认识了一位在道德难题面前，放弃了汽车，选择了诚信，做到了以诚待人的父亲。这节课，我们再来认识一位父亲，他又是怎样的人呢？请同学们齐读课题。

万年牢在课文中是什么意思呢？让我们走进课文。

（二）自学课文

1. 学习导读

《万年牢》是一篇略读课文，大家读一读书上的导读，说一说你从这段导读中知道了什么？（板书：认真实在）

2. 自由读课文

3. 检查词语

“天津、滚蘸”（易读错的词语）；“红果把儿、火候”（儿化音、轻声）；“闷好、削好、掺假、熟练、教导”（多音字）。

4. 梳理层次

默读课文，课文围绕父亲做糖葫芦讲了哪几件事，边读边思考，并且概括在书的边上。

5. 全班交流

第一件事：父亲做糖葫芦。（父亲用最好的材料做糖葫芦；糖葫芦制作过程很讲究；父亲做糖葫芦甩的糖风很好看。）（板书：做）

第二件事：父亲卖糖葫芦。（父亲不满意老板做生意的方式，辞去了工作。）（板书：卖）

无论是做糖葫芦还是卖糖葫芦，作者就是通过这两件事，向我们刻画了这样一个做事认真、实在的父亲。

（三）细读课文

1. 默读课文

现在，就让我们再细读一下这两个小故事，看看你又从哪些语句当中感受到父亲做事认真、实在的呢？再次默读课文，画出相关语句，做批注，小组交流。

2. 全班交流

预设①：

从父亲做糖葫芦那精心、上等的选材，我们看出他的认真、实在。把选材这部分再来读读，体会一下做糖葫芦所用的材料多么新鲜、多么实在。（板书：选材）

预设②：

同学读了这么多做糖葫芦的语句，请大家拿起笔，画出父亲和“我”一起做糖葫芦的动词。（板书：制作/工序）

父亲这一连串的动作，让我们感受到了：父亲做糖葫芦时，多熟练、多认真啊！真是一丝不苟、有条不紊！（板书：动作）

预设③：

父亲甩出糖风的样子多漂亮啊！谁再来把它的样子读清楚。（板书：甩糖风）

老师小时候，就特别爱吃糖葫芦上甩出来的薄薄的糖风，那味道可甜了！有机会，同学们再细细品味一下！让我们想象着糖风的样子、甜美的味道，再来读读父亲的话。

从父亲这朴素的语言让我们感受到，他真是一个认真、实在的人！（板书：语言）

预设④：

通过父亲卖糖葫芦这个小故事，读着父亲说的话，又让我们感受到了他做买卖公正、讲究实在！

不管是做糖葫芦、还是卖糖葫芦，我们都从这细致入微的动作、这朴实无华的语言中，感受到了父亲就是这样的认真、实在！（板书：认真、实在）

（四）深入探究

1. 整读全文，找出含有“万年牢”的语句

2. 体会三个“万年牢”的不同含义

第一个“万年牢”指父亲的糖葫芦做得好；第二个“万年牢”指父亲做买卖公平、实在；第三个“万年牢”指做人要可靠、实在。

3. 再读课文，体会三处“万年牢”之间的关系，小组讨论

万年牢的产品质量赢得了生意的万年牢，万年牢的生意靠的是诚实、守信的“万年牢”的人品。

做人是根本，会做人才能会做事。

（五）拓展阅读

1. 走进作者

文中的“我”，就是作者新凤霞。她是我国评剧表演艺术家。在父亲的教导下，新凤霞也成为了一个做事认真、脚踏实地的人，取得了很多成就。我们来读一读补充资料，看看父亲对新凤霞一生的影响。

2. 组合阅读

（1）阅读文章《甄彬还金》

刚才，我们先读懂了课文，知道了文章的内容，然后再结合着人物的动作、语言来感受人物的思想品质。诚实守信是我们中国的传统美德。现在，我们就按照这样的顺序，再来读一篇文章，进行交流。

（2）交流感受

（3）走进图书馆

同学们，在我们学校的图书馆里，还有很多这样的小故事。希望你们继续走进图书馆，去阅读更多的书籍，感受不同作家不同的表达方式，体会不同人物的思想品质，并尝试运用到自己的习作中去。

七、教学反思：

1. 充分相信学生的能力

第一遍读课文，仅涉及了读准字音、读通句子这两个小内容，经反思，可将“学习任务一”（即“默读课文，想想课文围绕父亲做糖葫芦讲了那几件事。”）也放进这一环节；如果不能和读词、读句子一起解决，可在读句子之后加一默读环节，解决“学习任务一”。

《义务教育语文课程标准》中指出：“第三学段的默读有一定的速度，默读一般读物每分钟不少于300字。阅读叙事性作品，了解事件梗概。”因此，这样的设计意图旨在引导学生逐渐向第三学段过渡，适当“拔拔高”对学生是有益处的。

当然，这更体现了以生为本的教学理念。教学的另一层含义便是在教与学的过程中相信学生、给学生自信。学生是学习的主体，阅读是运用语言文

字获取信息、认识世界、发展思维、获得审美体验的重要途径，阅读教学又是学生、教师、教科书编者、文本之间对话的过程。加强对阅读方法的指导，让学生逐步学会精读、略读和浏览尤为重要。

2. “深入探究”放得开手

在解决课文最后的黄泡泡时，学生说了不少自己对三处“万年牢”之间联系的理解，由于经验不足，教师并没有第一时间捕捉到学生的发言，抓不住他们说的要点。

经反思，如果将这一环节的教学策略稍作调整，让学生给三处“万年牢”排排队，并联系生活实际说说理由，教师再次总结提炼——“质量、生意的万年牢都源于人品的万年牢，因此做人是根本，会做人才会做事。”效果是否更佳呢？因为这种方法更具开放性，能有效地引导学生从多方位、多角度去思考，能引导学生进行辩论，在百家争鸣、各抒己见中发展学生的思维，更能使学生产生情感上的共鸣，理解“文心”。

3. 略读课文，略而不简

现阶段，略读课文的教学设计存在两种现象。一种是把略读课文作为精读课文来教学，从字、词到句、段、篇，一个都不少；另一种是教学设计非常简单，放任学生自己读，没有教师的引导，学生学到什么地步就到什么地步。

实际上，略读课文的教学讲求的是略而不简，即也应有教师的引导，但教师在引导时不是一切从简，而是要敢于省略，要让学生在品读文章的基础上走入文本，获得情感与思想的升华，促进学生语文素质的提升。

指导教师：北京市东城区史家小学分校　崔　英

赵州桥

（第二课时）

北京市东城区西中街小学　丁　丁

一、教学目标：

1. 有感情地朗读课文，理解课文内容，体会理解赵州桥设计上的特点及其好处，感受赵州桥的雄伟、坚固与美观。

2. 引导学生体会作者围绕一个意思写具体的表达方法。

3. 了解我国古代劳动人民的智慧和才干，增强民族自豪感。

二、教学重点：

1. 有感情地朗读课文，理解课文内容，体会理解赵州桥设计上的特点及其好处，感受赵州桥的雄伟、坚固与美观。

2. 引导学生体会作者围绕一个意思写具体的表达方法。

三、教学难点：

引导学生体会作者围绕一个意思写具体的表达方法。

四、课前准备：

电脑课件

五、课时安排：

2 课时（第二课时）

六、教学过程：

（一）谈话导入。

1. 通过上节课的学习，我们知道河北省赵县洨河上的赵州桥世界闻名，距今已经有 1400 多年的历史了，人们都把它视为珍宝，今天就让我们走近赵州桥，更多的了解赵州桥。

2. 齐读课题。

（二）自由读课文，整体感知。

打开书读读课文，看看赵州桥给你留下怎样的印象？学生自由发言。

书上有一句话就是你们说的这些感受，你能找出来吗？

PPT 出示：

这座桥不但坚固，而且美观。

（三）默读课文，体会赵州桥设计巧妙。

从课文中哪些地方可以看出赵州桥雄伟坚固？又从哪些地方看出它还很美观呢？默读课文，画出有关的词句。

学生汇报交流

预设 1. 感受赵州桥的雄伟坚固。

（1）体会赵州桥的雄伟。

①同我们现在的大桥相比，赵州桥也许气势上算不上宏大，可这是在 1400 年以前，那古时候的桥都什么样？我们来看一看。你感受到什么？

PPT 出示：古桥图与赵州桥进行对比

②学生谈感受。

③再来读这段话，你还从哪儿感受到赵州桥很雄伟？

PPT 出示：

> 赵州桥非常雄伟。桥长五十多米，有九米多宽，中间行车马，两旁走人。这么长的桥，全部用石头砌成，下面没有桥墩，只有一个拱形的大桥洞，横跨在三十七米多宽的河面上。

④指导朗读。

（2）这样雄伟的赵州桥横跨在洨河上已经1400多年了，也为人们服务了1400多年，这1400多年又让你感受到什么？（赵州桥很坚固。）

①出示：

> 大桥洞顶上的左右两边，还各有两个拱形的小桥洞。平时，河水从大桥洞流过，发大水的时候，河水还可以从四个小桥洞流过。这种设计，在建桥史上是一个创举，既减轻了流水对桥身的冲击力，使桥不容易被大水冲毁，又减轻了桥身的重量，节省了石料。

②赵州桥为什么这样坚固呢？读读这段话试着从中找找原因。

③试着用这样的句式说一说。

PPT 出示：

> 因为____________________，所以赵州桥坚固。

④因为有这样的设计，不仅省工、省时、还节省石料，更使得赵州桥在1400多年以后还能这样坚固，难怪书上说这是一个创举。你怎样体会这句话？读一读。

> 这种设计，在建桥史上是一个创举，既减轻了流水对桥身的冲击力，使桥不容易被大水冲毁，又减轻了桥身的重量，节省了石料。

⑤补充资料，自由读。

> 赵州桥建成700年后，欧洲才开始出现石拱桥，但还不是这种大拱上带有小拱的设计。像赵州桥这样的石拱桥，欧洲在1100多年后才出现。
>
> 赵州桥经历了10次水灾，8次战乱和多次地震，特别是1966年邢台发生的7.6级地震，邢台距这里只有40多公里，这里也有四点几级地震，赵州桥都没有被破坏 。
>
> 1963年的水灾大水淹到桥拱的龙嘴处，据当地的老人说，站在桥上都能感觉桥身有很大的晃动，洪水过后，赵州桥依然坚固如初。

⑥正因为这种设计，赵州桥历经千年，依然气势雄伟，依然坚固，不得不让我们敬佩古代劳动人民的智慧和才干。再来感受赵州桥的雄伟坚固，完整读读第二自然段。

> 大桥洞顶上的左右两边，还各有两个拱形的小桥洞。平时，河水从大桥洞流过，发大水的时候，河水还可以从四个小桥洞流过。这种设计，在建桥史上是一个创举，既减轻了流水对桥身的冲击力，使桥不容易被大水冲毁，又减轻了桥身的重量，节省了石料。

预设2：品味赵州桥的美观

（1）赵州桥就是这样雄伟坚固，你又是从哪儿看出它美观呢？

出示：

> 桥面两侧有石栏，栏板上雕刻着精美的图案：有的刻着两条相互缠绕的龙，嘴里吐出美丽的水花；有的刻着两条飞龙，前爪相互抵着，各自回首遥望；还有的刻着双龙戏珠。所有的龙似乎都在游动，真像活了一样。

（2）赵州桥桥面两侧有石栏，栏板上雕刻着精美的图案，只有这几种吗？

PPT出示：赵州桥桥面两侧栏板上的图案。

（3）想象练笔。

栏板上还会有什么样的，请你插上想象的翅膀大胆想一想。

出示：

> 桥面两侧有石栏，栏板上雕刻着精美的图案：有的（　　　　　　）；有的（　　　　　　　　　　）；还有的（　　　　　　　　　　）。所有的龙似乎都在游动，真像活了一样。

（4）如同学们所说，所有的龙似乎都在游动，真像活了一样，体会着图案精美读读这段话，并试着背诵。

（四）再读课文，体会过渡句的作用。

通过读书，我们不但了解赵州桥气势雄伟坚固，而且图案美观。你们看这句话放在这儿，好在哪儿？

PPT出示：

> 这座桥不但坚固，而且美观。

这个句子既总结了前面的内容，又引出了下文，像桥一样把两个自然段衔接起来。把这句话再读一读。

在 1400 多年以前，古代人民就建造出这么雄伟坚固、美观的赵州桥。

（五）齐读最后一段，总结升华

其实能够体现我国劳动人民智慧和才干的远不止赵州桥，我国古代很多的建筑都能体现劳动人民的智慧和才干，像天坛的祈年殿以它独特的榫卯结构令世人称奇，感兴趣的同学还可以搜集这方面的资料。

七、教学反思：

《赵州桥》是人教版小学语文三年级上册的一篇文章。课文语言简洁明了，向读者介绍了赵州桥的雄伟、坚固和美观，为读者呈现了赵州桥设计的意义以及创造与修建的智慧，并从建筑艺术这个角度，介绍了中华优秀的传统文化，渗透了民族自豪感和爱国情绪。

三年级的学生已具备一定的自学能力，理解书本上的字面意思应该不成问题。但在现代化技术高度发展的今天，高科技大桥层出不穷，站在这样的高度去透视一千三百多年前的赵州桥，也许学生很难欣赏这座古桥之美。教学时要依托文本，借助课外资料让学生体悟课文语言，感受赵州桥之美之伟大，体会到我国古代劳动人民的智慧和才干，于是我进行了如下的尝试：

1. 以过渡句为抓手统领全文。

课文层次比较清楚，主要围绕着过渡句“这座桥不但坚固，而且美观”展开。对于“过渡句”这一新知，三年级孩子不容易理解，概念性的词语也不能直接给他们，而是要在整个教学中渗透这个知识点，在语言文字中感悟这一特点。

于是在教学中我分三个层次体会这个过渡句：第一次是教学之初，让学生通读课文后先说说赵州桥给你留下怎样的印象，紧接着我让学生用书上的一句话来概括这些感受，学生一下就抓住了“这座桥不但坚固，而且美观。”这句话，这时只是让孩子们对课文有个整体的感知，简单的了解。继而在后面的教学中我引导学生以文本为依托进一步品味朗读，感悟这个句子，也就是第二次出现过渡句，让学生默读全文找找从哪些地方感受到赵州桥的雄伟、坚固和美观。我采用抓住关键词语和句子进行感悟，引导他们重点理解。在感悟的同时不忘引导学生多种形式的读，进一步加深了对课文的理解。

在对这个过渡句深入感悟后，第三次又出现这一句，也就是升华认识，我让学生说说哪段是写赵州桥的坚固，哪段是写它的美观，再闪动过渡句，让学生说说这句话放在这儿好在哪儿，然后我进行小结，同时解决了书中黄泡泡里的小问题。

2. 以读中感悟为推手贯穿全课。

本节课教学中，我始终把朗读放在了十分重要的地位，强调“从读中感悟”。在指导朗读第二、三小节时，通过观看录像、找重点词语等使学生体会到赵州桥的雄伟、坚固和美观，并让学生通过各种形式的读表现出来，进一步加深了学生对课文的理解。这样边读边理解，层层深入，让学生在自读自悟、边读边思、相互讨论中去学习朗读，去理解词语，去培养语感。

3. 以课外资料为助手理解课文。

在理解赵州桥的建造是一个创举时，我适当引用了课外资料：

赵州桥建成 700 年后，欧洲才开始出现石拱桥，但还不是这种大拱上带有小拱的设计。像赵州桥这样的石拱桥，欧洲在 1100 多年后才出现。

赵州桥经历了 10 次水灾，8 次战乱和多次地震，特别是 1966 年邢台发生的 7.6 级地震，邢台距这里只有 40 多公里，这里也有四点几级地震，赵州桥都没有被破坏 。

1963 年的水灾大水淹到桥拱的龙嘴处，据当地的老人说，站在桥上都能感觉桥身有很大的晃动，洪水过后，赵州桥依然坚固如初。

通过这些资料的引入，使学生们明白了赵州桥就是这样历经磨难，历经千年，还依然气势雄伟，依然为人们服务，这样坚固的赵州桥是多么的雄伟啊！这样的设计不仅丰厚了学生对赵州桥的认识，让孩子幼小的心灵萌动对劳动人民智慧才干而引以为荣的情感，也许学生说不清，但从孩子们专注的品读、惊呼的神态可以看出这种情感潜移默化地渗透进了孩子的心中。同时，又渗透一种学法，适当利用课外资料，来理解课文，使得课内外有机的结合。

当然，本课还有许多遗憾之处。如：课上学生的学习积极性不高，师生配合不够默契，没能让每一个孩子真正地动起来，课堂调控能力还不够，这些都是我今后要努力的方向。

在今后的教学工作中我将勇于实践，不断反思，努力提高自身教学技能，真正践行“先学后教，当堂训练”的意义所在。

基本字识字 1

（第一课时）

北京一师附小　崔韡婧

一、教学目标：

1. 学认“尖、尘、炎、光、晃、正、歪、合、拿、力、男”11 个生字，读准字音，掌握字形，理解字义。

2. 在讲清基本字义的基础上，丰富学生词汇，加强口头组词的训练。

3. 教会学生掌握基本字组字的规律，并运用此规律识记汉字。

4. 按字形结构书写生字。

二、教学重难点：

1. 教学重点：学认 11 个生字，读准字音，掌握字形，理解字义。

2. 教学难点：教会学生掌握基本字组字的规律，并运用此规律识记汉字。

三、课前准备：

经过前一阶段的学习，学生对汉字学习产生了较大的兴趣，掌握了一些汉字的基本笔画与结构，对于本课中出现的独体字也在此前的学习中基本掌握了其音形义。

四、课时安排：

1 课时

五、教学过程：

（一）复习导入

1. 看图猜字小游戏：教师逐一出示书中插图，学生猜字。

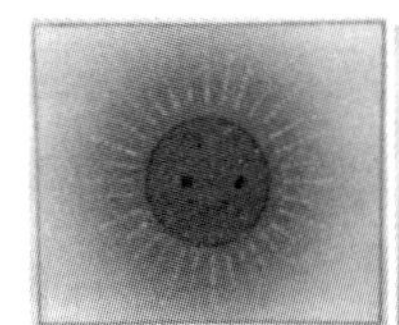    

2. 对比图画上的两个物体，猜一猜出它们代表的是什么字。（小、大）

（二）学习“尖”，并了解“会意字”

1. 认识“尖”：小和大还能组成一个新的字，猜一猜是什么？

2. 了解字义：为什么小和大组在一起就是尖？

预设：因为尖的东西就是头儿很小很细，下面大一些。

3. 出示图片，引导学生观察：帽子，上面小下面大，这就是一顶什么样的帽子呢？——尖尖的帽子。

4. 你能用上“尖尖的”说说其他事物吗？

教师提示：你们看我伸出手指头，这是什么呀？（指尖）

这个地方叫什么呀？（鼻尖）

伸出脚，你前面的那个叫什么呀？（脚尖）

5. 观察字形：当“小”字出现在尖里面时有什么变化？（竖钩变竖）

6. 识记生字：指名学生说记字方法。

预设：上面一个小，下面一个大，合起来就念尖。

7. 了解会意字：上面一个小，下面一个大，合起来就念尖。由几个字组成，一看到这几个字的意思就能想到新字的意思，这样的字，我们就称他为会意字。

8. 打开 80 页，读课文。

9. 认读生字：出示生字（带拼音和不带拼音），开火车读一读。

（三）以“看图识字”方法学习“炎、正、歪”

过渡：出示书中插图，看一看猜一猜，这两幅图表示的是刚刚读过的哪两个字？（炎、歪）

1. 炎

（1）说字形：这个字是由谁和谁组成的？

预设：火和火组成炎/两把火就是炎。

（2）了解字义：为什么两把火在一起就是炎？炎这个字是什么意思能猜猜吗？

预设：两把火，表示火很多。

教师引导：一把火你感觉怎么样？（热）那两把火呢？——更热了。

（3）明确字义：特别热就是炎的意思，所以两个火摞在一起就念炎。

（4）巩固字形：这个字怎么记指名学生再来说说。

（5）观察字形：看一看有哪个笔画要提示大家特别注意。

预设：上面火字的捺要变成点。

2. 正、歪

（1）说字形：不和正组成歪。

（2）动作演示：歪是什么样的，指名学生用动作进行演示。

过渡引导：歪的反义词是什么？（正）

（3）学习“正”。

（4）巩固会意字：我们看到这两个字就知道这个字的意思了，这样的字叫什么？

（5）记忆笔顺：通过笔顺跟随动画，对笔顺进行记忆。

同桌两个同学在手心里写一写。

(6) 巩固字形：不和正组成歪，东倒西歪的歪。指名学生再说一说。

(四) 学生当小老师，学习“尘、晃、光、合、拿、力、男”

·出示“尘、晃、拿、男”四个字，并说明自学要求：这些字是由谁和谁组成？你能说说为什么吗？请你挑一个字先跟你的同桌说一说，一会儿我请你来当小老师，给大家讲一讲。

·小组讨论。

·学生汇报，老师根据学生汇报顺序出示生字。

1. 尘

(1) 说字形：小和土组成尘。

(2) 了解字义：那尘是什么意思呀？

预设 1：尘就是尘土。

师：“尘”和“土”一样吗？

预设 2：尘是很小的土。

(3) 扩词：这有两个词语，我们一起来读一读。(灰尘、尘土)

(4) 巩固字形：指名学生说记字方法。

(5) 观察字形：尘字中也有一笔要注意的，找一找提醒大家一下。

预设：上面的“小”竖钩变成竖。

2. 晃、光

(1) 说字形：日和光组成晃。

(2) 了解字义：为什么日和光组合在一起就是晃？

预设引导：什么是日光？(日光就是太阳光)

你们要是站在太阳光底下，看看太阳，你会感觉怎么样？

(特别亮，特别晃眼。)

(3) 从字源解字义：出示“光”的字源。

教师讲解：上面是一把火，下面是一个人，光就是一个人举着一把火。人的头上已经顶着把火了，上面再照着太阳，你感觉怎么样呀？

(特别亮，特别晃眼)

(4) 巩固字形：这个字怎么记，再来说说。

(5) 识记“光”：观看笔顺跟随动画，学生说笔顺。

(6) 在桌子上写一遍“晃”。

3. 合、拿

(1) 说字形：合和手组成拿。

(2) 动作演示：请学生到前面来拿起一个橘子。

(3) 从字义记字形：通过观察同学的动作，能说说什么是“拿”吗？

预设：将手合起来就能拿东西了。

(4) 了解字义：合这个字的意思就是合拢到一起，聚集到一起。

扩词练习：①比如说大家在一起唱歌，叫做——合唱。

②体育课上，老师把分散在操场各处上的同学们叫到一起，他会喊——集合。

③困了，上眼皮去找下眼皮了，除了叫闭眼，还可以叫——合眼。

(5) 识记“合”：指名学生说一说“合”的记字方法。

(6) 巩固会意字：把手合起来就是拿，我们看到合和手就知道了拿这个字的意思，这样的字叫什么来的？

4. 力、男

(1) 说字形：田和力组成男。

(2) 了解字义：为什么田和力在一起就是男，你能猜猜吗？

教师讲解：古时候在田地间从事体力劳动的都是男人，所以田和力组合在一起就是男，男人的男。

(3) 扩展反义词：跟男相对的是女。

(4) 识记“力”：开火车说“力”的笔顺，并指名学生组词。

(5) 巩固字形：田和力组在一起就是男，男生的男。

(五) 复习拓展

1. 通过“找朋友”的小游戏，将独体字连线，组成本课所学的合体字，并完成练习册上的连线题目。

2. 出示图片，拓展课外会意字。(安、苗、旦)

(六) 指导书写“尖、尘”

1. 学生观察两个生字的占格，寻找重点笔画。

2. 教师范写，边写边提示重点：

· 注意小的竖钩要变成竖

· 横要写在横中线上。

3. 展示。

六、教学反思：

本课是“基本字识字”部分的第一课，即起始课，因此在教学的前半部分注重教师的讲授，旨在让学生掌握这一类字的识字记字方法。本课生字的特点是所有合体字均为会意字，所以本课以“会意字”为切入点，首先教师讲授“尖”，并引出会意字概念；然后利用书中插图来学习、记忆“炎、正、歪”，并进一步体会会意字构字规律；最后再让学生根据会意字构字规律，自主识记“尘、晃、拿、男”几个会意字。这样，采用多种不同方式，有梯度地教学，让学生在识字的过程中不断巩固所学识字方法，既调动了学生的积极性，提高课堂参与度，又突破了教学重难点，切实提升课堂实效性。

本课在教学时尊重一年级学生的认知规律，注重趣味性，因此在上课伊始，便以一个看图猜字的小游戏来引入，这样既激发了学生的兴趣，又复习了旧知。在新授部分过后，又以一个“找朋友”的小游戏来让学生一起复习巩固本课的生字。

以上是这节课中的几处设计亮点，但同时，在实际教学中也存在着一些问题。

第一，在教学中还应再让位学生，多给学生说的机会，充分相信学生的能力。尤其在一些有一定难度的地方，不要着急，多给学生一些思考的时间和空间，引领他们自己感悟、理解、学习。要给学生自主学习与创造的机会，鼓励学习积极性，培养对汉字学习的兴趣。

第二，课堂上还应适度采用生生互动，让同桌之间有更多的交流，让学生展示的对象多样化。这样每个学生都可以当小老师，既可以展示自己的，也可以评价同学的，这样有利于学生掌握知识的同时，也提升了学生参与课堂与识字写字的兴趣。

以上，就是我对这节课的几点反思。本节课虽有成功之处，但同时也存在着不足。反思即是在为以后的教学调整方向，我会将这节课的优势与思考运用到自己今后的课堂中，让学生的兴趣、能力及知识掌握情况都得以提升！

指导教师：北京一师附小　张　滢

日月潭

（第二课时）

中央工艺美院附中艺美小学　张晶晶

一、教学目标：

1. 有感情地朗读课文，能够抓住文中关键词语，感受日月潭的美丽，并背诵课文。

2. 分类积累词语，运用文中的语言形式，介绍自己喜欢的景色。

3. 通过组合阅读激发学生对台湾的喜爱之情，让学生感受台湾自然风光之美。

二、教学重点：

分类积累词语，运用文中的语言形式，介绍自己喜欢的景色。

三、教学难点：

通过组合阅读激发学生对台湾的喜爱之情，让学生感受台湾自然风光之美。

四、教学时间：

一课时

五、课前准备：

自制多媒体课件、学习单。

六、教学过程：

（一）复习检查　回顾课文

1. 同学们，这节课我们继续来学习第九课《日月潭》，请大家齐读课题。

2. 孩子们，上节课我们学习了一些词语，你们还记得吗？我请小老师带读，如果他读对了请你跟他一起读，如果他的读音有问题请你帮忙修正。（出示词语卡片）

群山环绕　风光秀丽　树木茂盛　湖水碧绿　名胜古迹　太阳高照 隐隐约约　点点灯光　蒙蒙细雨　朦胧　清晰

3. 词语复习完了，你们词语读得可真棒，老师的大屏幕上有一幅图，你能不能用上刚才我们复习过的词语说一说图中的景色？

预设：

（1）我看到日月潭湖水碧绿碧绿的就想起湖水碧绿这个词。

（2）我看到很多山围绕着日月潭就想起来群山环绕这个词。

（3）我看到有很多树都特别茂盛就想起来树木茂盛这个词。

4. 上节课我们还学写了一些生字呢，快来看看大屏幕上的这几个词语，你能试着把它写一写吗？在写的时候注意保持自己的写字姿势。

5. 孩子们，上节课我们学习了课文的第一、二自然段，你对日月潭有哪些了解呢？

（二）细读课文　研读感悟

1. 走进文本 感受美景

（1）孩子们，你们快打开语文书读一读三四五段找一找作者向我们介绍了哪三个时候的日月潭？

预设：清晨、晴天、雨天。（教师板书）

（2）这篇课文写了日月潭清晨、晴天、雨天这三个时候的景色。这三个时候的景色各不相同，请你再读一读第三和第四自然段，找一找描写这三个时候景色的词语并画一画、读一读。

学生汇报：点点灯光、隐隐约约、太阳高照、清晰、朦胧

（3）日月潭在不同时候有不同的美，你们想看看这三个时候日月潭的美景吗？（出示图片）

2. 创设情境 口语表达

（1）日月潭在不同的时候有自己不同的美，你最喜欢什么时候的日月潭？你为什么喜欢这个时候的日月潭？快和你的小伙伴来说一说吧。

预设：日月潭（　　）时的景色最美。

学生汇报：介绍清晨的景色

①预设：抓住点点灯光、隐隐约约重点词。我觉得清晨山上点点灯光隐隐约约倒映在湖水中很美。

②引导学生想象着画面美美地读一读。

③小结：这时候的景色可真美，我明天一定早早地起床，去那里看看山上的点点灯光，好好去感受那里灯光和星星在湖水中那隐隐约约的倒影（边说边出图）真美，快来读一读这段话吧！

学生汇报：介绍雨天的景色

①谁还能说一说雨中的日月潭哪美呀？

②预设：抓住朦胧、轻纱、仙境重点词。

③小结：就是这蒙蒙细雨给我们带来朦胧的美。难怪把这样的景象比作仙境呢？自己想象着画面美美地读读吧！

学生汇报：介绍晴天的景色

①你还喜欢日月潭什么时候的景色呢？

②预设：抓住太阳高照、清晰等重点词。

③小结：就连周围的那高高的慈恩塔也能清清楚楚地看见，怪不得作者运用清晰这个词呢？看来晴天的景色也不能错过呀。

小结：谢谢你们的介绍让我感受到了日月潭不同时候景色的美。

(2) 积累词语　试背课文

刚刚通过这些词感受到了日月潭的美，你能不能说一说每个词是哪个时间的词语吗？谁愿意帮助它们回家呢？(学生摆放词语卡片)

清晨：点点灯光、隐隐约约
晴天：太阳高照、清晰
雨天：蒙蒙细雨、朦胧

我们来读一读，关于清晨的词语有点点灯光、隐隐约约；关于晴天的词语有太阳高照、清晰；关于雨天的词语有蒙蒙细雨、朦胧。(老师引读)

小结：这么精彩的词语大家可要记在心中呀，这些词语我们在平常说话、写文章的时候也可以运用上！

孩子们这篇课文还要求我们背诵呢，你快来试试自己能不能填一填大屏幕上的这段话。

清晨，湖面上飘着（　　），天边的晨星和山上的（　　），（　　）地倒映在水中。

中午，（　　），整个日月潭的美景和周围的建筑，都（　　）地展现在眼前。要是下起（　　），日月潭好像披上轻纱，周围的景物（　　），就像童话中的仙境。

(三) 结合实际　表达延伸

今天我们一起领略了日月潭三个时候不同的美，我知道你们一定也去过很多风景优美的地方，是不是也特别想和我们交流呢？那一会儿拿出你的照片。你能不能模仿三四段和你的同伴说一说，如果能运用上我们积累的词语就更好了。

学生小组交流，反馈。

(四) 拓展阅读　升华主题

1. 台湾除了有风光秀丽的日月潭，美丽的阿里山也吸引了许许多多的中外游客呢，你们想知道阿里山都有哪些美景吗？快来读一读你手中的阅读材料，并完成下面的习题。

阿里山的风光

阿里山是我国台湾省著名的旅游风景区。那里风景奇特，其中最著名的景色有变幻的云海和壮丽的日出。

每到黄昏的时候，白云从山谷涌起，迎风飘扬，把山谷和树海掩得若隐若现。站在峰顶，俯视山下，白浪翻飞，犹如置身海上的仙云之上。

在关日楼看日出，景色更为壮观。远山在晨光逐渐显露出来，天空忽而墨蓝，忽而淡青，忽而灰白，忽而殷红……不一会儿，红彤彤的一轮朝日升起，射出灿烂的光芒，给青山抹上一层瑰丽的色彩。

阿里山的奇特风光，吸引着无数的中外游客。

（1）阿里山最著名的景色有____________和____________。

（2）请用“——”画出文中你喜欢的词语。

小结：我们这节课学习了这么多四字词语，通过阿里山的风光我们又积累了一些四字词语，平常我们说话写文章都运用上这些四字词语。

2. 孩子们，我们感受了台湾日月潭、阿里山的美。我们的家乡北京也特别的美丽和可爱，你快来读一读下面这个小片段，感受一下夜晚北京的美吧。这篇课文是我们第三单元第 12 课的一篇课文，我们过几天还会学习到这篇课文。

长安街华灯高照，川流不息的汽车，灯光闪烁，像银河从天而降。天安门城楼金碧辉煌，光彩夺目。广场四周，彩灯勾画出一幢幢高大建筑物的雄伟轮廓。

（五）总结

学习日月潭这篇课文，我们积累了很多词语，还了解了台湾的美景，那今天我们回家后和你的爸爸妈妈分享你的学习收获。

七、教学反思：

二年级需要学生在阅读过程中丰富词汇积累语言，因此在本课教学之初我以读词语卡片的形式进行词语复现，学生在对词语有了基本的理解后又把词语放回熟悉的语境进行语言运用。借助这些重点词语，感受日月潭三个时候不同的美景，与此同时教师出示相应景色的图片，图文结合深刻理解日月潭的美景与此同时帮助学生理解词语的含义。学生在积累、理解词语后运用这些词语将课文背诵下来。这些词语始终贯穿阅读之中，帮助学生结合上下文和生活实际理解课文中词句的意思，同时为后面的语言表达做铺垫。

这篇课文的段式结构条理清晰，很适合学生进行语言拓展训练，引导学生发现课文的写作顺序，适时为学生创设情境，以课文为依托，再让学生联系生活实际介绍自己去过的地方，学生不仅运用已积累的词语，还能够通过本课的学习运用了课外拓展的词语。学生在表达的过程中，能够借助文本的语言形式完整讲述一段自己的旅行经历，提升了学生语言运用的能力。

教学过程中还存在许多不足：第一，在感悟日月潭本课重点语句的同时还应引导学生关注学法。第二，在课堂评价的实施和运用中，对学生的评价还可以再多元些。

指导教师：艺美小学　夏　菁

影　子

（第一课时）

前门小学　张子璇

一、教学目标：

1. 认识“影、前”等 11 个生字和宝盖头、女字旁、月字旁 3 个偏旁；会写“在、后”两个生字。

2. 借助情境，辨别前、后、左、右 4 个方位，并练习表达。

3. 正确流利朗读课文，体会影子给童年带来的快乐。

二、教学重点：

认识“影、前”等 11 个生字和宝盖头、女字旁、月字旁 3 个偏旁；

三、教学难点：

1. 写好“在、后”两个生字。

2. 在实际生活中分辨四个方位，并运用。

四、教学时间：

1 课时

五、课前准备：

1. 生字卡片。

2. 多媒体课件。

3. 带学生做一次踩影子的游戏。

六、教学过程：

（一）游戏引入　出示课题

1. 课前体育游戏《踩影子》视频引入：

体育课上我们玩儿了“踩影子”的游戏，老师给大家录制了视频，我们一起来看一下。大家注意观察，你发现了什么？（既训练学生有序表达，同时为引出课题服务）

学生围绕影子、做游戏的心情等方面进行反馈。

2. 板书题目，识记“影”字

(1) 板书课题、齐读课题。

及时肯定“子”的轻声读法。

(2) 借助图片，指导识字：

学生观察，寻找图片与汉字之间的相似点，识记“影”字。

预设：火红的太阳照在建筑物上，在地上形成了影子。“日”代表太阳，“京”代表建筑物，“彡”代表影子。

(二) 初读课文 自主识字

1. 自由读文，读准字音

2. 指读课文，纠正字音

预设：“跟着”“陪着”“我的”的轻声读法。通过生生互助，老师指导的方式解决。

3. 多种方式，巩固字音

“和葫芦兄弟交朋友”——自己读读认读字。

“开火车”—— 读生字（带拼音去拼音两种形式）。

(三) 结合生活 识字运用

1. 回读课文，整体感知

2. 多种形式突破重难点

(1) 尊重差异，随文识记“前”“后”两个字。

预设：①结合校名识记“前”。

②结合字的部件组合识记“后”。

(2) 规范语言，实际运用“前、后”。

________在我的前面，________在我的后面。

(3) 随文识记“左、右”，学生自主交流识字方法。

预设：①学生对比识记左下工右下口。

(4) 句式变换，实际运用“左、右”，练习说话。

我的左边是________，我的右边是________。

(5) 综合运用四个方位词语，规范表达。

________在我的前面，________在我的后面。我的左边是________，我的右边是________。

________在我的前面，________在我的后面。我的左边是________，我的右边是________。他们都是我的好朋友！

（6）勾连教材，巩固反义词。

①引导学生发现“前一后”“左一右”是两对反义词。

②我们还有哪儿出现过这样的词呢？

预设：结合第一单元《天地人你我他》的“天一地”。

结合第四单元《江南》“东一西”“南一北”。《语文园地四》“大一小”“上一下”“南一北”“开一关”“正一反”。

结合第五单元《画》“远一近”“来一去”，《大小多少》“多一少”，《日月明》“大一小”。

课中操：“手影猜一猜”

规范语言，展开想象，放松心理。

预设：我来比划，谁来猜？

　　　我来猜，这是大雁天上飞。

3. 识记“黑、狗”两个字，展开想象。

（1）回读第一小节，识记“黑”“狗”。

预设：①联系生活实际或组词识记“黑”。

　　　②加一加、换一换等方法识记“狗”。

（2）结合图片，展开想象，体会童趣。

请你看看书中插图，想想，如果你是小作者你会把影子比作什么呢？

预设：①影子和小黑狗颜色一样（小黑猫，小黑兔）。

　　　②影子跟着主人，狗也跟着主人。

（3）结合生活，感受“陪”，训练表达，指导朗读

①影子除了像小黑狗一样跟着我们还可以怎么样啊？

预设：影子还可以陪着我们。

②那你能和大家分享一下平时都是谁陪着你做什么吗？

预设：平时都是妈妈陪着我读书。

　　　平时都是爸爸陪着我运动。

③随机采访有人陪伴时候的心情？

预设：有人陪着是一件快乐的事儿。

④指导朗读

那就请你带着快乐的感觉读一读第二小节。

4. 识记“它”“好”“朋”“友”及宝盖头、女字旁、月字旁。

（1）学生自主识字。

（2）借助图片，理解宝盖头。关联《天地人你我他》这一课区分“它”与“他”“她”的区别。

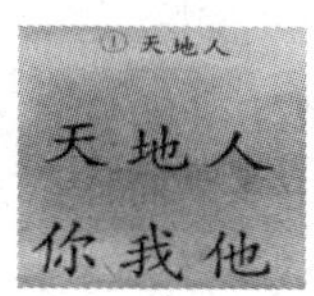

（3）归类识字，联系之前学过的“妈、妹、奶”与本课的“好”归类识记女字旁的字。

（4）联系语文园地四《口语交际：我们做朋友》复现“朋友”一词。教师提示根据图片，自主发现带有月字旁汉字的特点。

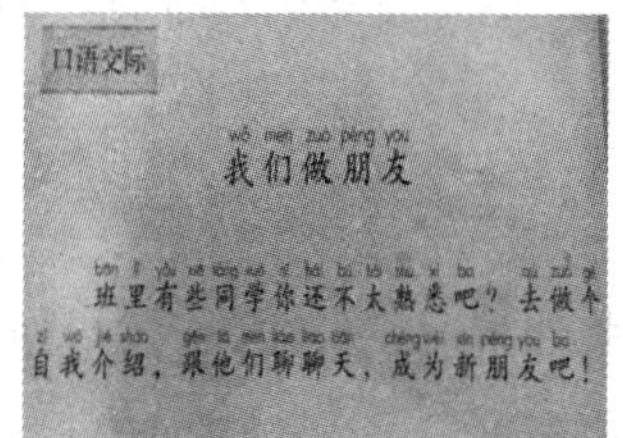

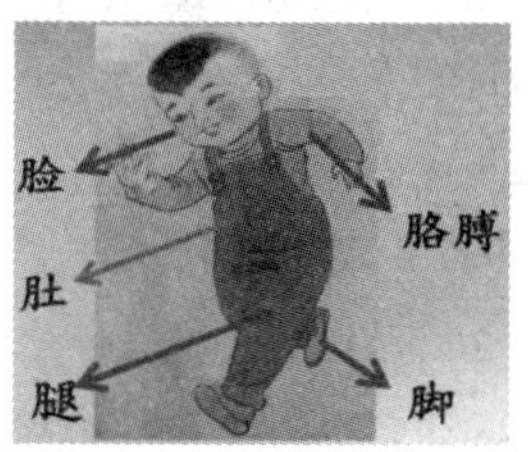

（5）影子就是我们的好朋友，带着感情再读一读这篇课文。指名读，男女生对读。

（四）指导写字，展示评价

1. “在”字书写指导。

（1）学生从整体入手观察“在”字。

观察前提示学生：一看高矮二看宽窄三看压线笔。

（2）学生自己说出自己的观察结果。

预设：①撇在竖中线上起笔。

②“土”的一竖靠近竖中线，第一横靠近横中线。

（3）教师范写，首横不宜长，且稍向右上斜，撇舒展。

（4）学生书空后，在语文书上描红两遍写一遍。

2. 集体评价，同桌互评

（1）投影展示学生书写的“在”字，让学生评一评。

教师指导，给别人评价时注意要先说优点再说建议。

（2）点评后，自行修改。

3. 运用同种方法学习“后”字书写。

（1）独立观察“后”字。

（2）教师范写指导，首笔撇短而有力，第二笔宜伸展，横画偏上。

（3）学生描红两遍写一遍。

（4）按照“在”字的评价方法，同桌互评“后”字。评完以后改一改。

七、教学反思：

（一）快乐学语文

在开课时，结合了学生的体育课，注重学科融合。为了增加学生兴趣，让学生实际地游戏，在玩儿中感受影子的特点，且现在的学生大多是独生子女，很少玩儿群体性游戏，所以大多数学生都没玩儿过踩影子，拉近课文与学生的实际生活，在体育课上设计玩儿踩影子是很有必要的。

在课堂中，设计“手影”游戏，尊重低年级孩子心理特点。不仅活动身体还练习了表达。手影属于民间传统的儿童游戏，历史悠久，拓宽了学生日常游戏的内容。且内容和课文内容紧密相连，与文章相结合，趣在其中，起到承上启下的作用。

（二）扎实学汉字

在识字教学方面，提高识字兴趣，创设情景。借助图片、游戏，落位低年级“识好字，写好字”的目标。运用多种识字方法，自主识字、反义词识字、部首归类、同音字归类识字。最后在写字部分，教师提出观察方法，由学生去观察，并说出观察结果后我再进一步指导。同时，设计两种评价方式，强调评价时要先说优点再说建议。这样不仅练习了如何评价也练习了如何说话。

（三）生活中运用

在突破“在实际生活中分辨四个方位，并运用”这一教学难点时，用由简到难分层递进的形式，最终实现可以分清四个方位这一目标。在设计时我注意联系学生的生活实际，让学生自己说说生活中谁常常陪着我，通过生活体验体会影子给童年带来的快乐。

（四）联系中整合

注意到了部编版教材的内部联系，在识字过程中多次联系教材相关内容。如识记“前后左右”时联系到之前的六课内容，复习了学过的反义词。在学习“朋友”一词时联系了之前学的口语交际课。学习“它”字时联系了第一课的“他”进行对比识字。学习“好”时联系了之前学的“妈、奶、妹”，通过观察学生便自己发现了女字旁的含义。

指导教师：前门小学　孔燕燕

百花齐放

我叫樊思，来自板厂小学，现担任三年级语文教师和班主任的工作。作为一名年轻教师，工作中我对自己高标准严要求，积极进取、善于学习、勇于创新。平时的我热爱生活、兴趣广泛，为了使自己的业余生活更加丰富多彩，我经常弹钢琴、画油画和练习书法，其中，我最喜爱的就是书法，通过反复临摹名帖，我做事专注、沉着的品质得到了培养，良好的审美情趣提高了，基本功也得到了锻炼。

水粉画《月色》蔡冬雪和九小

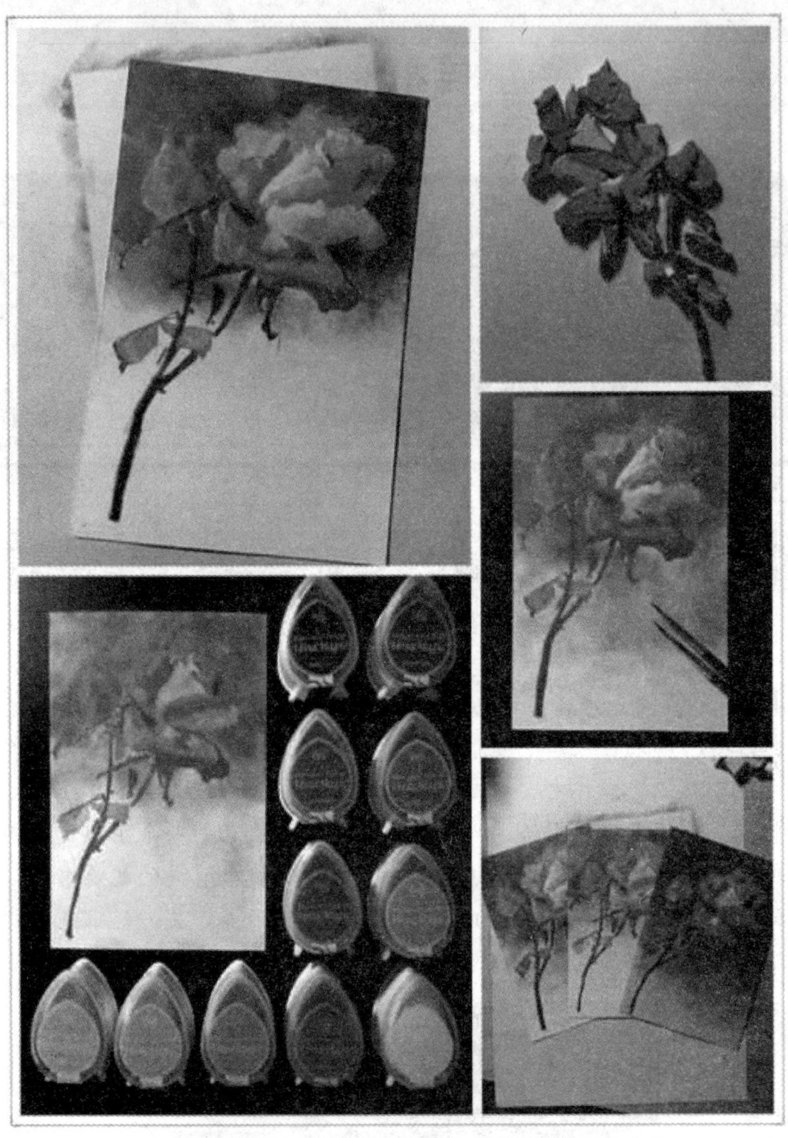

橡皮章《玫瑰》青年湖小学　刘琳

共享成长

让每一只百灵放声歌唱

灯市口小学　郭奇峰

我很幸运，刚刚来到灯市口小学当老师就接了一个老实、听话的班。因之前合唱节上出色的表现获得了“小百灵”班级的称号。我全身心地投入到班级的教育教学中，期待着用我的智慧与努力让每一只小百灵都能茁壮成长。

随着对他们的进一步了解，我发现了一个亟待解决的问题——上课发言。无论是哪门课回答问题，孩子们总是跟没吃饱饭似的，就连上课之后跟老师的问好，他们也都是“从嗓子眼里飘出来的声音”。这与学校倡导的表达要“大声、大气、大方”的目标相距甚远，本应充满生机与活力的课堂却总是死气沉沉。怎么办呢？我利用班会给他们讲道理，给他们播放《我是演讲家》视频，还有针对性地进行了朗读课文、回答问题的训练……我自信通过这一系列的“组合拳”，这帮孩子应该能长进不少。

然而，在一次研究课的试讲中，年级教研组长石老师用我们班上了一节《白公鹅》。然而我们班学生的发言，还是像在一个庄重的西餐厅似的，生怕别人听见他们在说什么，令我十分失望。回到班里，我对着这帮不争气的弟子们大发雷霆：“我觉得今天你们这一个个的，简直就是一群受气包，真是窝囊！就不会大点声音说话吗！你们配得上‘小百灵’的称号吗!”学生们别我训得个个蔫头耷脑，大气儿都不敢出。

有问题解决不了怎么办？对，请教师父去！

这天放学后，我专门走进我师父孙彤老师的办公室，和她说明了事情的原委。孙老师一针见血地指出，我的强势让孩子们有些惧怕，应先从树立学生的自信心开始。她建议我每节课设计的问题不要太难，要由浅入深，鼓励让学生多说，敢于表达自己的想法。对于一些相对较难的问题可以组织小组讨论，充分发挥小团队的智慧，让孩子的发言心里有底，他们就敢于大声说话了。孙老师还告诉我，不要怕花时间，一定要训练学生大声朗读，大声朗读可以培养语感，提高理解，产生自信。孩子读得不够好时老师可以范读，发挥我播音主持专业的特长，让学生先模仿着读。对于积极举手、声音洪亮的学生，只要他们稍有进步，就要抓住时机予以表扬，给他们小组评比时加分，必要的时候再给点儿小奖励，让他们尝到大声回答问题的甜头。

听了孙老师的一席话，我仿佛一下子明白了不少。回到家我就开始修改

第二天上课的教学设计。我降低了问题的难度，设计了一些开放性问题，尽量让他们都有的可说。记得这节课我们学习的是老舍先生的《猫》，我先请家里养猫的学生介绍自己家里的猫，孩子们一下子就来了兴致。笑辰同学不但绘声绘色地介绍了自家的老猫和小猫，还给大家分享了一段他的爸爸在家里“逗猫猫”的视频，惹得大家哈哈大笑。其他同学也纷纷向大家介绍自己与家里小猫之间的爱恨情仇。之后，我又安排小组讨论老舍先生是怎么写他家的猫的。最后，又进行了师生、生生对读等朗读环节。通过这节课的学习，同学们体会到了老舍对猫的喜爱，对生活的热爱。那天，孩子们的发言，无论是从声音上还是表达的质量上都让我非常满意，我决定趁热打铁，将训练成果巩固下来。

每天，六年级的乔老师都很早到校。我就利用每天吃早饭的时间与乔老师进行“小苗与大树的对话”。对于上课发言的声音问题，乔老师建议让学生每天用家长的微信大声给我读诗。这招还真管用，不到一个月，孩子们脑子里就有大声说话的意识了。此后，我们班的孩子真的体会到了大声说话的快乐，每节课听他们的发言不再费劲了。在一次升旗仪式上，我班学生落落大方的介绍和表演赢得了许多老师的好评；音乐节上，我特意让一个平时最腼腆的小女孩报幕。晚上，她的家长在微信里激动地说：“没想到平时一向内向的西西竟然能这么大声地报幕，真是特别感谢郭老师这段时间对孩子的培养和信任。”看到这样的评价，我的心里比吃了蜜还甜。

一只只百灵鸟能够放声歌唱，让我欣喜，同时更多的收获与成长。作为一名青年教师，不能只有工作热情，还要有方法和策略。不能只有目标，还要有坚持不懈的探索精神。工作中需要不断反思与学习，遇到问题，不能急躁，要多身边经验丰富的教师请教，有时只是一个小小的点拨，就能开我们的茅塞顿开。我希望自己能够成为一名优秀的、有特色的教师，并将坚定地在这条路上走下去……

课堂灵魂——教师评价语言

府学优质教育资源带　王　茜

语言是课堂生成的前提，是课堂教学和教师教育思想的体现，是学习交流的桥梁。尤其在语文课堂教学中，教师的评价语言不仅是对教学环节和内容的一种引导，更是让学生有效学习的一种教学方法。苏联著名教育家苏霍姆林斯基说过：“教师的语言修养，在极大程度上决定着学生在课堂上的脑力劳动的效率。”

通过五年语文教学的经验积累，我也越来越觉得教师评价语极其重要。曾几何时，我只是照着教案教学，对于学生的回答只有“回答对了，你真棒！”和“这个问题你再考虑一下”。这样的评价语，并没有意识到评价语对于学生掌握知识的重要性，直到有一次公开课试讲，使我深刻地体会到教师评价语对学习内容的引领作用之大，对学生发散思维的激发之重要。

那节课我讲的是《给予树》，这篇课文主要讲的是圣诞节前夕，主人公金吉娅用妈妈给她为家人买礼物的钱买了一个洋娃娃，送给了一个素不相识的女孩的故事。在学习过程中，我引导孩子们一步一步走近金吉娅的内心，去感受她那金子般的心灵。一张张稚气未脱但认真思考的小脸，一次次勇敢地举手、精彩地发言，都博得听课老师们的阵阵掌声。然而，当我创设情境，询问孩子们，当你看着这张小女孩的心愿卡片，此时你心里在想什么呢？有的孩子说：小女孩太可怜了。她没有家人、朋友的陪伴与关心；有的孩子说：小女孩没有收到过礼物，她更没有体验到过那种快乐；还有的孩子说：小女孩不是在要礼物，其实她想得到人们的关心，想在圣诞节获得亲人的问候，品尝到那种快乐，说明她的生活是孤独的。当学生们转换着角色，揣摩着人物内心，与文本中的角色产生心理共鸣时，一个小手举了起来，“小 A，当你看到这张卡片时，你会想些什么呢？”我自信满满地问他，“我会想……这个小女孩确实很可怜，但我也想给我的家人买礼物，我很矛盾，我到底送不送呢？”，这个问题让我有点措手不及，和我的教学设想出现了偏差，我当时并没有想出很好的评价语，只是追问他“那你送不送呢？”，小 A 只得说，“那我还是送吧。”看着小 A 似懂非懂的表情，我不禁陷入沉思，小 A 其实并没有真的走进文本、走进金吉娅的内心，没有真正理解金吉娅的做法。课后，我向有经验的老师请教，老师说其实当时如果我的评价语到位，只需引导小 A 再次回归文本，读一读文中金吉娅说的话：可是妈妈，我们有这么多人，已经能得到许多礼物了，而那个小女孩却什么都没有。相信小 A 就不会再纠结送不送礼物了。

第二次试讲《给予树》，我再次引导学生感受金吉娅的所思所想时，则相机更深一步地引导学生，“金吉娅送给这个陌生小女孩的还仅仅是一个洋娃娃么？”孩子们有了更深入的思考，他们回答说：“不仅仅是一个洋娃娃，还有她对小女孩的关心、理解、温暖和爱。”交流中，孩子们不仅真切感受到金吉娅的善良，同时也使他们的情感态度、价值取向得到提升。

在之后的语文教学中，我特别注意对于每个学生回答完问题之后的评价语。因为我知道，机智、诙谐的评价语言，不仅能促进学生思维的敏捷和灵活，更能使课堂教学妙趣横生，充分调动学生学习积极性。

教师评价语言是提高课堂有效性的一种无形的力量，是课堂的第二灵魂。它就像一面镜子，让学生客观地认识问题，更像一双温暖的手，扶持学生进步。老师能否灵活地应用评价语言，直接影响到学生的学习积极性和学习态度，既而影响到整节课的有效性学习。作为教师的我们，平时就应该不断地学习、积累、丰富自己的语言，不断地锤炼自己的语言，掌握驾驭语言的能力。只有这样，才能够充分调动学生学习的积极性、大大提高学生的学习效率。

在错误中成长

北京市第171中学附属青年湖小学　艾鹏鹏

一般谈到“错误”，老师们就会马上想到学生。因为在老师的眼里，学生是错误的“制造者”，总是有犯不完的错误。可作为教师的我们，不但也会犯错，而且有时犯的错误要比学生犯的错误严重得多。

在《一个接一个》这课的教学中，学生要学习书写“过”这个字，由于走之旁是孩子们第一次学写，横折折撇又是新笔画，因此我仔细地对书上的笔画进行了观察，却发现横折折撇是竟然是“㇇”这样的，这与自己平常所写的横折折撇有所不同，我虽感到很奇怪，却以为是自己这么多年都书写错了，于是便没有深究，上课时我特意跟孩子们强调要按照书上的笔画书写。就这样过了几天，在以为大多数孩子都已经“掌握”了走之旁的写法后，我突然发现一个小女孩的练习作业中，走之旁还是“㇋”这么写的，于是我把她叫过来问：“你为什么不按照老师教的方法写呢?”小女孩为难地说：“我妈妈说，走之旁的写法不是您教的那样，就是这么写的。”听了她的回答，我的心里也觉得隐隐不安，是啊，自己写了这么多年的字，横折折撇不一直都是“㇋”这么写的吗？难道真的是我教错了吗？可是语文书上明明就是“㇇”这样写的啊，一连串的疑问使我的心里非常矛盾，无奈只好先让孩子回去了。

放学以后，我赶紧拿着书到处请教，才知道，原来书上的横折折撇是印刷体，而手写体的横折折撇确实是“㇋”这么写的，我这才恍然大悟。意识到自己在教学上的严重错误，我一下子就慌了神，一方面懊恼自己的疏忽大意，另一方面不知道该如何挽回自己的错误。现在应该怎么办？我该怎么面对孩子们？怎么向孩子们解释？承认错误会不会降低老师的威信？当着全班同学的面，老师的面子……这一个接一个从脑子里窜出来的问题令我急得像热锅上的蚂蚁。

就在我手足无措时，同事过来耐心地安慰我说，老师犯错误很正常，我之前也一时糊涂讲错了知识点，只要向学生们诚恳地承认错误，及时改正过来，孩子们都会非常理解的。敢于直面自己的过错不仅不会损害自己的师表形象，反而可以张扬教师的人格精神，为孩子们做出正面的表率作用。

听了这一番话，我忐忑地踏上了讲台，面对孩子们一双双真诚的目光，我鼓足勇气对他们说："同学们，老师之前犯了一个错误，走之旁的写法老师教错了，今天我们一起来学学正确的写法好不好?"顿时，全班同学异口同声地喊出："好!"竟然没有一个学生站出来质疑我，一双双渴求知识的眼睛都在充满善意地望着我。那一刻，我终于感觉自己心里的大石头落地了，激动地开始为孩子们讲解走之旁的正确写法。

俗话说："金无足赤，人无完人。"一方面，作为一个老师，在教育教学过程中，难免会出现口误或一时糊涂讲错了知识点，甚至有时还犯常识性错误。其实这是很正常的事，只要我们在出现错误以后要敢于面对，注意事后纠正的方法，及时总结经验教训，不重复犯错，错误有时也未必就是坏事。另一方面，想想孩子们都能这么友善地原谅老师的错误，自己有时候却揪着学生的一点小错误不放，总是批评教育，实在觉得很惭愧。

通过这件事，让我明白了，错误是最好的老师，我们在错误中成长，对孩子的错误也应该多一些包容。

孩子眼中的风景

东城区北京市第一一五中学　刘佳音

时光荏苒，今年是我登上三尺教台，以一名语文教师的身份默默求索的第二个学年。在这段短暂而忙碌的时光里，让我最为惊喜的事情，莫过于偶遇孩子的思想火花。

我所在的学校名为"一一五中学"，是一所九年一贯制的体育特色学校。学校里的孩子皆是体育生，他们来自五湖四海，每天要花大量的时间从事体育运动的专项训练，他们大多思维活跃但知识面相对较窄较专。作为一位语文教师，我承担了小学和初中两个年级的教学工作。对于新任教师而言，这无疑是个挑战，但也恰恰因为跨年级任教，才让我在教学中积极地做出了一些尝试，发现了一些有趣的现象。

犹记得去年四月底的时候，在学校组织的奥林匹克体育中心综合实践系列活动中，我与美术学科的老师共同探讨并设计了五年级学生的语文综合实践活动“奥体纪行”，希望同学们能在奥体中心参观过程中认真观察身边的一草一木，用自己的画笔描绘眼前美景，用自己的语言诉说心中所感。简而言之，即是要求学生在活动之后，描画印象最深的一处景色，并用简洁的语言描写眼中所见，表述心中所想。为了尽可能不制约学生的思维，我在活动之前只提了基本要求，并未对如何描写奥体中心进行细致讲解。果然，当学生归来之时，我便如愿偶遇了一些有趣的作品。

由于孩子们的语言表达能力并不出众，大部分孩子的描写风格皆是“我看见什么，它是什么样的”。例如，一个孩子写道：“我看到鸟巢里的十二生肖，足球场，还有太空金属做的船桨，那些十二生肖都是用青铜做成的。”我心想：“如果我们的足球场也有这么大，看台也有这么多就好了。我也想在鸟巢里踢球。”但是也有这样的一些孩子，他们眼中看到的是别样的风景。例如，一个孩子写道：“我看到燕子在天空中飞翔，小草在慢慢地成长。”我心想：“我们也应该像小燕子一样做自己应该做的事。”在他的画中，水立方与草坪成为了陪衬，大片留白的空中，是自由飞翔着的鸟儿。他的句子很短，但却给了我极大的震撼。我庆幸自己并没有在事前特意强调如何描写鸟巢或水立方的景色。在课堂点评中，我又特意选取了一些见解独特的作品，并把这些作品作为讨论案例加以展示和鼓励。当这些不走寻常路的孩子受到肯定时，我看到了他们眼中璀璨的星光。

在初中的日常教学中，我也遇到了类似的问题。有些时候，在课堂上讲授和探讨文章的“起、承、转、合”有利于孩子们更好地体味作品的布局谋篇，但也有一些时候，孩子们随性的感悟往往更能深入作者的内心。例如，史铁生先生《秋天的怀念》这篇课文。在课堂上，当我们一起体味作者的感受与心情之时，文章结尾处那段动人的景色描写带给学生的感慨就远远超出了我的预期。很多孩子对秋天的印象是明丽而绚烂的，与悲伤无关。史铁生对菊花的描写则恰恰引发了这些孩子的共鸣，他们会主动去关注那多彩的烂漫的菊花，带入自身的喜好来体味当时作者面对眼前这般美景时的心情，进而真正深入地理解文中对生命的敬畏，对爱与人生的关注，而这些恰恰是这篇散文的灵魂所在，比那一句反复出现的“要好好活”来得更令人感慨，更耐人寻味。

一年多的朝夕相伴，一年多的磕磕碰碰，我经常在想，一个语文教师究竟该给孩子们留下些什么？文章结构、行文方法、描写方式……这些经验之谈固然重要，但我们是否更该在讲授经验之前，先放开手，让这些孩子用自己的心去看一看这个大千世界，用自己的笔描绘出只属于自己的风景？或许在他们第一次朗读作家笔下文字的时候，或许在他们第一次写下自己心声的时候，又或许是在他们放飞那些天马行空般的想象的时间里，如果我们可以对不同的见解多一些包容，多一些肯定，孩子们各自的灵性是否便会展现得更多一些？毕竟，每个孩子的独立思考才是我们最不该去扼杀的。

“以学定教”话成长

安外三条小学　刘　洋

2016 年，我幸运地拥有了一个新的人生标签——小学语文教师，在学校领导老师们的引领下，我对语文教学的认识不断深化。回顾这个历程，我仿佛听见自己生命的拔节声，我知道这是成长的声音。

说到成长，古诗《江南》一课的教学，让我深刻领悟到“以生为本，以学定教”的内涵，在教学的过程中应该以孩子为主，更是应该根据学生的状况因势利导，帮助他们融入进去。使学生由被动学习古诗变为主动探究、互动交流，在提高学生自学能力的同时锻炼学生搜集、处理、加工信息的能力。

教学这一课时，我设计利用这单元《语文园地六》中的方位歌，帮助孩子们了解江南的地理位置。这样既加深对古诗的理解又能联系课本后续知识，让孩子们可以在学习过程中收获更多。可是在教学的过程中，我发现孩子们的表现脱离了预设。课上在进行有图到文朗读古诗之后，孩子们都特别兴奋，一个接着一个地举起小手，想要再读一读，再试一试。但是为了按照预设进行下一个环节，我刻意忽视了孩子们兴奋的表现，放出了方位歌。孩子们看着 PPT 上的儿歌一愣，有的孩子缓缓放下了高举的小手，有的瘪瘪嘴发出“哎”的叹息声，甚至有的孩子趴在了桌子上。我看着孩子们的样子，调整了一下坐姿，打算继续进行。想要叫孩子试读儿歌的时候，猛然发现孩子们似乎都提不起劲，我有些疑惑，指名一个孩子读了读，便跳过了这个部分，继续回到文中讲述课文，可是孩子们已经没有了先前的兴奋与积极性，整堂课在一片安静中度过。这样的情况让我十分疑惑。课后，为了了解孩子们的想法，我询问了孩子们最喜欢和最不喜欢的部分，发现多数孩子都喜欢阅读古诗的部分，而最不喜欢的便是方位歌。有一个孩子看着我说：“老师，我觉得那个方位歌记不住，而且一点意思都没有。”另一个孩子拉着我说道：“老师，我不喜欢那个方位歌，和课文比一点都不美！”看着孩子的反应，我忽然意识到我似乎在预设中忽视了课堂生成和学生的主体地位，没有从学生的学习出发。是呀，原本学生在课件诗情画意的引导下刚刚融情入境，孩子们还在美丽的江南风景里畅游，却突然被我生拉硬拽去学一个方位歌，打断了学生由情感熏陶获得思想启迪，享受审美的乐趣。所以孩子们在那个时候才会有各种不感兴趣失望的表现。想到这里，我再次细细研读《教参》和《小学语文课程标准》关于古诗教学的要求，对比自己的教学过程。

根据反思我再次修改了我的教案，从尊重学生主体学习出发，重新预设每一个环节。在第二次课堂教学中，我利用配乐江南水墨画课件，以乐伴读，以唱入读，让学生大声朗读，读到朗朗上口。孩子们在看到配乐的课件后，纷纷发出“哇！好美啊！”的感叹声。看到孩子们高兴的样子，我也及时引导孩子们根据自己的理解，体会诗句的描写，充分发挥想象，画诗意图。让他们合作交流讨论，结合自己画出的诗意图，对照诗句说说或演演自己对诗句的理解和体验，孩子们的想法很多，有的说“我觉得一片片莲叶就像是绿色的海洋一样”，有的说“我觉得小鱼太可爱了！游来游去的，跟做游戏一样！”孩子一个个绘声绘色的发言，将古诗描述得有趣极了，争着学唱《江南》的样子让我更加确信低年级古诗教学是在教师的引导下学生发现的过程，这就要求学生能自主地理解知识，自我思考和探索事物，教学是师生、生生互相启发、共同成长的奇妙历程。

通过这样的朗读，学生得到的不仅仅是诗句的积累，更为重要的是孩子们爱上了古诗阅读，借着《江南》一课的古诗歌的学习，我们班形成了一股“古诗热”，孩子们能够利用课余的时间自己学习找寻古诗进行交流朗读。甚至在本学期学习《我想去看看》的拓展环节中，很多孩子的回答是“我多想去江南看看，因为那里有美丽的莲花、碧绿的莲叶”“我多想去江南看看，因为那里有好吃的莲子”……

这次的备课研究让我这只教学菜鸟在反思、实践过程中明白了“以学定教”的道理，实现了脱胎换骨的变化。今后，我会更加努力汲取专业知识，努力拔节自己的专业高度。

口语交际课的意外收获

东城区宝华里小学　李　颖

刚当班主任不久，班里面有一个男生，成为了大家的“众矢之的”。这让我愁了一段时间。别看他体格瘦小，身单力薄像根“豆芽菜”似的，其实骨子里却是一个目中无人、极度“自信”的小家伙。在日常的学校生活中，无论在学习或者纪律方面都表现得很随意，想什么时候写作业就什么时候写，才不管你是数学课还是体育课，写完了作业就交给老师，不管你是在讲课还是在吃饭，并且当时必须要给他判出来，不然他就会像“唐僧”一样无休止地叨唠个没完；上课想到什么就脱口而出，从来不会举手，讲话的内容多半与上课内容无关。一旦老师忽略他的举手，他就开始小声地在下面骂骂咧咧“他说得没我好，为什么不叫我!”

面对他种种特别自我的行为，每次我都会下意识地说他两句，打压一下他嚣张的气焰，期待着他下次会变好。直到有一次，我发现我真的应该做点什么，让他能够自己意识到自己的问题。有一次学校进行跳长绳比赛，每班选 12 名同学参加。班里所有同学为了能参加比赛，都抓紧时间刻苦练习。只有他三天打鱼两天晒网，还觉得自己可以代表大家去比赛，真不知道他哪儿来的自信。等到比赛人选出来的时候，他发现没有他的名字，就特别不服气。跑过来对我大声地喊道：“为什么没有我?!”我望着他那张气鼓鼓的小脸说：“因为你跳得不太好，经常跳不过去。”说完，他竟拉着我的胳膊，一定要现场跳给我看。大家对于他这种多此一举的做法开始起哄，即便如此，他还是觉得自己跳得最棒。在他连跳数次失败以后，居然愤恨的把失败原因归结于其他同学，还恶狠狠地说：“祝那些选上的同学都跳不过去!”听到他说出这句话的时候，我震惊了，作为班级的一员，他怎么一点集体观念都没有。只关心自己的既得利益，其他的一概不理，这种漠然的想法就像一根刺一样扎在了我的心头，不禁一紧。望着他远去的背影，我心里默默在想，我的班里一定不能有如此自私、自负的同学，我要想办法让他意识到这个问题。

说来也巧，语文书“语文园地”里正好有一节口语交际课，主题是“夸夸我的同学”。我想可以借助这个主题，让大家互相观察，学会谦虚、学会表扬、学会发现别人身上的优点，还可以趁机教育一下他。口语交际课上，同学们热火朝天地讨论着，几乎每位同学都被别人表扬过，只有他没有被别的同学表扬。看得出他有点不太高兴，却仍装出一副不可一世的样子。我试探性地指着他说：“谁能说说他的优点呢?”话音未落，同学们议论纷纷，不久大家又都沉默了。我随意叫起一位同学，那位同学说道：“他总是瞧不起别人，觉得自己特别好。其实他哪方面做得都不好，还不虚心。”说完以后很多同学附和着说道：“没错！对!”面对一时之间有这么多同学对他都有意见，他始料未及，特别想去跟别人辩解。可终归一个人势单力薄，说不过那么多张嘴，他一脸委屈地流下眼泪，慢慢抽泣了起来。我见他哭了起来，觉得他应该是意识到了自己的问题。我接着说道："其实他也是一个好孩子，本质不坏，只是有些时候自己没有意识到。那么谁来说说他应该怎么改正呢?"同学们又开始七嘴八舌地说起来了。学习委员站起来说："只要他平时谦虚一点，多夸一夸别人，少表扬自己，他还是很可爱的。"同学们纷纷跟着点头。此时，我看着他埋得深深的头，慢慢抬了起来，若有所思地想着什么。下课铃响了，我把他叫到办公室，问问他的感想，他当时表示，意识到自己的问题，并且会慢慢改正，让同学们喜欢上他。

通过一次口语交际课，不仅让同学们更全面地认识到了自己，还锻炼了口语表达能力，真是两全其美。从那以后我特别重视口语交际课，课上同学们敞开心扉，畅所欲言。定期进行"夸一夸、评一评、改一改"晨会，使同学们善于发现别人的优点、正视自己的问题、及时改正。这都是一节口语交际课给我的意外收获。

用真诚引导，赢得"花朵"盛开

地坛小学　张丽娜

法国作家萨克雷说过："生活是一面镜子，你对它笑，它就对你笑；你对它哭，它也对你哭。"在教育学生上也是如此，当你用真诚对待学生时，学生会感受到老师给予的爱意；当你对学生没有耐心，孩子也不会真心地上学，爱班级。作为新老师，今年教一年级，刚走上工作岗位的我真有些不适应。天真的孩子们如同一张张白纸。如何在一张张白纸上绘制他们喜欢的颜色、书写辉煌，我很茫然。但是通过一段时间的工作我深深知道要真诚对待学生，耐心的等待花蕾的绽放。

走进班级，看到帅帅正在和同学们有说有笑，一起快乐地玩。这让我的思绪回到了刚开学的那段日子。帅帅可以说是非常特别的一名孩子，每天不是科任老师就是学生向我告状，说帅帅的问题。上课不听讲，也不听从老师的说教，经常会哭着说"不行，我不干"；同时不会与小朋友相处，别人不小心碰了他一下他都要打回去；敏感……一大堆的问题出现在他的身上。因为刚刚入职，这些经常让我不知所措。于是我找他谈话，希望他在学校遵守各项规章制度，自我调节，做一名合格的学生。每一次他都答应我好好的，可是仍然犯这种错误，并且表现越来越差。

有一次，在上课中我让孩子们写字，班中每一个孩子都在认认真真地写字，只有帅帅在那里不写，玩自己的橡皮。我走过去说："快点写，写完了就可以出去玩”，他认真的写了一两个字，又开始玩，我便严厉地说：“今天课上学习的字，帅帅你必须写完，不然不能像其他小朋友一样玩。”这个时候，帅帅看着我说：“不行，我就不。”我本意是想让孩子快点写完可以下课玩，他便大声地和我说“不”。当时我心想：班中这么多孩子在看着，如果我纵容了他这一次，那剩下的孩子看着就会觉得可以不写完，不听老师的也可以，那班级的纪律怎么办，以后的教育工作怎么开展。我便没有理他，果然快到放学时间，我看到他还是没有写，我说：“你要完成今天的学习任务。”孩子哇的就坐在地上哭，说什么也不要写。当时我的心都快凉了，心想：算了吧，或许他就是那根“不可雕的朽木”。

当天我反思了好久，孩子是好孩子，是什么原因孩子变成这个样子的呢？这一定是有原因的，是我的教育理念吗？还是我对待孩子的方式上？我决定给他的父母打电话，聊聊孩子的状况，通过了解我知道，孩子的爸爸妈妈经常出差，不怎么管孩子，孩子主要由奶奶带大，当时我明白了为什么孩子总是爱说：“不”，因为老人管，在家中只要孩子一说“不”，奶奶绝对有求必应，导致了孩子这样的问题。了解了孩子的生活环境后，我也对孩子妈妈说了孩子问题，希望他的妈妈能够多陪陪帅帅，才能让他健康成长。

之后我便经常和帅帅聊天，说一说家里有趣的事情，让他感受到老师和家长是关心他的。当他为班级做了一件好事，我便及时地给予夸奖；让班中的孩子说一说帅帅的优点，每次帅帅听了都非常高兴，当帅帅在别的课堂上受了表扬，班中同学都会说帅帅进步了，孩子慢慢感受到班级带来的温暖，变得越来越好。抓住教育契机，让我印象深刻的一件事，至今都印在我的脑海里，当时班中有名孩子没有带橡皮，帅帅想借给他，我说：“帅帅借你橡皮，你要对他说谢谢，好孩子都喜欢帮助同学。”当时那名孩子对他说了声：“谢谢。”至今我都忘不了，帅帅当时的眼光一下子柔和了下来，放出了光芒，嘴角有些上扬，我想：孩子大概从没有感受过别人对他的感激，从没发现帮助别人居然这么好。从此，孩子也爱班中同学，班中小朋友也经常和帅帅玩。他从开学到现在改变可以说是飞速的，科任老师也不再向我说孩子的问题了。

在整个教育过程中，我倾注着所有的爱。爱是教育的源泉，是班级工作成功的动力，作为一名班主任，有爱就能推心置腹地沟通；有爱就会用赏识的目光看待学生；有爱，就能大海般宽阔的胸怀去宽容学生，使学生从班主任身上感受到温暖关怀，感受到学校既是校园，更是家园。对学生多一点理解和尊重，多一点支持和信任，多一点表扬和鼓励，多一点“人本”的体贴和温暖，才能使学生“亲其师，信其道”，心悦诚服地在愉快心境中跟随老师去学习，我们也能和孩子一同成长。帅帅的进步历程，让我感动，同时也成长。

老师　您写错了

——我的教学叙事

北京市东城区定安里小学　赵　婧

一个学期，转瞬即逝，似乎昨天我还是那个刚刚毕业、对教师职业充满新奇与期待的年轻小姑娘，而如今我和 29 个孩子已经一起经历了两百多个日日夜夜。一年级的学生，就像是一棵棵亟待成长的小树苗，要施肥、浇水、悉心栽培。从习惯到学习，面面俱到，不能出一点差错。在语文学习中，识字教学是一个重点亦是难点，打下夯实的识字基础是日后培养语文素养必不可少的一块基石。所以我平时在课堂中比较重视识字环节的设计，但有一次，我差点给我的小树苗们浇错了水。

那天，我教授的是《小小的船》一课，按照平时的教学习惯，我在课堂最后十分钟带着学生写生字。当写到生字“里”时，我一边在黑板上范写一边说着笔顺，“一笔竖，二笔横折，三笔横，四笔横，五笔横，六笔竖，七笔横”。等我写完刚转过身，就发现有一位同学举手，我示意他站起来，他挠着头不好意思地说：“老师，您笔顺写错了。‘里’的第五笔应该是竖，第六笔是横。”他的话音刚落，旁边几位同学也随声附和道：“是的，老师，您好像写错了，第五笔和第六笔写反了。”

当时我的心里咯噔一下，心想：“这个字我都写了这么多年了，怎么可能会错呢”，随之翻开教参，又赶紧在网上查阅了一下，发现真的是写错了，还错了这么多年！当时班里安静极了，似乎连空气都凝结了。怎么办呢？我当时急中生智，想起之前有一位经验丰富的老教师教过我，遇到类似的这种情况，可以告诉学生是老师故意写错的，为了看看大家有没有好好听讲认真观察。这的确是一个维护老师威信的好方法，可望着台下那一双双明亮真诚的眼睛，想起上周五的礼仪小课我还给这群稚嫩天真的孩子们讲华盛顿小时候砍樱桃树的故事，告诉他们错了就是错了，要有勇于承认错误的精神。于是我满怀歉意地对举手的同学说：“谢谢这位同学，‘里’字的笔顺的确是老师写错了，是你帮助了我。”话音刚落，全班同学都对我报以热烈的掌声，我顺势教育他们要善于观察，大胆提出质疑，勇敢承认自己的错误。最后，我改正了黑板上错误的笔顺，并和所有孩子们一起书空重新说了正确的笔顺："一笔竖，二笔横折，三笔横，四笔横，五笔竖，六笔横，七笔横。"

这个"小小"的课堂插曲给我留下了深刻的印象。身为刚入职的语文教师，我犯的这个错误太不应该，它无时无刻都在提醒着我，自己的知识储备还有很大的匮乏，在今后的备课工作和专业学习中，一定要秉承着认真、严谨的态度。此后的每节课前，我都会把课后生字和要板书的生字提前查一遍，确认无误后再教给孩子们。

我很庆幸我没有选择所谓的"课堂机智"，如果我对待自己的错误都是遮遮掩掩、蒙混过关，无疑是告诉学生他们也可以这样做，那我又该怎样教育学生呢？其实，每个人在成长的道路上都会犯错，老师也是人，也会出错，关键是如何面对错误、改正错误。何况是为人师表，更应该为学生树立正确的榜样和表率，以身作则。正如卢梭所说的"做老师的只要有一次向学生撒谎撒漏了底，就可能使他的全部教育成果从此为止毁灭"。

也许，通过一个个的错误，老师和学生都能真正成长起来。所以我希望当自己出错时，总会有个声音及时提醒我，"老师，您写错了"。珍惜这样的话语，真诚地认错，或许并不会失去而是赢得学生更多的喜爱和尊重。

谢谢你——"老师，您写错了。"

给孩子们另一个世界——动手与想象

东城区革新里小学　杨欣烨

在我的心里始终存留一位身边的长者对我讲的一句话，作为一名人民教师，"工作上做到精益求精，对待孩子上要爱生如子"，这句话这般深刻、却又这般充满责任与力量，这种深沉的爱，我要奉献给我的孩子们。

我与孩子们的交汇是人生扮演众多角色中最重要的一个，它就是我能够真诚、有力量进入"舞台"表演，一年级的教师这个角色。当我走进革新里小学，我的心可以用"心潮澎湃"来诠释，当我知道要带 37 名一年级的小学生一起学习、生活的时候，我的心却被"忐忑不安"所覆盖。37 名孩子，他们是不一样的个体，是有不同性格的孩子，是上课需要用不同形式的小游戏来参与其中去学习的孩子。

我们在学习一年级语文上册《影子》这一课时，首先，在备课中我就在想，孩子如何理解影子？影子是什么样子的？课件里准备了皮影戏以及不同方位影子的图片，但是，我心里想，如果天气是晴朗的，孩子们能够在操场上去观察影子，那该有多好啊！上课前，晴朗的天空满足了我的心愿，随着

“上课”“起立”“同学们好”“老师好”的问候声结束，我的一个小口令“走，孩子们，我们去操场，看影子去！”孩子们欢呼雀跃，一年级的孩子们正处在“以游戏为中心”向“以学习为中心”转移的过程中。当我们站在操场上，“同学们，请看看你们前面，转个身，再看看你们后面，总围着你们的是什么？”“老师，是影子，我们的影子”，同学们兴奋地回答。“对，孩子们，围在我们身边的是影子，那影子又是什么呢？”原本，在我的意识里，我认为孩子可能只会比较浅显地去理解影子，或者只是说一些表面现象，殊不知“老师，影子，影子就是，就是一个东西把太阳盖住了，光，光不能够穿过来，就会，就会变成影子”，孩子说话稍微有一些小结巴，可能是因为一年级的孩子在长句子的表达上还不能很流利地说出来，但是，我的心里已经为他点赞了，“影子是由于物体遮住了光的传播，不能穿过不透明物体而形成的较暗区域，就是我们常说的影子，它是一种光学现象。”我再进行补充，其实，也只是句子的整合。孩子们理解后，也开始发挥自己的想象力，他们开始互相帮助，用自己的小身体、双手尽力摆出“鸽子、小兔子、小狗”的样子，还有的同学你追我赶，就像课文中的“影子常常跟着我，就像一条小黑狗”。最后，操场上响起了琅琅读书声“影子在前，影子在后……”教学中，我们应该有双善于发现的眼睛以及学会感知的心，给孩子另一片天地，另一个小世界，他们不能只是坐在教室里上比较循规蹈矩或者只通过多媒体去想象的课程，我们要带着孩子们到教室外，换个学习环境，去感受更加有意思、有趣味性的课程。

创造另一个小世界还出现在一年级语文上册《雪地里的小画家》这一课，这篇课文以韵文的形式，不但形象地讲述了四种动物爪（蹄）的形状和青蛙冬眠的特点，而且语言生动，富有童趣，读起来朗朗上口。课堂上，我做了一次美术和语文的学科联合，孩子们将画笔、彩纸带到课堂，兴致勃勃地开始画出动物们的小脚印，小组合作开始剪出形状，将小脚印带在手上，最后印在小彩泥上。孩子举着手，看到一块块的小脚印，孩子的内心是满足的，小脚印的样子也深深地印在了孩子们的心里。有一天，下起了很大的雪，孩子们趴在窗台上，渴望着去外面玩耍，想起了“雪地里的小画家”这节课，又是熟悉的一句话“孩子们，我们出去看雪吧，去看看自己的小脚印，做个小画家！”孩子们在此刻应该是最高兴、最幸福的！

给孩子们另一个世界，让他们去触摸、去感受；给孩子们另一个世界，让他们去想象、去创造！

“精益求精”，教学上，我研究、我努力！“爱生如子”，育人上，找方法、充满爱！

走近，共进

光明小学　康　冉

还记得“小豆包”们入学前我为自己选取的教育格言：我愿在教育这方期望的田野上，耕耘不辍，加以甘霖，静待春之繁华，秋之收获。当时的我满怀对教育的热情和对孩子的喜爱，怀揣着美好的想象和动力步入工作岗位。如今，每天和学生们在一起已经一个多学期了，在出现问题、解决过问题后，相对于刚开始时的措手不及，我对教育有了新的认识和理解。我认为在教育中走近学生至关重要，尽力关注到更多的学生，做到有针对性地进行教育也非常重要，而且教师一定有耐心等待学生们进步。

走近学生才能了解他们的状态和需要，了解学生才能践行因材施教，合适的教育才能更好地学习。我原本以为现在的学生在入学前已经学习过很多东西，具备了一定的学习能力，所以在教学中敢于放手。拼音字母的书写我讲过就让学生自己在书上描红、书写，然后直接写在拼音本上。结果收上来的拼音本正确率极低，很多孩子连格式都错了。我当时很费解，不明白这么简单的东西为什么还会写错。后来课上再要求他们书写的时候我开始走到每个学生身边去看，发现有的孩子因为不会观察，不会仿写，在书上写时已经写错了。拼音本上的书写也只是凭借自己的印象，不会对照教材。还有我提的要求他们有时候根本没听懂，羞于问也不用心记。于是我教他们如何描红、仿写，告诉他们在本上写也要看书。我也会自己写好一份供他们抄写。经调整，正确率明显提高，孩子们也知道了对照。现在孩子们学习写汉字已经不用我写范本了，他们已能自己借助语文书来写。

有的孩子因做不完题导致练习成绩不理想，开始我以为是手慢或者不会的原因。后来经我的观察了解到主因是不够专心，自觉性差，老师不盯着就偷懒、开小差。现在在我的严格检查、督促和家长的配合训练下，学生做不完题的情况明显好转，因做不完而扣分的情况也变得少之又少。

因为不了解学生，高估他们的能力，我的教学内容也出现了完不成的情况。《画》一课是我第一次给学生们介绍识字方法。我本觉得自己说一遍已经很清楚了，而且由“近”变到“听”只是换了个偏旁，也很简单。可是没有一个孩子举手主动回答变化。我不理解，就指名来答，结果发现他们确实是不会说。我就在课上一遍遍教，不仅浪费了时间，而且让学生的头脑更混乱。通过课下交流、反思，我认识到首次学习学生能听懂即可。班里大部分学生识字量有限，对于汉字学习会感到陌生、没兴趣。听一遍就要自己说两个新认识字的变化对于他们而言存在难度，还需循序渐进。

在走近学生的过程中，我也发现学生们有着不同的性格特点和习惯。有的乖巧、认真，但不够开朗；有的擅听，能说，但不喜欢动笔；有的确实相对于其他学生慢一些。而且现在的学生个性鲜明，需要具体问题具体分析。因此我也在逐步改变全班统一要求的固有认识。和而不同，因材施教是我今后教育教学中努力的方向。

除了有工作的热情，有走近学生的爱心和细心外，耐心也是必需的。因为语文学习本身就有潜移默化、日积月累的特点。它是一个长期学习的过程，不是学会拼音、认识一些字就是会语文了，也不是单元练习、作业本没有错误就是学好语文了。而且学生的进步与成长也是需要时间的，量变到质变的过程无法一蹴而就。刚开始我对于班里几个孩子迟迟不进步很是着急，现在已经释然了很多。我努力放大他们的进步，多鼓励少催促，给予他们信心，也培养自己的耐心，和他们一起在努力中等待。

泰戈尔说，不要着急，最好的总会在最不经意的时候出现。那我们要做的就是：怀揣希望去努力，静待美好的出现。我会把这两句话记在心里，在未来的教育生涯中，我会带着自己对学生们的爱心、细心和耐心，对教育事业的热心和衷心，大手拉小手，一起慢慢走，静待绿树成荫，花开满园！

多种方法来识字

和平里第九小学　蔡冬雪

今年是我入职的第一年，而且作为一名一年级语文老师，直接就从学生的角色转换成为了教师角色。大学中学习的理论与实际教学相碰撞出的火花，一下就让我感受到了“火”的温度。一开始就我被拼音教学弄得头疼了好久，只能边查阅资料学习，向有经验的教师请教，边完成教学任务。这其中的艰难与羞愧只有自己知道。一年级下册的识字量较比上册要大了很多，识字教学是一个重点亦是难点。我渐渐地意识到，在教学过程中激发学生浓厚的学习兴趣非常重要。低年级的学生活泼好动，喜欢游戏，在教学中把识字融入丰富的游戏活动中，会让学生在新奇有趣的识字场景中体验识字的快乐。比如说摘苹果、开火车、找朋友等小小的游戏，在孩子们看来是奇妙有趣的，甚至是乐此不疲。

在听有经验教师的课时，我学到了另外一些“招数”来帮助学生记住生字。我发现别的老师在教学过程中会采用换偏旁、加偏旁，加一笔减一笔变字，编儿歌顺口溜，讲故事，画一画，比一比等一些很好的方法，有效地帮孩子区别和记住形近字，加大识字量。所以我将这个方法运用到了自己的课堂上。例如：在“日”字教学时，我们可以通过加一加减一减方法记忆。“口”加一横就是“日”；“目、田”减一笔就是“日”。“居、乐”两字都可以用顺口溜记忆。居：屋内空，古物充。乐：“小”字戴大帽，见人笑呵呵。学生们很容易就记住这些生字了，没事的时候无意间还会自己重复几遍。

在识字教学时，也可以分小组进行教学，这样小组成员就可以一对一优差互补，会的教不会的，并告诉他们：如果你的同学读得好，请你夸夸他；如果你的同学需要帮助，请你帮帮他。这样做，既让识字量多的孩子更有自信，也会让暂时有困难的学生及时获得帮助。

“小老师”法是我现在采用最多的方法，取得了较好的效果。学生认为自己已经掌握了学习过的生字，就让他读给老师听。对于确实读得好的，就聘任其为“小老师”，其他同学都可以到他那儿认读生字。为了激发学生的识字兴趣，每一位识字过关的同学都可以被聘为“小老师”。因此学生学完一篇课文后，就积极地到老师、“小老师”处认读生字，学习主动性也会得到很好的体现。学生们会为了争当“小老师”主动预习课文中的生字，学习生字的读音、偏旁、结构、组词，还有与这个相关的有趣的故事。这样不仅能够帮助孩子们学习生字，还可以扩充孩子们的知识储备量，以备不时之需。

我一边教，一边摸索，希望能探寻更多的识字教学方法，让孩子们更快更久更有效地学习更多的汉字。同时，也希望自己的教学的道路插满荆棘也能布满鲜花，想要收获更多的鲜花，就要努力地完善自己，不断学习，提高自己的专业知识和教学水平，一边前行一边除去道路上那些荆棘。怎么才能让这些荆棘不伤到孩子也不伤到自己？我想，不仅仅只是靠一步一个脚印踏实地往下走，还需要我们时刻停下脚步回头看看，慢慢反思，不断总结与思索，才会迎来更多的芳香。

让你住进我心里

和平里第一小学　卢　鸽

“老师应该心里有学生。”新教师培训时，唐老师如是说。午后的阳光透过教室的窗户悄悄映在我的面前，窗外新生的枝叶轻轻摇荡，我的思绪飘回到去年，一年级上学期的那个秋天。

伴着清爽的秋风，我与人生中的第一拨学生相遇。那是数十个小精灵一般的存在，他们活泼好动、性格各异，但同样都对小学生活充满好奇和期待。你甚至能从他们的眼睛里看到热情的星光。也正是这样的期待和热情，成为了我努力、认真备课的动力。可是，最初的几节语文课却不像我想象的那样，也不像孩子们期待的那般。课上，我严格按照教案执行着每一个流程，还不忘提醒走神的孩子要专心听讲。可很快我发现，甚至那些学习习惯较好的学生竟然也不住地走神，坐姿由刚上课时的标准变成二十分钟后的懒散。我很生气，忍不住对孩子们进行了一番说教。

回到办公室，我冷静下来，一个疑问从心中冒了出来：孩子们会不会其实不喜欢上语文课？我决定问问孩子们。课间，我回到班里询问了一些孩子。“你们最喜欢上什么课?”“美术、音乐”，孩子们竟异口同声地回答。抑制住小小的嫉妒，我又问：“那语文呢?”“我们学前班的时候好多都学过了。”这一语，惊醒了我这个沉睡在备课只是备书备知识的“梦中人”。

原来，现在的孩子都已在上学前学习了不少一年级的知识，在我的班级中甚至很多孩子都已经学完了汉语拼音。原来，上课时的精神涣散不是纪律和学习习惯问题，而是一个 6 岁的孩子面对自己不感兴趣的内容的无声抵抗。原来，我自以为自己很努力地备课，其实也只是备了“课”。原来，到此之前我的心中一直没有我的学生。

意识到这一点之后，我决定改变我的课堂。兴趣是孩子最好的老师，我也将兴趣引入了我的课堂。一年级上册的语文书中，有一道拼出音节再做动作的课后题。我就将这道题改编为了拼音版的“你来比划我来猜”游戏。我先让孩子们自己拼读音节词语，再请一位学生上前来根据下面同学做的动作拼出相应的音节。看似简单的游戏，却让孩子们玩得很开心，学得也很开心。孩子们经过反复的拼读，加深了印象，也改善了学前班虽然学过拼音却不系统、不牢固的问题。玩游戏时孩子们的眼睛睁得大大的，声音也更洪亮了，笑容绽放在了他们脸上，我也忽然发觉孩子们到了我的心中。

在一次讲解语文书中的情境图时，我过于关注孩子对图片的描述，结果不仅使插图脱离了辅助拼音学习的作用，孩子们还因为描述图片难度较高总是达不到老师的要求而倍感挫败。其实，运用插图是为了让学生具体地感知拼音字母的音与形。想到孩子们学习这里时的难点，下一次遇到插图时我引导他们建立图片与拼音音形的联系，而不再是一味追求描述，孩子们的心理压力减轻了，学起拼音也更高效、更快乐了。

在教学中，我还发现班中的孩子经常会将同音字进行混淆。原来，孩子们早在上学前已具有了一定的识字积累，但也只是知道字音，一旦要用就分不清了。怎样才能帮他们区分呢？我就在我的教学中引入了字理的知识，让孩子们看到汉字的演变。比如在教学“手”字时，我在黑板上画出了“手”的甲骨文，孩子们也不自觉地伸出手与黑板上的图画进行对比，可谓印象深刻。

就在这一次又一次的观察与思考中，我发现学生正一步一步地走进我的心中。备课时，我会禁不住想到班里的某位同学遇到这个知识肯定会有怎样的表现。但是我想，只是让学生走进我的心中还不够，还应该让学生住在我的心里。一个优秀的教师心中不该只有教材、只有教案，而是应该把更多的位置留给班上的几十个学生，留给学生们在学习上的需求和困难。教学不仅仅是传授知识那么冰冷，而是作为老师的我时刻惦记着作为学生的你，惦记着你的进步、你的困难、你的开心和你的疑问。

阳光慢慢挪动着光点的位置，“教学效果来自解决真问题”，唐老师的声音又将我的心绪拉了回来。此时，我的心里也为那几十个小精灵挪出了不小的位置。

学习·思考·收获

——视导课《刷子李》思考

和平里四小　丁玄子

今年 3 月 21 日，北京市教科院对我资源带进行视导，对我这名年轻教师来说是一次考验，更是一次历练。身为一名语文老师，在前三年的时间里，我曾经做过教育方面的课程，也尝试心理方面的研究，唯独没有抓住语文课堂历练自己的机会。开始我有些胆怯，害怕自己讲不好。上学期我很荣幸地参加了一次五年以下的学区展示课活动，那次课不仅给了我历练，也给了我一些勇气。本学期，校领导再次给我展示自己的机会，上一节视导课，又让我得到很多收获。

一、细致研读“课标”，把握教材，教学策略服务于教学目标

之前，我拿到一篇文章后，在课前总会想我该怎么去讲呢？想来毫无头绪，于是就去上网查，或者去找其他老师的教案借鉴，再去看看教参。可是这样下来，直到上课，我还是不清楚一节课备课的正确流程是怎样的。备课

的抓手到底在哪呢?

这次备课的经历让我对于教学目标有了深刻而清晰的认识。首先在“课标”中,明确指出每个学段的学生在语文学习方面需要培养什么样的能力,我们要传授给孩子哪方面的技能。略读课文的教学也要与单元训练重点结合起来。在设计《刷子李》的目标时,我设定了“体会作者抓住细节和侧面描写人物的方法,感受人物形象,有感情地朗读课文”这样的教学目标,与单元主题目标相契合。教学中,放手让学生在自读的过程中感受人物形象,学习描写方法,在此基础上,结合课标中习作与阅读教学的要求,达成“激发学生学习人物描写兴趣”的目的。所以,备课时对课标的研读是十分重要的。

为了让学生能够对学习的内容感兴趣,让教学更有效率,我们都会想许多教学策略,正是教学策略的不同才让课堂有新鲜感,也值得去揣摩与推敲。现在我们提倡组合阅读,这就是一种教学策略。但是我们不能为了组合而组合,组合阅读是帮助我们实现我们的教学目标而存在的。这样既能拓宽孩子们的阅读量,也可以通过对同作家的不同文章,同类型的不同文章等有一个相对全面的认识。教材中的文章是个好例子,它们为它们背后广大的读书海洋做了铺垫,目的是让孩子们喜爱上阅读。就《刷子李》这篇文章,我拓展了《苏七块》与《俗世奇人》的部分内容,目的是让学生感受不同人物的不同特点以及作家刻画人物的方式方法,这也是根据着教学目标而设立的。所以不管我们如何设计课程,教学策略一定要服务与教学目标。

二、注重日常的课堂,既训练学生,又锻炼自己

语文教学需要长年累月的积淀,这积淀的过程也是对教学设计理解不断深入的过程。在我刚工作的一段时间,我总是在平时上课时,把教案摆在讲台上,以备不时之需。可是逐渐我发现教案会牵扯我的精力,使我无法专注于学生,可能就是因为它在那,我就总想去看。备着的教案反倒成了我上课的负担。这学期我尝试着摆脱了这种束缚,我的目光才能始终集中在孩子们的身上,我的耳朵才能更加清晰地听到他们的发言,我的心也能感受到他们内心的想法了。这样的做法,不仅仅是接受公开课,平时我也努力这样要求自己。当然,在这背后需要我不断地积累教学的经验,更加充分地备课。

“宝剑锋从磨砺出,梅花香自苦寒来。”一次次的磨练,让我不断地调整,不断地审视自己,再不断地进步。我现在已经能够把握授课目标,用更

为严谨的语言来呼应学生，将大部分注意力集中在学生的身上。我也希望在日后的教学中，能够更加充分地把握教材内容，通过不断思考呈现独具匠心的设计教学，为我的学生带来扎实有效的语文课。

让每个学生散发思考之光

东城区和平里第四小学　史念慈

语文这门学科，相较于其他学科来说，思维更加开阔。因为语文的理解是不唯一的，尤其是在阅读方面，学生们千奇百怪的想法更是数不胜数。思维的不同与人的生活环境、价值观都有着密不可分的关联。作为老师，更不能束缚学生们的思想，要鼓励他们独立思考、能有不同的见解，不能人云亦云，要学会质疑。所以，在教学过程中，要发散他们的想象空间，让他们对文字有更深的理解。

在讲《南辕北辙》这节课，我们理解到最后的时候，有一个学生提了一个问题："我觉得他自己其实是知道自己在走反路，但是为什么还要继续走呢?"此时，正是要提炼出寓意的时候，学生们都没有举手。我本想着直接回答他的问题，但是，有一个孩子缓缓地举起了手。我觉得他应该会和我想的一样，只听他说道："老师，我觉得他是想自己创新一条自己的路。走别人都走过的路多没劲呀，自己闯出自己的路才是成功的。"其实听到他这么说我感到很奇怪，因为一般的孩子都会说这个人不听从别人的劝告、很固执等，可是他的想法我完全没想过。当时，我也没有多思考就将我要讲的寓意说了出来。课下我也思考这件事，其实他只不过是从另一种角度来说，如果按照老套路的话，这则寓言也是被孩子们读过很多遍，不用再讲孩子们也知道什么意思。有的时候，课上的沉默也许正是思考出新思想的时刻。

之后，在鉴赏古诗《望天门山》的课上，当大家读到"孤帆一片日边来"的时候，有一个学生问道："这只孤帆是李白坐的吗？那他怎么能描绘出从日边来呢?"于是，学生们都陷入了思考。我并不急着告诉他们答案，因为有了上次的反思，这次我也安静地等待着孩子们的"沉默"。这时，有一个学生说："有可能他是站在山上看到的一只船从太阳那边驶来。"

此时，"沉默"的学生慢慢地活跃起来。他们通过互相对话，质疑也越来越多，自己的思考越来越深入。有学生回答："这只孤舟就是诗人的船，因为他前面说了是往天门山走，如果是从天门山看的话一定是他的船过来。”孩子们自然地学会了联系诗句，并且根据上下句的关系思考出了诗人与天门山的关系。

因为很多学生没有游船的经历，我们假设了情境，让他们假装太阳、山和诗人。当做了试验之后，提出问题的学生自己也明白了诗人的行驶轨迹，终于明白了孤帆上就是诗人自己。乘胜追击，从这句话再联系前面诗句，学生们更能体会诗人对于祖国的大好河山的热爱与赞美。

可能目前的古诗教学大多数都以翻译为主，平铺直叙地让孩子们知道每句话的意思。然而，如同外文书籍如何翻译也无法翻译出文字的精髓一样，古诗的翻译也无法真正将诗人的情感翻译出来。有的时候理解更需要学生们亲身体验，就像他们无法理解陶渊明诗中的田园风光，是因为他们没有类似的生活的经历，他们不理解王维的边塞诗中景象，那是因为他们没有体会过边塞的生活环境。

所以，每个阶段、每个孩子的理解能力都是不统一的，教师所能做的就是挖掘他们的潜能。爱因斯坦说过：“提出问题比解决问题更重要。”学生通过自己的独立思考、判断，自己发现或设计的问题，自己的思维会更加宽阔。这样，学生更容易的培养自我创新能力。这些都比教师的上课教学内容来得更重要。

教师在课堂教学中应当坚持以学生为本，让学生成为课堂的主体，培养学生们独立思考的能力，养成会问问题的习惯，让课堂真正达到人人参与。我想，在这样的课堂教学中，学生们层出不穷地思考，互相激励、迸发出更多的问题与想法，这不就是教学的最终目标吗？

培养一个只会做题的学生，这样的教育是不成功的。真正的教育是让学生拥有独立思考和判断能力。所以，我们要尊重每一个孩子的发展，无限发现潜能、挖掘潜能，让他们成长得独立且有个性，激发出每个学生独特的思考之光。

心有蔷薇，细嗅芳华

东城区黑芝麻胡同小学　李　欣

世上有两种职业被人称为“先生”，其一是医生，其二则是教师。我想世人所称，必有依凭，这岂是随口叫得？要知道“先生”二字在中国人的心中，从来都带着一种纯粹清澈的敬意和礼貌的。

俗语讲：医者父母心。何谓“父母之心”？我细细忖之，应是那悬壶济世的“淡泊之心”；是救死扶伤的“仁人之心”；是望闻问切的“体察之心”。由此观之，恰真与教师之名颇有些符合了。教“师”不是教书“匠”，师者是传道授业解惑之人，讲究为人师表，行为世范，面对的是生动多变的人，凡事“以人为本”，从人的发展角度出发。医论治术，师求教法，殊途同归却要多一份灵活机变。故，以灵变之师为刻板之匠则万不可取也。

初出茅庐，我走进小学的日子屈指算来，不过半个学期。作为一名班主任老师，我渐渐意识到，班里的孩子们虽是朝夕相处，食居无二，个体个性的差异却往往有之。同一片土壤能结出不同的枝丫；同一个屋檐，孩子的成长也是千差万别。

初次听到“刘宇明”这个名字是在我与前任班主任的工作交接会上。他是我们班里一位外表毫不起眼的腼腆男生，也是唯一一位语文和英语“双料”不及格的孩子。坦率言之，我心里曾有些埋怨，这样的“笨孩子”为何偏偏落在我的班呢？然而“开弓哪来回头箭”，我掂量很久还是选择用短信的方式联系他的家人，简略的文字如下：“刘宇明的家长您好，我是班主任李欣。我可否了解一下孩子平时的学习生活，请您于方便时与我联系。”

出乎所料的是，第二天晚些时候，刘宇明的爸爸才姗姗打来电话，我立刻惊醒起来，猝不及防地与他交谈良久。电话那头浓重的方言口音，使我倍觉困窘、狼狈，我艰难地分辨着他的每一句表达，脑海中一边聆听，一边吃力地记录着刘宇明小小的“病历册”，在一句句零碎的“拼凑粘贴”之后，一个父母都在外地打工，缺少关爱也缺乏自信的苦孩子形象，仿佛从天际飞来，登时直挺挺地立在了我的眼前。查病因，找病源，出药方，现在回想起来，他确是我勾勒的第一位“小病人”了。

“望闻问切”是我每天都要对明明做的重要工作。我不仅按时“出诊”，还在本学期教学计划中为他留出了一页——建立他的“病情”跟踪档案。明明说话的时候经常唯唯诺诺，欲言又止，然而我总能发现，其实他有很多奇思妙想，只是怯于人前表达；他淘气的天赋总是在体育课时被发挥得“淋漓尽致”。我在班中时时关注他的一举一动，一言一行，将他的座位安排在最前面；有意无意地与他聊天；鼓励他说出自己的看法和想法；原谅他暂时的一些错误行为；为了防止他不按时完成作业，偷工减料，老师和同学们一起帮助他每天检查记事本，并且留下老师和小组长的签字……积累一段时间的“临床经验”我得出良方：耐心治“笨”，爱心治“苦”，恒心治“淘”。

精诚所至，金石为开，这些办法不仅让我拉近了与他的距离，更得到了他的信任，他卸下防备，愿意与我面对面交流。欲除顽疾不可下猛药，只能缓缓图之，明明在课上发言的次数越来越多，性格也逐渐开朗，在新学期班级小干部改选的时候，刘宇明竟然主动请求担任语文课代表的职务，老师和同学们经过投票协商欣然应允，大家都为他鼓掌加油！点点滴滴的变化，都被大家看在眼里，短短几天后，刘宇明的爸爸主动打来电话，对学校给明明这次机会表示衷心的感谢，还主动将与孩子一起制定的“期中语文复习计划”与我交流。

了解学生的内心需求和行为动机，尊重他的说话方式和特点，是我教学工作总结的两个至要“法宝”，类如刘宇明这样的孩子，学习能力偏弱；生活中缺少关爱温暖；生性又淘气古怪，你越是暴跳如雷他越是冥顽不化，你越是急于求成，他越是以沉默对之，如此往复解决不了问题。“在同一片树林，也总有照不到阳光的角落”，陶行知说过：“你的教鞭下有瓦特，你的冷眼下有牛顿，你的讥笑里有爱迪生。”我对此深受启发，因为要做一名医术高明的老师，就要关注到班中每一个人。

心有蔷薇，细嗅芳华，让爱存乎于师者心间，对学生多分执着与鼓励，多分耐心和陪伴，定能等到十里花开之时。

一道色香味俱全的菜肴

东城区北京景山学校　时　运

如果说每一节公开课是一盘色香味俱全的菜的话，那么课文本身就是这道菜的主料；课前的查阅资料就是你决定放的配菜，师父的帮助就是这道菜的你要掌握的火候，而孩子们临场的反应，则是这道菜临上桌前重要的调味品。在工作这两年中，我自己最得意的一道菜，就叫做《延川城》。

应该说，在《延川城》公开课前期的准备过程中，我遇到了前所未有的挑战。一是，自己本身对于作者贾平凹就不是很了解，基本上没有读过他的文章；二是，不管是网络资料，还是期刊的资料，关于贾平凹的这篇文章的文本分析非常少，更不要提可参考的教学设计了。这让一向擅长查找资料的我，感到了前所未有的焦虑。三是，师父刘长明老师现在身兼数职，非常忙，每次我都要抓紧师父仅有的时间，与他进行沟通交流。

因此，在备课的前期，我也参考了我校教研组长徐蕾老师参赛的《延川城》教学设计，并结合备课时的内容，初步制定了教学的思路——抓住延川城地势、窑洞、居民、风土人情的特点，以此来感受作者表达的观点：这是一座有趣的、不易忘记的城。在教学过程中，采用学生自学批画、讨论交流、小组交流汇报多种形式，通过写法感悟城的特点。在教学的最后一个环节，让学生默读贾平凹的《延安街市记》，以此帮学生巩固陕北地区的特点以及贾平凹的语言风格。

本次教学中，让我自己比较满意的，是第四自然段的设计。在实际的教学中，这次设计让我明白了什么叫“先苦后甜”。第一次的试讲，师父直接指出我对于文本的错误解读，这让我备课时好不容易建立的自信心几乎瞬间坍塌。或许是看出我的失落，师父课下像教导小学生那样，一字一句为我详细地剖析了本段文字的层次。师父那严谨的态度、谆谆的教导，让我觉得师父不仅是我教学上的指路人，更是一位关心我的长辈。

在第二次试讲的时候，学生在背诵此段时，磕磕绊绊，对于文章的理解、背诵仍然存在着不少的问题。当时的我，又是无比的焦躁：重点环节不能舍弃、如何更贴近学生的认知发展，如何有效地控制此环节的时间……这些念头每天在我脑海中浮现，真的让我有一种无力感。最后在同年级杜杰老师的帮助下，我们对于段落的重点词，即表达风土人情特点的词语进行了挖空，在挖空的基础上，让学生进行背诵。

这一方法的使用，在正式上课时，让孩子对于文章的层次有着更具体的认识，对于文章有全局性的把握。当我们班的学生，根据小组学习的结果，能够顺利地批画这些词时；当他们能够流畅、正确地填空背诵时；当听课的老师频频点头时……我知道，这一策略很好地达到了它的效果。我很感谢同组几位老师的辛苦付出，让我真正理解了什么是“先苦后甜”，什么是“梅花香自苦寒来”。

此外，让我自己感觉非常“甜蜜”的一点，在于组合阅读材料的选取。我希望学生能够对贾平凹的作品有更为深入的了解。因此，我开始再度发挥自己查找资料的能力：图书馆借阅贾平凹的书籍、在网上对于贾平凹的文章做了查找和筛选、向老教师和汉语言文学专业的同学请教……后来，经过不懈的努力，我终于找到了一篇让自己满意的文章——与《延川城》文字风格相似的《延安街市记》。当老师们的评课提到这点的时候，我心里也洋溢着满满的幸福感。我终于，可以越来越多地，表达自己对于文本的理解，对于教学设计的创新，而不是简单地重复已有的教学步骤。

《延川城》讲完了，但这绝不是简单的结束，而是我教学生涯一个新的开始。是它，让我能够勇敢地在公开课上进行小组讨论；是它，让我在试讲失败的过程中，体会到了成功的喜悦；是它，让我再一次体会到了老教师们对我的爱与帮助。《延川城》，真是目前为止，我自己最满意、最欣赏的一道菜！

小荷才露尖尖角

景泰小学　李思扬

初夏的阳光照耀着池塘，微风拂过，雨露滋润，终把小荷送入盛夏。我，就是那一叶小荷，是学校给了我成长的池塘和雨露。

记得那是一个秋高气爽的日子，我初次踏入了景泰小学的大门。看着熟悉又陌生的三尺讲台，望着可爱的孩子们，我兴奋不已，终于可以实现自己的梦想了，兴奋之余不免又有些担心，自己是否可以胜任这份工作。正当我忐忑之时，学校给我安排了经验丰富的单老师做我的师傅。我跟着师傅，把每天学到的点滴细致地记录下来，足足记了厚厚的一本。师傅经验丰富，教学方法极具特色，听师傅的课就好像听故事一样，一个动作，一个眼神，我总是陶醉其中，要讲的知识点都涵盖在这些故事中。她的语言生动、流畅，一个简单的环节，通过师傅的渲染，便会变得妙趣横生。不光是我爱听，每个孩子也特别爱听，课堂既活跃又不失规矩。这一切使我对师傅特别的崇拜，希望在将来的某一天也可以讲得像师傅那样。

转眼间一个多月过去了，师傅讲了一节拼音公开课，效果特别好。听过课后，师傅说让我上一堂翻版课。终于要亲自上阵啦，我兴奋不已。但当看到教案的时候，我又有些不知所措，怎么用儿童的语言讲出来呢？教案上童声童气的话，我根本说不出口，我甚至不知道在他们回答的特别精彩的时候如何夸奖他们。硬着头皮，我接过教案开始准备。说实话，讲拼音可不是件容易的事。我每天对着教案，但看了几天都不知道如何把这些话说出口。我只好把教案里的话通过加工变成了自己的语言。终于准备好了，我找到了师傅，给师傅讲。一遍下来，师傅皱着眉头对我说："你讲得太平淡，孩子不爱听，你得用孩子喜欢的语言表述出来。就按我教案上的原话来讲，再试试。"听了师傅的话，我更是一头雾水，明明听师傅讲是那么娓娓动听，到了我这里，怎么全变"味"了。我开始回家对着镜子练习，琢磨自己语音语调的变化，经过了无数次的练习，从平淡无味，到生动有趣。于是我又找到师傅，这次师傅让我直接在班里试讲。第一次讲课，我太紧张了，有些话事先练过那么多遍，但一上课却怎么也想不起来了，一堂课下来，我感觉很糟糕，而且学生对我讲的课也不感兴趣。下了这么大功夫，也没有达到预期的效果，这到底是什么原因？我垂头丧气地找到师傅。师傅安慰我说道："没关系，慢慢来。课堂教学不是舞台表演，需要一点一滴的积淀。滴水穿石，非一日之功。"这时我豁然开朗，提高教学水平不是表面功夫，要静下心来刻苦研究，深钻教材。从此，我给自己制定了三个一的小计划，写一篇钢笔字，读一篇美文，研究一篇课文。我还经常向组里每一位老师取经，取百家之长融入自己的教学中，不断学习，吸取经验。在师傅和组里老师的帮助下，我一遍一遍地磨课。每次准备好一课，我便到年级的每个班试讲，每个班的孩子各不相同，他们也总是能提出五花八门的问题。起初遇见问题，我总有些不知所措，但我慢慢地发现，只要教材研究得透，课讲得多，就能摸着点门儿，对学生的各种问题也能应对自如了。接着，我又走班讲了几堂课，通过反复的修改、调整，终于可以独立备课，呈现给学生一节完整的课堂。我发现我的举手投足似乎有了师傅的影子，孩子们越来越喜欢我了，他们在课堂上积极性特别高，课堂气氛活跃。记得有一次，我试讲过后，正准备离开，一个虎头虎脑的小男孩跑过来问我："老师，您什么时候还来给我们上课呀?"听了孩子的话，我高兴极了，一种莫名的喜悦涌上心头。学生的认可让初为教师的我，第一次感到了做教师的幸福!

"雄关漫道真如铁，而今迈步从头越。"小小的成功给了我不断前行的动力，我一定会不断学习，深钻教材，努力做到课前充分准备，课中讲授清楚，课后积极反思。遇到自己无法解决的问题积极向前辈和同事请教。坚持写教学随笔，丰富自己的知识水平，提高自己的教学能力。"小荷才露尖尖角"，我这初露头角的小荷将会迎风生长，任它雨打风吹，骄阳酷暑，终会昂首挺直。

捕捉教学契机，感受灵动之美

——我的习作教学叙事

培新小学　王　可

好的教学，我认为是源自老师把对生活和自身的认同融于教学工作的强烈意识。在日复一日看似枯燥的茫茫教海中，我庆幸自己没有失去教学的激情与灵感。回首审视自己的课堂教学经历，总有些许难忘的故事冲撞我的心怀，让我感慨不已。

记得前不久的一节语文课上，我正在讲台上声情并茂地朗读课文，却突然发现班上有名的"淘气包"张同学正忙着在书上涂涂抹抹，邻桌的同学也不时偷瞄两眼。看到这种情况，我气不打一处来，说："张同学，你在干什么呢?"被老师当场抓个现行，他变得吞吞吐吐，"没，没什么!""还狡辩!"我走上前，一把抄起他的语文课本正想揭穿他，只见一张卡片从书本里滑落下来。原来，他正在给我准备即将到来的教师节礼物呢，卡片上是我的Q版漫画形象。说实话，这漫画画得真不赖，神态逼真，惟妙惟肖，看得我都忍俊不禁。看我又气又乐的样子，班上几个"调皮鬼"胆子大了起来，纷纷起哄，"老师，让我们也看看呗!"我也不知道当时是怎么了?竟然如此放纵他们，答应了这无理的要求。可我哪里知道，这一看，局面完全失控了。整个课堂一下子变成了欢乐的海洋，每个角落都被笑声注满了，此时的他们如入无人之境，尽情地享受着这份意外的"灵动之乐"。

孩子们爽朗的笑声深深地感染了我，看到此情此景，我灵感迸发，做出了一个"改阅读课为习作课"的决定。都说生活是取之不尽的教育资源，那这个小小的闹剧不正是写作的最好素材吗?"同学们，你们愿意把这节快乐的语文课永远记录下来吗?"一语激起千层浪，大家齐呼"愿意"。看着孩子们一个个情绪沸腾的样子，我似乎读懂了新课标中所倡导的理念，"写作教学应贴近学生实际，让学生易于动笔，乐于表达"。

孩子们行文之前，我还是不太放心，担心他们抓不到主题，行文过散，或者陷入流水账式的毫无意义的记录。于是，我提议大家先来聊聊这个小闹剧带来的触动或感受。话音未落，孩子们争先恐后地各抒己见，对老师表情的变化描述得绘声绘色，对张同学"课上犯案"的情节讲得惊心动魄，就连旁观的吃瓜群众的笑声他们也没放过……课堂气氛的活跃程度完全超出我的预料。就这样，从乐到说，从说到写，一气呵成。20分钟后，我读着这一篇篇新鲜出炉、生动活泼的习作，如获至宝。

"柳絮因风起。"也许就是这份语文课上的意外"灵动"让孩子们的童心怒然绽放，一篇篇独具特色、不拘一格的动人习作如一股股清泉涌了出来，光看标题就令人耳目一新。比如《语文课上的爆笑事件》《张公子的惊险一刻》《老师脸上的"天气预报"》《我被传染了狂笑症》等，真是见真见情啊!读着文章中那字字挥洒个性、句句描述精彩的片段，我陷入了深深的思考。这节课上，我没有煞费苦心的习作指导，只是略加引导，但为什么学生却写下了精彩，记下了快乐，获得了成长呢?只因为他们实实在在参与了生活，完全是有感而发啊!

尝到了这样的甜头后，在以后的习作中，我努力创造条件，捕捉教学契机。听说科学课老师让孩子们泡豆芽，观察豆芽的变化。我想，如此细致的体验不正是写作的最好素材吗?于是，我让他们用观察日记的方式记录豆芽的生长过程。日子一天天过去，豆芽一天一个变化和长势。在泡豆芽的过程中，他们感受着生命的奇妙变化，内心也充满着渴望和期许，灵动的文字应运而生。当他们观察到小豆芽的皮泡皱了，就像是透明塑料纸裹着豆子，又像豆芽的外衣要剥落。这样就有了诸如“豆子的透明的外衣被水打透了，豆芽像伸出了一只胳膊慢慢把它脱了下来”的生动表达。

问渠哪得清如许，为有源头活水来。课标指出，“教师要为学生自主写作提供有利条件和广阔空间”。而“生活处处皆语文，语文时时现生活”的大语文观也体现出语文和生活是不能分割而论的。看来，在今后的习作教学中要把自己重新定位了。既要将“生活世界”引进教材，让孩子在生活中汲取知识的营养，也要抓住一切教学契机，和学生一起搜寻生活中最灵动的写作素材，为他们的写作插上隐形的翅膀，搭建起飞翔的舞台！

走进美读殿堂

东城区前门小学　金　莹

读，在阅读教学中占据着十分重要的地位；读，是阅读教学的主要手段。通过读，既能使学生领略语言文字的优美，又能体会人物的思想感情，加强对文章内容的理解与感悟。课标中指出：“小学各个年级的阅读教学都要重视朗读。”如何才能让学生在朗读中读出感情是要进行深思的问题。

《假如》这篇课文是一篇儿童诗歌，每段第一句都是一样的语句。我在教学这课时，采用了多种方式来激发学生的朗读兴趣。记得在课堂上，我让学生自愿结合成小组，用自己喜欢的方式进行朗读，最后进行全班的展示。小组活动开始了，学生们兴趣高涨地快速地分成了几个小组，他们迅速安排好了朗读的形式。有的小组一人读一句，有的小组一人读一小节，还有多种多样的形式，有的小组甚至还情不自禁地加上了动作进行表演读。“这个小节你应该把‘马良的神笔’这几个字加重读。”“读到最后了，你应该在最后几个字的时候放慢速度，你看就像我这么读！”学生们都在饶有兴趣地朗读着，有的还互相给予指导和点评。孩子们就这样你一言我一语地在课堂上很是认真地读了起来。

看到孩子们这样的状态，我又顺势引导“你们把课文的最后一小节自己再想象一下，再试着把它补充完整吧！”听到这，他们小眼睛一转，感觉好像又有了新的小挑战，立刻又开始了练习。有的说“假如我有一只马良的神笔，我会给山区的小朋友们画许多图书，让他们再也不会读不到有意思的图书。”有的说“假如我有一只马良的神笔，我会给地球画很多绿色的植物，让雾霾再也不会出现。”还有的说“假如我有一只马良的神笔，我会画一个温暖的家，让山区的小朋友再也不会感到孤独。”可见孩子们的心是善良的、纯真的，每个小组都有自己的想象，有自己的创意。

接着，我又说“既然大家读得都那么好，我们加上音乐再来读一读吧!”听到加上音乐这四个字，孩子们一下子又兴奋了起来，个个都跃跃欲试。“哪组先来呢?”我问。每个孩子都把小手举得高高的，都想马上走到台前来展示。展示开始了，只见他们胸有成竹地走到台前，迅速站好位置后就美美地读了起来，“假如我有一支马良的神笔，我要给窗前的小树画一个红红的太阳。”读到这，他们把双手高高举过头顶，抬头向上望去，好似眼前就有一轮红日，带给他们希望。接着，他们边指着自己的双腿边读，“假如我有一枝马良的神笔，我一定给不幸的朋友西西画一双好腿，还他一个健康的身体。”读到这里，能够感到他们的语气中带着对不幸的朋友的关心，眼神中透露着对朋友的关爱。坐在下面的同学，也不由自主地跟着台上的同学一起朗读、一起做动作。

看到孩子们现在的样子，我不禁陷入了沉思。我想，这样的美读方式让孩子们兴趣高涨，同时他们又特别喜欢，也可以让他们更加深刻地体会到课文内容的含义以及课文的情感，更有助于他们对情感朗读的练习和提升。所以，在以后的课上我也更加注重培养孩子的美读兴趣和能力。在《回声》一课的教学中，为了更能让孩子体会到青蛙妈妈和小青蛙交流时候的情感以及回声的内涵，我让孩子们把自己当作一只小青蛙，蹲在地上模拟青蛙的样子进行朗读，让学生读出小青蛙的兴奋与好奇。通过尽情地朗读，和文本亲近，揣摩小青蛙的心情，这也激发了学生对小青蛙心理的多元解读。

所以，我觉得在平时的语文教学中，指导学生朗读是必不可少的一部分，要在课堂上给予学生充分的时间让学生进行朗读的训练。在朗读中，充分给予学生自我想象、自我体会的空间，让学生带着自己的情感和理解读一读，从而提升感情朗读的能力。低年级的孩子更要注重兴趣的培养，要在课堂上运用多种方式来激发孩子的朗读兴趣。兴趣是最好的老师，有了兴趣，再加以指导，学生的朗读水平就会有所提高，从而引领学生走进美读的殿堂，感受美读的魅力。

“我非子”与“子非我”

北京市第一七一中学附属青年湖小学　马文雯

春秋战国时期庄子和惠施曾围绕着“子非鱼”进行了辩论。而在我的班里，虽然没有发生“子非鱼”的辩论，但是我却发现在一场场“表演”中，他们了解到了“子非我”和“我非子”的含义。

事情发生在“语文表达课”上。因为这个年龄段的孩子的确表达不清自己心中所想，而且不大爱说话的孩子不在少数。所以我将课程内容调整成表演教材中的《猴子捞月亮》，希望孩子们能在互动中打开自己的心扉。

“表演”也是一种“表达”，因此我便目不转睛地关注他们的“表达”过程。我发现在表演的时候，有的组是“表演”，有的组是“念书”，有的孩子注意了肢体表现，有的仅仅是干站着。接下来，我便带着所有的孩子再次回到课本中，寻找角色，体会角色，以便让他们习惯发掘内心的想法。我们一起发现着旁白的娓娓道来，小猴子的调皮和灵动，大猴子匆匆跑来要带喘息，老猴子的年龄特点。以及文中猴子倒挂的细节是从老猴子开始，小猴子在最下端，体会“一个接一个”。看着孩子们被我模仿一个又一个角色的时候的乐不可支，我也是在这个时候才恍然一年级部编本“和大人一起读”的设计是如此的美好——分享我们不同的读书角度和快乐，让我们更加了解彼此心中的观念。

新的“改变”发生在二次表演的讨论上。这次的事件出现在“说话”上。三组组长是个平时不爱多说话，属于乖巧绅士型的男孩小君，而与他出现“问题”的是我的男课代表，是个平时很活泼的男孩子。下课的时候课代表跑到讲台跟前一脸“我很生气”的表情跟我说：“马老师，小君老换剧本，先是让我做长颈鹿，然后让我做兔子，接着让我做瘸腿乌龟，最后还让我做空气!”表情中充满了委屈。我便把小君和课代表俩人一起叫到办公室，让课代表对着小君重复了一遍对我说的话。我问小君：“你听了他说的话，你是什么心情?”小君说：“不开心。”“那你觉得他什么心情?”我接着问小君。小君说：“生气不开心。”我看课代表的表情有些松动，我就趁机问小君：“所以你能告诉我们俩，你是怎么想的吗?”小君才磕磕绊绊的说：“他不喜欢这些角色，我就说换个剧本，好让他演他喜欢的角色。”“我猜，他不想演这些，你想让他也参与进来，所以才不停地换角色，这是一种‘着急’对吗?”小君点头同意我。我接着说：“所以要把‘我想让你也参与进来，但是你不喜欢这些角色，我有点儿着急，你能告诉我你怎么想的吗’这句话说出来，他就知道你并不是故意换来换去了。”我看向明显眼眶有点儿红的课代表，“同样，如果你也说，‘我不喜欢这些角色，让我演空气的时候我很伤心。’而不是只是表现出来‘我在生气’了。你得跟小君说你的想法，你不说，小君就不知道，小君知道了，也能更好给你安排角色了。”我再次向小君说着心里话：“马老师觉得，这次让你当组长其实是一种挑战，平时并不怎么说话的你，也要想着‘怎么说才好’，协调你们组里的任何可能发生的情况。何况你们组奇思妙想的小朋友那么多，你怎么样才能把大家聚在一起做好一件事呢？这也是很重要的问题。我希望你接下这个挑战。”小君似乎没想到我会这么说，但是想了想，他还是点头说“我明白了”。之后小君有找我说他们组的分配，也说了说之后他的组内协商情况。我想，这也许就是在改变了吧。

其实，我们做老师的教会孩子的不光是道理，更多的是教会他们了解自己以及对于别人的接纳。苏格拉底说：“认识你自己。”我想，在表达这一关上，孩子们不光要“说”，还要“说的是真实的自己”，说自己的真实感受，坦白、坦率、坦诚。“我非子”“子非我”，只有相互明白自己要说的是什么，才能更好地相互交流与合作。我总觉得，通过这两次的活动课，自己内在的孩子也在跟着他们一起活跃起来，和他们一同见证成长。

同一个词语，不同的味道

——低年级学生个性化朗读能力的培养

东城区史家教育集团史家七条小学　孙宇鹤

刚上班的第一周，秀鲜主任听我的推门课。课上我领读含有生词的句子，学生跟读。课后点评时，主任指出：“读句子，尽量避开跟读，跟读不利于学生反馈对句中新词的理解。低年级教学重在词语积累，要让学生在理解运用中积累。跟读是无法把握学生理解与否，又如何有效达成这一教学任务呢？你要认真学习《语文课程标准》，领悟其中的精神啊。”在主任的点拨下，从刚一入职，我便在师傅齐丽嘉老师的引领下，认真研读《语文课程标准》，感触颇多。

2011 版《语文课程标准》指出：“各个学段的阅读教学都要重视朗读和默读。”“阅读教学特别要珍视学生独特的感受、体验和理解”。在执教人教版二上第七单元第 26 课《“红领巾”真好》一课时，我依据儿童好胜心强、形象思维占主体的年龄及心理特点，创设有利于学生表演展示的诵读活动，让同一个词，读出不同的味道，更好地促进低年级学生个性化朗读能力的形成。

“同学们，自己读读第一、二小节，用横线划出小鸟动作的词，用圆圈圈出小鸟声音的词”。孩子们迅速拿起小铅笔划划圈圈。

反馈时，孩子们准确有序地将圈画出的词一一说出。学生边说，我边迅速地在实投下圈画出相关的词，并把“蹦蹦跳跳、叽叽喳喳”两个词卡贴在黑板上。

“同学们，诗歌的语言很美很美，有时候，一个词就是一个画面。你们都来读读这两个词，在你脑中，你会看到谁？它在哪儿？做什么呢？”话音未落，只见有的孩子闭着眼睛展开想象，有的孩子边想边做出了动作。

“谁来读‘蹦蹦跳跳’这个词，先想你脑中的画面，然后做出动作来读词。”班里最活跃的小 A 举手了，他大步走到讲台，先双脚微微离地小跳两下，继而上下挥动胖乎乎的小手极力、迅速地大跳两下，这两下频率相当快，嘴里读出“蹦一蹦——跳跳”小男孩读“蹦蹦”时声音低沉，读到“跳跳”时声音高而上扬且有一种努力地向上够的感觉。

“你为什么要这样读呢？”

“因为我这只小胖鸟要蹦到高处的树枝上，有点困难。”说完，他笑了，同学们跟着笑了，我也忍不住笑了。

我得意地欣赏着这位可爱的小胖，说“你读出了文中的你，多么的了不起！”

小 C 不甘示弱地举起手，说，我脑中的小鸟是正在从这个树枝跳到那个树枝上，去找好朋友。说完，她在原地跳了两下。又向前方跳了两下，边跳边读出“蹦一蹦——跳一跳”，她的声音轻快而活泼。

“你为什么这么读呀？”我追问她。“因为我的好朋友在前面等着我玩呢，我要去找他！”

这一刻，我为我的教学感到满意，其实更多了份得意。

我得意于自己依据学生的年龄特点、心理特点，创设了让学生想象画面的环节，让学生读出文中的自己，促进了二年级学生富有个性且独特体验的读。师傅常说，词语是有温度、知冷暖的。这个小小的教学环节，让我对这句话有了更深刻的体悟：每个孩子都是独一无二的个体，孩子所读出、演出的那种情感，恰恰是他们的生活经历、对于事物的感知、对于词语本身理解的叠加。在阅读中，我们无法给出一个唯一的标准，他们在阅读中所传达出来的情感表达就是他们内心最真实、最深刻、最独特的体味。

我还得意于孩子们的内心世界是那么的纯真与美好。一个看似普通的词语，在孩子的口中，表达出的是一个不服输、勇于坚持的胖孩子，表达出的是一个渴望交朋友、与朋友一起玩耍的小姑娘的美好的心愿……

这一小小的教学环节，让孩子们在游戏、表演中感悟属于他们的那一份童真。为学生搭设了“想画面”“做动作”读出自己内心真实的体会与感受的实践体验平台，为之后学生运用“想画面”“做动作”这一方法，有感情且个性化地朗读提供可以触碰到的抓手。正如叶圣陶先生所说：“吟诵就是口、耳、心、眼并用的一种学习方法。亲切的体会在不知不觉之间，内容与理解化为自己的东西，这是一种可贵的境界。”

静待花开

史家实验学校　韩凯旋

泰戈尔在诗中曾经写道：“花的事业是甜蜜的，果的事业是珍贵的，让我干叶的事业吧，因为它总是谦逊地低垂着它的绿荫。”怀着对叶的事业的向往，我选择了教师这一神圣的职业，始终坚持“一切为了孩子”的教育准则，努力发挥像叶子一样的无私奉献精神，静待花开。

记得一年级刚刚开学，我认识了 42 个可爱的小朋友们。从此，我们开始每天朝夕相处，我们一起学习、一起生活。一年级重要的是会认字、会识字和会写字。教师要在学生真正会读、会写、会运用的基础上，激发学生的读书兴趣，让学生自主读书，在广泛的阅读中提高学生的语文素养。另外，对于一年级学生要注重培养他们的学习习惯，如：查工具书的习惯、质疑的习惯、背诵的习惯以及读书与看报的习惯。这些要求表面看来是学生动手、动脑的多了，教师在课堂上讲得少了，而实际上广泛的阅读绝非一日之功，学习习惯的养成绝非一日促就，在这种长期的训练中，如何让学生保持高涨的热情，怎样让知识转化为技能，让技能转变为习惯，成为我最大的困惑。

在小学语文一年级课文《日 月 明》这一课中，我让学生们大声朗读课文，我再讲解每一个字的组成，告诉大家可以利用“加一加”的方法来记住新的生字。我讲得非常细致，可孩子们却并不感兴趣，一个个低着头玩儿自己的铅笔、橡皮等。我当时立即停下讲课，维持课堂的秩序。课下，我陷入了思考：为什么学生上课听我讲生字会注意力不集中呢？我和有经验的老师们求教，他们告诉我：一年级学生注意力集中的时间短，这是一件很麻烦的事情。要想在整个教学活动中让学生对学习汉字保持兴趣，就不能单单以一种形式进行教学，不然学生的兴趣一下子就没了。要引导学生在“玩”中学习，满足学生对学习的好奇心，这样能促进学生学习。游戏是孩子最愿意做的事情，在课堂中，找准与教学内容结合的游戏，让学生把课“玩”起来，做到在玩中学习、玩中思考。

后来，我就采用小游戏的方法来教学生们识字。再次上课的时候，我问大家一个问题：“为什么灭是由一加上火得来的?”孩子们边思考边看着我，这时候，我将蜡烛点燃，用玻璃片平放到火苗上，于是火就灭了，学生们的小眼睛都聚精会神地盯着我这里，不禁“哇”的一声表示惊叹，我看得出他们特别感兴趣。整节课，大家听讲都很专注。我当时特别开心，觉得这样做不仅激发学生识字的兴趣，而且让学生热爱上如此有趣味的课堂。

还记得在《操场上》这节课中，我组织学生玩“词语传递”的游戏。课前，我把“打球、拔河、拍皮球、跳高、跑步、踢足球”这些需要学生掌握的词语写在纸条上。游戏时，第一个同学看到词语后，通过自己的理解把词语转化为动作，表演给下一位同学，让下一位同学来猜再表演给下面的同学。经过传递后的词语，孩子们很快就记住了，而且整节课大家都特别专心。课下，孩子们告诉我说，“韩老师，我特别喜欢上语文课”，我当时很欣喜，问孩子：“为什么呢?”“因为每一次语文课您都可以带我们做游戏，和别的课不一样。”孩子边说边笑，我感受到这样的课堂深受学生喜爱。我发现孩子们是那么有自己的想法，有自己的创造。在真实的有情境的实践中，孩子们各方面的能力得到了锻炼，他们把自己对词语的理解淋漓尽致地表达在自己的表演中，兴趣确实是孩子们最好的老师。如果我们给孩子们创造机会，他们就一定会给我们意想不到的惊喜。

孩子是祖国的花朵，是未来的希望。我会像绿叶一样在自己的职业生涯中，用爱心来对待孩子，用诚心来鼓舞孩子，用热心去帮助孩子，用微笑去面对孩子，用自己的人格来影响孩子，静静地聆听花开的声音。

让每个孩子都盖起自己喜欢的“房子”

体育馆路小学　王　岩

一次作文习作课上，我要求学生写一篇描写景观的作文，在学生动笔写之前，我已经将景观作文的写作方法交给了学生，指导学生如何进行写作。但是，当我把作文收上来评判的时候，发现了一个问题：很多学生的作文写得如同走马观花一般，只是粗略地把自己的看到的景物景观写了下来，在结尾处也只是简单地写上一句："我喜欢这里""我爱这个地方"。总之通览全文，给人的感觉就是十分的空泛，没有自己的情感或是感触。整篇作文就像是一座摇摇欲坠的木板房。

我是一名去年入职的新教师。现在教四年级的语文，而对于语文的整个大环境还是很陌生的。一名合格的语文老师，除了要有创新的思维，一腔的热血，更重要的是要有丰富的经验。有了丰富的经验才能在教学中承前启后，才能在教学中根据以往的经验进行辅导，才能根据时代的发展和理论的进步不断改善自己的教学方法。而这一切正是我所欠缺的。我想：做人要脚踏实地，就像盖房要夯实地基。于是，我把学生作文的这次现象记录在了我的日记本里，而在此时，我不禁想到，学生的作文不就是像在盖房子吗，为什么学生的作文像一座摇摇欲坠的木房子，正是因为没有一个扎实的地基，缺乏一个精致的装饰。写好作文，不是一朝一夕的事情，写作文就像我这名新教师所欠缺的经验一样，是需要积累的，而这个积累就是学生们在平时的阅读中，在平时生活中，留心观察，把所见所闻，以及由此引发的感悟及时记录下来的过程。无论哪种作文都离不开生活，离不开积累。以这次的写景作文为例：在教学中，我们指导学生写这种作文的基本架构，启发和引导学生如何介绍所观察的景观，如何移步换景把顺序介绍得更加清楚，如何在结尾总结，抒发情感。

于是，在接下来的教学中，我给学生留了一项特殊的作业：周记。不要求字数，不限制题材，目的是让学生去发现生活中的变化，记录自己的成长，畅所欲言。这就是积累的过程。同时，我也不给学生要求死了，不限制孩子的观察与思考能力。因为四年级的孩子已经有了一定的思维能力，他们面对的人、事、物都有了自己的想法，如果这些想法不加以积累，时间长了就会慢慢忘却。所以，需要他们能够及时记录下来，写下来的过程就是一次记忆深加工的过程，就是一个思维调整的过程，就是一个感情升华的过程。同时，在课上，我在黑板上画了一幅画，告诉学生：想要盖多高的楼取决于地基有多深。写作文就像在搭房子，想要建造坚固稳定的房子，重点在于挖地基！反之，就像在沙子上建房子，很快就倒塌了。所以，地基深不深决定了这个房子牢不牢固。作文的地基就来源于生活积累。没有平时的观察与积累，地基就是薄薄的一层，就算上面盖了怎样豪华奢丽的建筑，也终会倒塌。

有了深厚的"地基"，又有了课堂上学到的写作方法，那么下一步就是丰富作文内容了，这就像是我们房子的内部装修一样。建好了房子，干巴巴的摆在那里，肯定不好看。怎样去修饰就显得尤为重要，要想让作文内容更丰富，就要有一定的修辞手法和自己的情感感悟。同样是描写秋日的落叶，单纯的写，“秋风吹过，叶子纷纷落下”，过于简单。而加以修饰，变成“秋日渐凉，一阵秋风吹过，树叶恋恋不舍地飘了下来，一片金黄，仿佛漫天飞舞的金色蝴蝶一样。”稍稍加了一些修辞，就使文章读起来更加舒服。就像北京市特级教师张立军老师说的：“把很短的问题越想越长也是一种本领。”作文亦如此，把很短的、很干枯的词句加以修饰就是一种本领，而在日常的教学中，培养学生这种修饰能力也很重要。除了修辞还有就是融合在作文中的自身情感。对于美丽景色，每个人都会有自己想要抒发的情感，感慨也好，赞美也罢，都是不尽相同的。加在作文中，就可以让文章更有色彩，就像建筑的内部装饰一样，让人看出温暖与温馨。

慢慢地，我发现孩子们的作文开始有了变化，就像冬去春来，那些破土而出的嫩芽一般，有了不一样的颜色，更有的孩子开始爱上了写作，享受着写作带来的心灵洗礼。我相信，不久的将来，这些孩子们一定可以建造出属于自己的那栋美丽的“房子”。

不同的花朵　同样的绽放

天坛东里小学　高　姗

每个孩子都是一朵含苞待放的花蕾，他们努力地生长着。一花一世界，每一朵花都有属于自己的花期、属于自己的魅力。教育，便是用心去呵护每一朵花蕾，倾听每一朵花开的声音，期待每一朵花儿的绽放。

我的班级就像一个大花园，班里每个孩子都是一朵花，一朵有一朵的灿烂，一朵有一朵的芬芳。正是花儿们无时无刻地表现着自己的个性，才能让我们这个大花园充满色彩、充满生机。作为一名年轻教师，我认为在教育孩子时，让他们能发挥自己的个性，并且尊重他们的个性是十分重要的。

二年级上学期的《语文园地》中有一个小短文，讲的是爷孙俩骑驴，图画中爷爷坐上不是、孙子坐上不是、两个人都坐上被议论、爷孙俩走着也被议论。课堂上我问孩子们，如果这样的情况发生在你的身上，你会怎样？和我的课前设想差不多，大多数孩子们都说自己会把驴让给爷爷坐，自己走路。也有的孩子表达出不要太在乎别人的看法，要根据自己的实际情况来决定谁来骑驴。这样的回答很符合我的课前预设，于是我准备进行简要的总结。可就当发言即将告一段落时，角落里一位孩子高举着手，执意要表达自己的见解，他自豪地说：“肯定是我坐，因为我爷爷特别爱我。”话音刚落，班里像炸开了锅，孩子们纷纷投来异样的眼光并议论甚至批评起这位勇敢率真的小男孩：“一点儿也不孝顺!”“他可真自私!”。当时的我，因为急于进入下一个环节，也忙打断孩子，批评过他的自私行为后就草草了事，看着孩子有点委屈的小脸，课后我陷入了深思。

这个孩子其实是诚实的，在日常和爷爷的相处中他感受到了爷爷的爱，所以才会在课堂上有这样的发言。面对一头驴到底应该谁来骑，他第一时间想到了爷爷对他无微不至地关爱，这一点是难能可贵的。相比较之下，之前发言的孩子口中说着孝顺、关心，又有几位是会真正落在实际行动上的呢?显然并不好说。而后来这位受到谴责的小男孩，我相信因为他看得到爷爷对他的爱，他的心中也充满着爱，所以在以后的成长过程中，随着年龄的增长，他定会用实际行动去报答长辈的关爱。

语文教学中我们往往会关注教材，关注教材要传达给我们的主题、主旨思想、甚至隐藏在一幅图中、一句话中的道理，而孩子们的回答稍有偏颇我们便会打断孩子的发言，阻止孩子继续说下去，千方百计地引导孩子在我们的预设下说出文本的内涵，其实这些道理随着老师的引导，学生都会说出来，但是究竟会有多少是落在实际行动上的?我们往往很少去关注。

事后，我找到这位“生活在爱里的小男孩”聊了聊。这个孩子从小就在爷爷家长大，爷爷对他无微不至地关心，一直陪伴他成长。他跟我说：“这个世界上他最喜欢的人就是爷爷，如果有一头驴爷爷肯定会让他坐，如果我不坐爷爷肯定就不走了，我会先坐上去，然后边走边说服爷爷，我会告诉他，我已经长大了，爷爷已经老了，该我照顾您了。”

这节课后的思考告诉我，在课堂上听到不同声音，一定不要指责，甚至不应该去打断。每个孩子都有自己的成长环境，都有自己的思维方式，要尝试着站在他的角度考虑，多些信任，信任他会说得很好；多些理解，理解他这样想一定有他的道理。只有消融了教师自身观念上的冰雪，帮助学生在语文学习中去抒发自己的真实见解，孩子们才会打心眼里爱上语文。而从小鼓励孩子们独立思考、尊重个性，不用固定的模式要求孩子，每篇文章都让孩子用自己的感受去解读，老师再去引导，语文教学才能真正做到“有教无类”。这样才能在语文的大花园里让每朵不一样的花儿绽放出同样耀眼的光芒。

万紫千红总是春

——教学相长

东城区西总布小学　陈　焕

我是一名小学二年级的语文老师，我教两个班的语文课，每天要给70多名孩子讲课。每个孩子的听讲情况、学习兴趣和成绩都不相同。有些孩子基础较好，每天只要上课听讲，成绩就非常好，而有一些孩子，本身识字量就很少，很多字都不认识，却每天动不动就闹情绪，十分让我头疼。

今天要说的就是让我记忆犹新的一节课。马上就要进行单元测试了，这节课是本单元的最后一课。我们班里有一个这样的小男孩。据别的老师说，这个男孩子一年级的时候成绩就很差了，语文甚至还会出现不及格的情况。我觉得很诧异，这个孩子成绩是有多差，一年级这么简单的卷子竟然都能不及格。我和这个孩子也接触了一段时间了，他经常闹情绪。今天，他上学迟到了，从外表上看他情绪不太对。已经上课十几分钟了，他的语文书还没有打开。他打着瞌睡并且慵懒地伸着懒腰。我着急地走到他的座位边，让他把书打开。“都上课多久了，书怎么还没打开？”他充耳不闻，继续发呆。我的火一下子上来了，但是我深知为人师表的重要性，我缓和了一下情绪，温和地重复了一遍刚刚说的话。谁知下一秒他“哇”的一声就哭了，并且朝我大喊大叫。我当时也震惊了，反思自己并没有说错什么，但是他就“爆发”了。为了不影响其他同学上课，我让他坐到了前排的一个空座位上，继续我的教学。过了一会儿，他的情绪平稳了，告诉我其实是因为早上不高兴了，所以才会乱发脾气。下课后我和他聊了几句，告诉他乱发脾气的坏处。“孩子，你心情不好老师可以理解，可是在课堂上这样做会影响其他同学听课，是很自私的表现。有什么问题咱们可以下课再说，而不是大哭大闹。你现在知道自己的问题了吗？”“对不起，陈老师，以后我再也不这么发脾气了。”他不好意思地低下了头。我和蔼地说：“你这么可爱，老师非常喜欢你，如果你能懂得控制自己的情绪，你就是个更棒的孩子了！”“是吗？老师，以后我一定好好听讲，积极举手回答问题。”孩子的眼中充满了希望的光芒，他又变回了平时那个活泼可爱、天真烂漫的样子了。

这节课发生的事引起了我的深思，我扪心自问，是不是我的教学方法有问题，不能做到“因材施教”。对于这种基础较差的孩子，我是不是应该多关注他们？制订一套更适合他们的学习方法？后来，我就开始慢慢摸索新的教学方法。在这个时候，我的师傅成为了我的指路明灯。她把两个班语文基础不好的每个孩子的情况都跟我一一解释了，告诉了我他们最薄弱的环节，并且教给了我应该怎样提高他们的成绩。我听了之后犹如“醍醐灌顶”，马上实施了新的教学方法。

有的孩子语文基础不好，我就鼓励他们多读词，每次发言正确了，我就会带领孩子们给这些同学鼓掌，增加这些孩子的自信心。课上让孩子们自己读课文的时候，个别孩子读不好，我就会让“小老师”去教他们读，帮助他们树立自信。下课改错的时候，我也会给这些基础较差的孩子进行单独辅导。因为他们写字不太规范，很多笔划都有问题。范写一遍他们看不懂，我就一次一次地范写，直到他们把错的字完全改对为止。只要孩子们有一点点的进步，我都看在眼里，用眼神鼓励他们；记在心里，用小奖状激励他们。现在这些孩子的成绩从原来的六、七十分变成了现在的八、九十分，作为他们的老师，我心里感到十分欣慰。不管每天有多么辛苦，流下了多少汗水，看到他们拿到卷子时开心的笑脸，我认为一切努力都是值得的。

现在我的教学水平有了一些进步，虽然和前辈们相比还有很大的提升空间，但是比去年已经强了许多。

热爱学生是教师的天职，它远比渊博的知识更重要，得到老师的关爱，是每个孩子的心愿。每个孩子都是不一样的，都是有差异性的，所以教师要懂得因材施教。我也懂得了要在孩子的缺点中发现他的优点，并且把优点最大化。我今后会更加热爱我的工作，把我对孩子们的爱和热情平均地分给每个孩子，关心、呵护每个孩子的成长。

每个孩子都是一颗小树苗，需要老师努力去浇灌，终有一天会长成参天大树，枝繁叶茂。每个孩子都有自己的个性，都有闪光点。作为教师，我们要去发掘他们的优点，而不是一味地苛责他们，我们要有恒心、有耐心、有爱心。我相信“万紫千红总是春”。每个孩子都能收获自己的精彩，也都能在未来成为祖国的栋梁之材！

学生内心的呼唤

东城区新鲜胡同小学　高翔宇

我是一名小学语文教师，同时也是一位班主任。虽然我教学的时间并不长，但我始终抱以学习者的态度不断地完善自己，丰富自己的学识。教学中，我处处以身示范，真诚地关心、帮助学生，努力做一个学生喜欢的老师。

一次我们学校组织学生走进“比如世界”，那里有美丽的房屋、宽阔的马路、高大的电视台……就像一个缩小版的“社会城市”。学生们目不转睛地看着周围的景观，充满了好奇。参与活动过程中，他们体验了不同的职业，例如体验消防员职业，学习又快又稳地收放水带，为救援争取更多时间；体验银行安保员职业，严肃认真地押送重要资金；体验糕点师职业，发挥创意，亲手制作美味的糕点。我在一旁为他们加油鼓劲，用镜头记录下他们努力的瞬间！活动一天回来，让人出乎意料的是学生们脸上没有一点疲惫，兴奋地互相交流活动感受。他们竟如此喜欢职业体验，为何我不顺应学生内心的呼唤，在班内也开展一次有关职业的实践活动呢？我把这个想法告诉了同学们，教室里立刻沸腾了，看着他们露出一张张笑脸，让我感到无比幸福，我想这才是对学生真正的热爱吧！

这次实践活动以“我的小小职业梦”为主题，先由学生选择职业调查对象，制定计划，再走出校园，亲自去观察、采访，最终确立自己的职业梦想，并为之努力。在活动准备课上，大家集思广益，团结协作，有的聚在一起讨论调查的详细内容，有的动笔写下采访的问题，还有的在一旁出谋划策。我也走到他们身边，认真倾听，并提出一些可行的建议。在学生实践之前，我还积极联动家长，让家长也参与其中，有效的家校联合，让整个活动顺利进行。

实践过程中，学生利用平时和周末时间，调查身边的职业，比如上下学坐地铁时，观察地铁志愿者的言行，主动与他们交流；坐公交时，记录售票员工作的内容；走进社区，采访工作人员如何维护社区安全，保护社区环境等。学生随时拿着纸笔记录，用心倾听，真挚地交流，收获颇丰。让人印象深刻的是有一位小女孩，从小就敬佩医生，励志长大后成为一名医务工作者。她主动请我和家长帮忙，让她能够去医院参观和采访医务工作者。在我们的协助下，她和我们终于一起来到了医院，当看到医生一个接一个地为病人服务，连水都顾不上喝时，她感受到了医生工作的艰辛，但这并没有让小女孩改变自己的梦想，而是使她立志做事越来越努力，因为只有这样才能挽救更多的生命！

在最后的分享课上，学生们踊跃发言，交流调查的结果与感受。他们怀着一颗善良的心去解读每个职业背后人们的付出与价值。一位同学跟我们分享道：“我的父亲是一位建筑工程师，平时工作忙，很少能陪我。借着活动的机会，母亲带我来到了父亲的工作单位，一进办公室便看见父亲专注地在绘制设计图，我们悄悄地坐下，不愿意打扰父亲。之后父亲告诉我，图纸上的很多数据都要反复检查，一分一毫都不能有误差，只有这样才能建出又牢又稳的高楼。我从未见过如此认真的父亲，打从心底对父亲多了一份理解与敬佩！”我想对这位同学而言，这不仅是一次职业调查，更是一次心灵的成长与感悟！还有一个同学的发言让我终生难忘，他自豪地说道：“我的妈妈不是商人，也不是企业家，她是一名普普通通的环卫工作者。每天凌晨，当我们正在甜美的梦乡中，我的妈妈已经起床了，披星戴月地出门清扫马路。她从不叫苦叫累，为北京的环境卫生贡献着自己的力量！”我和同学们被他的发言深深触动，是啊，职业不分贵贱，真心地为社会做出贡献才是最值得我们敬佩的。此次活动学生们的口语交际能力、观察能力、合作能力大大提高了，他们还能不拘形式地写下自己的见闻和感受，从父母和社会工作人员身上汲取着能量，正是这些正能量鼓舞着他们对职业的向往，鼓励他们努力向自己的职业梦想靠近！

这次实践活动使我也颇受启迪，让我知道了只要我们敞开心扉，倾听学生们内心的呼唤，尽可能多为学生创造自主参与的机会，把课堂真正地还给学生，学生们一定会带给我们意想不到的惊喜！教育是人的教育，我要让教育充满生命力！

展开想象的翅膀，放飞诗意的童年

——我和孩子们与诗的故事

东城区 北京第一师范学校附属小学　丁　珊

“同学们，今天这节课我们来上一节有趣的儿童诗课。你们高兴吗？”

“高兴！”孩子们眼中散发着兴奋的光芒。

“我们不仅要学习好多有趣的儿童诗，还要成为小诗人去创作诗歌呢！”

“写诗？怎么写？”“我可不会……”“妈妈说，诗可都是大诗人才能写得出来的呢……”我的话音刚落，教室里的“小鸟们”瞬间开起了会，叽叽喳喳个不停。刚刚的兴奋与高兴也一扫而空，一张张笑脸暗淡了下来。

而刚踏入工作岗位的我，教材还没有摸索透，又被告知要在一年级开展儿童诗的校本课程，也和此时孩子们的心情一样：不知所措。一年级的小豆包们大字还认识不了多少，写下几句完整的话还需要老师指导，一节课创作课下来，我和孩子们都身心俱疲，孩子们想不出写什么，而我也不知该如何去指导他们。原本应该兴趣盎然的儿童诗课程却成为我和孩子们面前的一道鸿沟。

我和孩子们该如何去跨越它？诗该怎么写，又该怎么教孩子去写呢？我陷入了深深的沉思之中。辗转反侧，无从着手之时，我随手翻开课本，一首首小诗映入眼帘，之前的教学中我仅仅关注了生字的习得，现在换个角度来看这不就是极好的儿童诗创作的素材嘛！我眼前的鸿沟上似乎出现了一座通往彼岸的木桥。

于是，我以教材为依托，在识字、写字的基础上，带着孩子们欣赏儿童诗，感受诗的节奏与韵律，鼓励他们大胆发挥想象力与创造力，根据课文的句式进行仿写。每每写完，我都会郑重地发给孩子们一张稿纸，请他们认真地誊抄，并且为自己的作品配画。孩子们会惊奇地问："老师这就是我们创作的诗吗？""没错，不过我们现在是在仿写，慢慢地我们要写真正属于自己的诗。""哦，原来写诗也挺简单的。""还特别好玩呢！"慢慢地，我发现诗歌离孩子们不再遥远了，每学完一首诗歌的课文，他们都特别愿意去仿写，从开始的一句话，逐渐到一小节，几小节。孩子们的创作欲望愈发强烈，仿写似乎已经不能满足它们无尽的想象力了。

于是，我带着孩子们走出教室，来到操场、花园。我们仔细观察每一棵树，每一朵花，每一片叶，回到班里，一起分享。我鼓励他们大胆去想象，和同桌比作。除了校园景物，食物、学具、动物、四季都成了我们观察的对象，也成为了我们创作的源泉。

渐渐的，我发现当孩子们根据自己的体验说出自己观察到的景象并进行创作时，他们的语言是极具个性的，是浑然天成的。孩子们的想象力和创造力远是我们成人无法想象的，在他们的世界里，一朵花，一片叶都有着生命，都有着和他们一样的喜怒哀乐。著名儿童诗作家金波曾说："儿童是天生的诗人。"的确如此，孩子们诗中大量的句子本就是他们自己的语言，他们借助诗歌来展现的正是自己的奇思妙想。而教师要做的，就是引导学生善于观察和发现，再结合自己的想象去创作，并且用文字记录下来。

就这样我和孩子一起跨越了那道看不见的鸿沟，真正来到了"诗意的国度"。一学期过去了，我把孩子们的作品集结成册，在家长会上和家长们分享。假期，孩子们随父母外出游玩，还随身携带着本子，随时记录下自己的灵感，俨然小诗人的模样。看到孩子妈妈发来的信息和照片，我知道诗意的种子已在孩子们的心里播种，而且正在慢慢地生根、发芽……

现在，如果你走进我们的班级，问到孩子们最初的问题，他们会自豪地告诉你："我们都是小诗人！"海德格尔曾说："人，诗意地栖居在大地上。"作为教育工作者，我愿在孩子们的心灵里播种一粒诗意的种子，伴着他们展开想象的翅膀，放飞属于自己的诗意童年。

百花齐放

我叫赵一，是培新小学的一名语文老师，也是一个热爱生活的姑娘。作为一名年轻教师，在工作中我总是尽量多地学习身边同事的经验，让自己尽快变得老成持重。而生活中，我则充满了年轻人的活力。我有很多业余爱好，静到喝茶、焚香；动到木工、黏土，都是我之所爱。最爱之一就是快板了，身为老北京的我从小喜欢曲艺，接触、学习、表演快板增加了我的自信，也为我的工作提供了不少的素材。把快板带给孩子们，和他们一起打快板于我更是教学相长！相信它会更好地为我的工作和生活服务的！

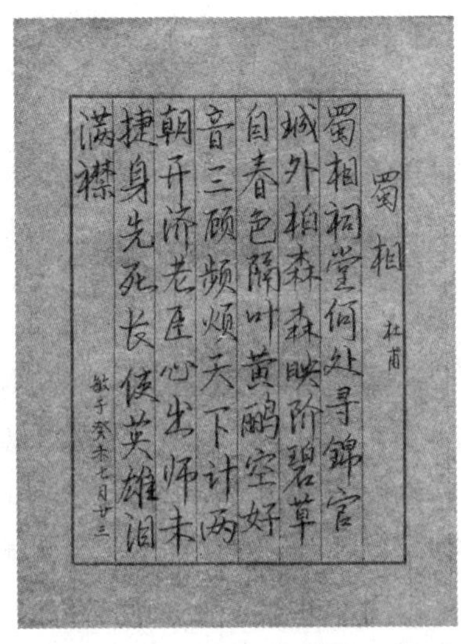

北京市东城区地坛小学 王敏 蜀相 书法

莲手绘板　安外三条小学　刘洋

科研引领

小学语文教学中读与写的有机结合

东城区教师研修中心　宋浩志

很多教师在阅读教学中非常注重设计读写结合的训练，力图以读促写，以写促思，达到发挥学生的主体性，发展学生思维，提高语文素养的目的。但从课堂教学效果看，很多教师设计的读写结合训练，在教学中似乎只是一个摆设，为写而写，目的不清的现象还比较常见。在一次下校听课中，一位教师执教《卖火柴的小女孩》，在学习小女孩五次划燃火柴看到幻想中的景象这一部分时，教师极力想引导学生体会小女孩的可怜与她幻想的美好，但教师仅仅让学生读一读，再说一说小女孩在火光中看到了什么。课接近尾声的时候，老师设计了一个读写结合的训练：面对这个卖火柴的小女孩，你想对她说点什么呢？请你写下来。很多学生看着老师发愣，或低下头，迟疑地在纸上写下诸如“小女孩你真可怜”“和你比我很幸福”之类的极为简单又乏味的一两句话。学生读与写的活动很被动，成为了一件不得已而为之的事情。这样的教学，自然效益低，学生的主体性更得不到充分的发挥。

作为以学生为主体的语文课堂教学，强调在教学过程中充分注意到学生的主体特征，遵循学生的生理、心理发展规律和认识特点，创设民主自由和谐的学习氛围，真正使学生主动参与到学习语言文字的运用中。在学习语言文字运用的过程中，教师必须激发学生的学习兴趣和主动探索能力，促进创新意识的形成，成为终身学习者。在阅读教学中要充分发挥学生的主体性，注重读与写的有机结合是一条很重要的途径。读写结合注重，读中有写，写中有读，以读促写，以写促读，以读写促听说。读以文本为基础，写展现学生的创造的空间，在读写训练过程中，带动听说能力的培养，全面提高学生的语文素质。读与写的有机结合，给学生的学习语言文字的运用提供了空间，利于学生主体性的发挥。

一、实现读与写有机结合，要挖掘教材，找准读写训练点，抓住学生的兴奋点。

实现读与写的有机结合，教师必须深入钻研教材，挖掘教材的空白点、延伸点、有价值的思维训练点，以读激发兴趣，捕捉学生的真切感受，拓展写的空间，让学生乐于动笔。文本中的描写动情处、词句优美处、生动有趣处、思维创新处，都可充分利用，成为读写训练点。

一位教师执教四年级的课文《去年的树》，教师重点抓住课文中“一棵树和一只鸟是好朋友。鸟儿站在树枝上，天天给树唱歌。树呢，天天听着鸟儿唱”这句话展开教学：教师首先让孩子说说从哪看出树和鸟儿是好朋友，让孩子品味“天天”一词的意思，学生有了初步的感受以后，教师让学生带着自己获得的感受读读这两句话。在此基础上，教师设计了引读的训练：教师请同学们听清老师读的内容，然后你来接读。第一次读课文原文，教师引读：一棵树和一只鸟是好朋友。学生接读：鸟儿站在树枝上，天天给树唱歌。树呢，天天听着鸟儿唱。第二次教师引读：当大树孤单寂寞的时候，小鸟飞来了，它来干什么呢？学生接读：鸟儿站在树枝上，天天给树唱歌。树呢，天天听着鸟儿唱。第三次教师引读：刮风、下雨的时候，大树用自己的树冠为小鸟遮风挡雨。小鸟呢……学生继续接读课文原文。第四次教师引读：无论温暖的春天、炎热的夏天，还是凉爽的秋天，大树和小鸟始终形影不离，学生仍接读原文。读后，教师请学生谈谈通过这样的朗读，有什么新的体会。由于读的设计将学生充分带入树和鸟儿的情感世界里，学生与这一对好朋友的情感产生了共鸣，再谈就很深入了。教师接下来设计了写的训练：小鸟唱不够、大树听不厌的歌一定有打动人的歌词，请你展开想象，把自己当作小鸟，写一写这首歌的歌词。学生很快拿起笔展开丰富的想象，虽然写的是鸟儿所唱的歌词，但实际上是倾吐着自己的心声，倾吐着对友谊的赞颂。

从这个环节的设计，我们可以看出老师和孩子们一起合作朗读课文，孩子们仿佛变成了可爱的小鸟，读得不仅充分而且入情入境，“写几句歌词”的环节，使学生不仅情动、心动，而且笔动，思维得到了发展，运用语言文字的能力得以提升。鸟儿所唱的歌没有歌词，在教材中是一个空白点，教师正是抓住了这个空白点，将读与写有机的融合在一起，以读激情，为写做好准备，写又充分地给学生提供了自由表达的空间。

二、实现读与写的有机结合，要关注言语形式，将言语形式与文本内容结合起来，在发展语言的同时发展思维。

语言文字的魅力之一在于同样的意思，表达的方式不同，遣词造句不同，它所承载的语言文字的情味和意蕴也不同。教学中，教师要关注语言形式，引导学生在读中感悟，在咬文嚼字中体会语言表达的特点，从而激发学生的好奇心，对文中语言形式产生浓厚的兴趣，不吐不快。

一位老师在执教人教版二年级下《三个儿子》一课时发现，课文按照事情的发展顺序，叙述三个妈妈在井边打水时分别介绍自己的儿子。课文写到，在三个妈妈打水回去的路上，只有一个儿子跑过来接过妈妈的水桶，这时候，一直跟着三个妈妈的老爷爷说他只看见了一个儿子。文章中人物较多且人物对话较多，文章为很好地区分人物使用了“一个……又一个……另一个”的句式。为了培养学生的表达能力，练习清晰、明确的表达，课后练习中安排了此项练习。

教师在第一课时学习文本的基础上，第二课时引导学生体会文章在叙述三个妈妈介绍自己儿子时采用的“一个……又一个……另一个”的句式的好处，让学生明确文章正是因为采用这样的句式才能够表达得准确、清楚。然后借助文章的一个空白点——三个妈妈拎水的情景，让学生结合自己的生活实际，试着用“一桶水可重啦！一个妈妈（ ），又一个妈妈（ ），另一个妈妈（ ）”，说一说妈妈拎水时什么样。这样的读写结合的设计，既借鉴了文章中的相关内容，又丰富了此环节的描写，既按照一定的句式进行了说话训练，又进一步体会了妈妈拎水的辛苦。在学生能够借助句式进行说话训练的基础上，教师又一次丰富教材外延，创造性使用教材，借助文章的结尾令人深思、耐人回味的特点，让学生走进人物内心世界，想象妈妈、儿子听了老爷爷的话后会想些什么呢。用写话的形式加以表达，此时的写话，既深化了主旨，又练习了写话，并与前面的说话形成训练梯度。

再如《杨氏之子》一课中，表现了杨氏之子的善听、妙答、反应快、机智的特点，在充分引导孩子理解之后，教师设计语言运用情境：若是来访的是李君平、黄君平，雄君平……想想杨氏之子又会如何作答？并也用文中的句式说一说，再写下来。学生兴趣盎然地写道：

李指以示儿曰：“此为君家果。”儿应声答曰：“未闻李子乃夫子家果。”

黄指以示儿曰：“此为君家果。”儿应声答曰：“未闻黄鹂乃夫子家禽。”

熊指以示儿曰：“此为君家果。”儿应声答曰：“未闻狗熊乃夫子家野。”

学生笔随心动，有话想写，有话可写，既训练了语言表达，又促进了对文本的进一步理解与积累。

美学家宗白华说过，内容人人看得见，涵义只有有心人得之，形式对于大多数人是一个秘密。当教师引导学生揭开了这个秘密时，学生的兴奋之情溢于言表，主体性自然得到了发挥。

三、实现读与写的有机结合，要充分发挥文本的例子功能，将文本作为写的素材，整合文本资源。

人教版五年级的课文《钓鱼的启示》，讲述的是在34年前，“我”和父亲去钓鱼，由于离捕捞鲈鱼开放的时间还差两个小时，爸爸要“我”把好不容易钓到的又大又漂亮的鲈鱼放回湖里，当时“我”对爸爸的做法很不理解，甚至感到十分“沮丧”，但最后“我”还是依依不舍地把鱼放回了湖里。34 年后，“我”从自身成长的经历中深深体会到“一个人要是从小受到这样严格的教育的话，就会获得道德实践的勇气和力量”的道理。

一位教师在教学中，提出了一个话题：如果你是文中的“我”，钓到这样的鱼，你愿不愿意放回湖里。学生都摇摇头，表示舍不得。于是教师请学生好好读读课文，从文中找出理由来劝说爸爸不放鱼，写一段话。同时老师还提出三个要求：第一，认真阅读课文把理由尽量找全，第二，这些理由先说哪个再说哪个要安排好，第三，怎样写能打动爸爸，要融入自己的情感。在教师的引导下，学生认真阅读文本，提炼文本信息，并这些信息加工处理，转化成自己的语言，写出了一段话。学生写得很生动，教师在与学生的互动交流中，引导学生充分认识到了“道德无非是一个是与非的问题，可是实践起来却很难”这句话的含义。

从这个教学课例，我们可以看出，教师引导学生以读为基础，为写做好了充分的准备，写又是读效果和学生个性的一种展现，教师在执教这篇课文时没有挖掘空白点，也没有利用它的语形式，而是把文本作为学生写的训练素材，在对文本写的再利用中充分发挥了学生的主体性。

总之，“读”与“写”要有机结合，方能相得益彰，方能充分调动学生的情感体验，激活学生的生活积淀，使个性得以发挥，语文素养得以提高。

提高小学中年级学生语文听说读写能力校本课程的实践研究

东城区和平里第四小学　吴田荣　孔晓珊

一、选题缘由

站在国家教育发展培养的人才观，三级课程设置的课程体系角度，校园文化建设、培养学生目标的诸多角度，以提高学生听说读写能力为目的，开发我校校本课程和一套学生用校本教材。面向中年级段的学生，寻求符合中年级学生认知规律，心理发展需求的校本教学培养途径，引入古今中外名家名篇，丰厚学生的语言积淀；采取丰富的学习方式，激发学生参与学习的兴趣。根据语文学科特点，关注情感教育，夯实学生知识的积累，注重综合素养的提高，达成学校育人目标。

二、研究过程

本课题研究以培养小学中年级学生听说读写能力为体系构成训练系列；在丰富的课外阅读、校本实践活动中提高学生的听说读写能力；在研究中着力从以下几方面展开探索与实践。

（一）倾心投入，选编经典

历经两年的不断打磨，课题组老师遵循学生认知规律，精心筛选适合我校中年级学生特点的优秀读本，《我爱阅读》中年级校本训练系列用书已经编撰成册。《我爱阅读》课程开发过程中，是教师浸泡在经典中汲取精华的过程，为了选择适合学生年龄特点、训练目标的优秀读本，课题组老师在工作之余反复阅读大量的相关书目，在这一过程中教师的阅读量也大大提高了，滋养了心灵，丰厚了语文教师的文学积淀。【附 1 校本教材目录】

具体到选编的每个篇目，我们进行了更加细致的梳理，板块的设计意图更加清晰，便于学生阅读文本，提升能力。

【阅读导航】——与作家或作品对话，为语言阅读体验“热身”。

【片段共赏】——认真品读名篇原文或精彩片段，针对问号与叹号的提示进行思考、批注，提高品鉴能力，积累语言，提升认识。

【阅读思考】——将读后的思考与收获与大家分享、交流，可以写点评，也可以大胆猜测情节，还可以评价人物……

【阅读小贴士】——提炼一些行之有效的阅读方法，从而逐步提高学生阅读能力。

【阅读延伸】——读书思考后，进行词语积累和佳句欣赏，课外阅读的延伸将不断开阔学生视野。

【阅读成长】——针对此次阅读经历进行及时、多元、个性化的反思，记录学习心得。

《我爱阅读》的编制，关注学生阅读动机的生成，选取文质兼美的经典范本，重视激发学生的阅读兴趣，课堂实施的内容安排、组织形式等尽可能地满足他们的心理、生理特征，引发好奇心，刺激兴奋点，让学生乐读、爱读，使阅读成为他们的内在需求，成为生活中的一种人生体验，成为一种全新的生活方式。运用这套中年级校本教材，开展有计划地、系统地学习，更为注重学生的听说读写能力的整体提高。

（二）综合训练，提升素养

“义务教育阶段的语文课程，应使学生初步学会运用祖国语言文字进行交流沟通，吸收古今优秀文化，提高思想文化修养，促进自身精神成长。工具性与人文性的统一，是语文课程的基本特点。”从长远人才培养思考，读优秀的文学作品，特别是读经典名著，最能丰富人的精神世界，提高人的审美能力和综合素质，提升个人阅读取向。从近期学生成长思考，我们又发现品读经典范本，可以增强学生学习的欲望，引发学生深层次的思考，提高个人思维品质。结合学生的年龄特点、认知能力、训练要求，我们选取了古今中外丰富的优秀文学读本，向学生传递真善美的情感，培养社会主义核心价值观。

1. 营造阅读氛围，有兴趣的阅读

为了激发学生的阅读兴趣，我们努力创设条件，营造浓郁的读书氛围，使孩子们去吸收阅读的新鲜空气，处处享受丰富的精神食粮。如出每一期壁报、学习园地。孩子们不仅有书可读，而是形成了让学生沉浸其中而不忍离开的磁场，营造书香环境和氛围，让学生真正与文化结缘，时时刻刻呼吸带有书香的空气，得到美育的启迪。

2. 制度有力保障，有针对性的阅读

为了营造良好的阅读氛围，让学生沉浸于书海的滋养中，资源带全体师生共同努力，深入开展了“书香浸润童心，书香溢满校园，书香滋养情怀”的阅读工程，在丰富的阅读活动中使学生获益。每周五下午，资源带各校区的同学统一安排一节课的“经典诵读”时间，《三字经》《弟子规》《唐诗》《宋词》《论语》《老子》等经典国学成为各年段学生的学习读本，琅琅书声响彻校园。

通过开设校本课程：童蒙诵读、国学经典课……从课时制定保障学生参加丰富多彩的语文实践活动，激发学生的创造潜能，培养学生听说读写能力，全面提升了语文素养。

3. 探索多种课型，提升阅读能力

关注学生阅读动机的生成，选取学生感兴趣的书目，课堂实施的内容安排、组织形式等尽可能地满足他们的心理、生理特征，引发好奇心，刺激兴奋点，学生乐读、爱读，使阅读成为他们的内在需求。培养学生阅读品质，让阅读有速度，阅读有方法，阅读有发现，有思考。

《我爱阅读》校本课程的研发，使书籍成为学生的良师益友，但是只顾自己埋头苦读，而不能与老师、家长、同伙伴交流读书的心得，分享读书的收获，那么对提高语文的综合素养收效甚微。因此，读书交流活动是促进学生阅读的有效途径，大大激发了学生的阅读兴趣，最大限度地调动他们阅读的积极性，提高阅读品质。在具体实施的过程当中，没有固定的课程标准，没有参考教案，更多地要靠课题组各位老师的共同探讨，大胆实践，根据学生的阅读情况来确定课型。在引导学生学习阅读，深入阅读，最终实现快乐阅读的过程中，课题组主要通过以下几种课型展开实践研究：

课型一：学案指导课

利用《我爱阅读》校本教材，以学案形式呈现，指导学生诵读经典，边读边思考，提高理解能力、想象能力、评价能力等；摘录好词佳句和感想相结合，学写读书笔记和读后感等形式。校本教材是以主题单元建构的方式来编排的，试图通过一个单元板块实现某一方面主题的阅读指导。学生通过学习，形成相对完整的阅读体验或知识体系，从而不断达成提升听说读写能力的训练目标。训练体系是一个系统的整体，序列按《课标》提出的教学总目标在各年级段，各册教材的单元中落实。具体分四个层次：年段总目标——大单元目标——小单元目标——课时目标。

“板块式教学思路”就是一节课从不同角度，有序地安排阅读导航、片段共赏、阅读思考、阅读小贴士、阅读延伸、阅读成长六个“块”状分布的教学内容或教学活动。即学习的内容、学习的过程都呈板块状分布排列。下面以“一首纯真的情感赞歌”——《夏洛的网》一课为例，具体呈现课堂训练板块。

【阅读导航】在这个感人的故事里，夏洛用蛛丝编织了一张爱的大网，这网挽救了威尔伯的命，更让我们看到了它身上的那种无私奉献的牺牲精神。让我们赶快走进《夏洛的网》，感受这张“网”带来的感动吧。

【片段共赏】本课呈现的两个片段，选取了“夏洛是怎样费尽心思地想出办法来帮助小猪的”和“又是怎样昼夜不停地编织不一样的蛛网的”这样两个片段。选取内容充分展示了夏洛对朋友信守承诺，与小猪威尔伯之间表现出的真挚友谊，读来让人感动。片段的最后，还给学生继续阅读留下了悬念：到底这样的方法能不能救小猪，有效地激发学生阅读兴趣。

【阅读思考】让学生思考“在小猪威尔伯最需要帮助的时候，为什么只有夏洛在全力以赴呢？夏洛耗尽自己的力量帮助威尔伯，连自己的孩子都没有看到，你对此有什么感受?”这样提问则充分调动学生的发散阅读思维，进行多角度个性化阅读的训练。

【阅读小贴士】教材中带有问号的批注是教给学生一种读书的方法：在阅读时要边读边思考，阅读并不只是读故事。故事中有作者的思想，有主人公的思想，也有读者的思想。常问自己一些小问题，带着思考阅读能更加深入的理解文意，这样读书的收获也更为显现。

带有叹号的批注是让学生留下自己阅读时的感受和体会，提高思考力、表达力和想象力。

【延伸阅读】这是一部关于友情、爱与忠诚的感人童话，你想用什么方式表达此时的感受呢？是创作一首小诗，还是给夏洛或威尔伯写一封信，告诉他们你的想法。

【阅读成长】运用自主、小组和教师等多种及时、多元、交互性的评价方式，记录阅读活动全过程。以学生心理认知活动为中介，关注学习过程中听说读写各项能力的综合运用，加上及时多元的评价，阅读、思维与表达相结合，做到边阅读、边思考、边表达，使学生养成爱阅读、勤思考、善表达的阅读习惯。

课型二：阅读导读课

中年级学生该读什么书？该怎样读？这在传统的语文教学中是没有涉及的，所以学生的阅读很盲目，缺乏有效的指导和评价。开设“课外阅读导读课”，主要的目的如下：一是激发阅读兴趣，二是传授阅读方法，三是提高学生听说读写能力。依据这样的目的，确定导读课的内容和基本框架，下面以四年级上册的“在勇敢和坚韧中前行”——《蓝色海豚岛》为例，解析课外阅读导读课教学流程。

1. 导读激趣，了解内容，形成初步印象

对于整本书的阅读，学生头脑中不仅有这样的问题：作者是谁？封面什么样？讲述怎样的故事？导读课就是解决这样的问题。让学生对于这本书有个初步的了解，产生积极的阅读期待。

课堂上教师这样引导，让孩子们用熟悉的《鲁滨孙漂流记》，想象这部《蓝色的海豚岛》—女版的《鲁滨孙漂流记》，讲述的是一个怎样的故事。通过弟弟的悲惨遭遇，体会卡拉娜的心情。猜想她再次遇到害死弟弟的野狗时会怎么做？最后引导学生猜想一个人在孤岛上生活，面对离开的机会，卡拉娜会怎么做。一个个问题激发学生们去思考，去猜想，去阅读。

2. 片段赏读，畅谈交流，体验阅读乐趣

对于整本书，如何在一节课中了解更多的信息，引起孩子们的阅读兴趣，教师选取了精彩的片段，卡拉娜一个人在孤岛上生活的经历：采集食物以及生活的材料、自己制造武器，并捕猎大章鱼、面临野狗的威胁、做漂亮衣服、忍受孤独等等，学生静静地读书，走进卡拉娜的世界，分享阅读的感受。

创设生动的教学情境，让学生乐听、爱读；设置有趣的话题，让学生想说、会写。课上，播放卡拉娜和弟弟在岛上一段快乐的时光的录音，培养听话训练的好素材，在伴着海边海浪拍击礁石的声音，孩子们走进了这对姐弟俩，激发听觉，引发学生思维。

3. 感悟方法，阅读延伸，提升阅读能力

老师在导读中，不只是导这一本书，而是交给学生读书方法。当学生独自拿到一本书时，应该怎么读，通过这节课孩子们学到了可以读简介，读目录，同题材作品比较阅读。孩子们还可以边读边想象，边读边思考以及学习如何抓住要点，如何梳理故事情节，如何体会人物形象，如何做批注，写体会。教师还进行了跳读的指导，即有选择的读书，选择相关的内容有目的、有重点、深入地阅读。在这个过程中，孩子们的阅读能力有所提升，阅读量也在不断增加。

课外阅读导读课就是运用各种途径和方法，精心组织和指导学生课外阅读，培养学生良好阅读心境，通过阅读情境的创设，激起孩子阅读的兴趣，使孩子入境、入文、入情，在丰富多彩的阅读情境中，潜移默化的熏陶中爱读书、会读书。

课型三：汇报交流课

由于学生的喜好不同，理解能力不同，个性体验不同，自主阅读后学生会在老师的组织引导下将阅读收获、阅读感受等与大家分享交流汇报。学生各抒己见，畅所欲言，道其知，说其悟，谈其感，信息互通、资源共享、取长补短，在听说读写综合实践的过程中，达到共同提升阅读品质的目的。

学期初，三年级组开展了童话阅读月的活动，学生选读教师推荐四本童话书。在此基础上，课题组开展了“走进童话世界”的读书绘本交流课的尝试。根据学生阅读的童话书目，说感想、谈体会、议写法、析内容、评人物等。主要安排以下教学环节：激发兴趣　回顾阅读经历 → 借助阅读单　小组畅谈 → 互动交流　深化主题　拓展延伸

孩子们从不同的角度，或关注童话人物，或关注离奇的情节；播放精彩片段，引领学生走进童话读本描绘的情景中；绘本、插图的运用，引发孩子们大胆想象，从不同的角度认识、评价人物。

丰富大胆的想象、离奇有趣的情节，这就是童话的魅力吧！让孩子们再次走进读本，读描写爸爸的段落，相信别有一番情趣。

读书交流活动是促进学生阅读的有效途径，大大激发阅读兴趣，最大限度地调动他们阅读的积极性，阅读的质量。同学们细品、复述、体会、表演、介绍等，师生共享彼此阅读乐趣，交流阅读所得，在思想的碰撞中得到自我教育、自我提升、共同进步。

“课外阅读指导课”的类型比较多：读物推荐课、读物鉴赏课、师生共读课、读后讲述课、读物讨论课、读书笔记指导课、课外阅读检查课、读书

交流课等等。一年多来，《我爱阅读》中年级校本使用，可谓收到了较为明显的阅读提升。我们课题组选定：学案指导课、读物导读课、读物鉴赏课和交流汇报课等类型进行研究。教学中体现学生的年龄特点、学习水平、综合性、多元互动性，学生把阅读与听、说、读、写、画等多种渠道与媒介结合起来，以促进阅读习惯与阅读行为的有机整合。

4. 立足文本，丰富学生阅读

一个文本就是一种视野，而仅靠一种视野往往会限制孩子们对文本做出多元化、独特的解读和体验。语文著名教育家张志公曾经说过："我希望今天的学生，阅读面要尽可能宽一点，不要只读某一学科的书，要广泛博览，兼收并蓄。"我们利用校本课的时间带着学生背诵《论语》，赏析田园诗，走进文言文，共同感受古典文学的魅力；和学生一起走进神奇的童话世界，共同赏读《小王子》，感受美好的情感；在《红楼梦》《西游记》中品味经典，感受名著的魅力……

在课堂学习后，我们还引导学生进行丰富的拓展阅读活动：比如《一首纯真的情感赞歌》课后引导学生读《精灵鼠小弟》；《在勇敢和坚韧中前行》课后引导学生读"纽伯瑞儿童文学奖"金奖作品。校本课堂中还安排了丰富的语文实践活动，"日积月累""课外书屋"等丰富形式进行课外阅读延伸，激发学生的学习热情，培养学生听说读写能力。

从开设"我爱阅读"校本课起，本学期到现在孩子们的平均读书量是4本约40万字，不到一个学期我们就完成了课标对整个中年级要求的40万字的读书量。这样，就真正提高了学生的语文综合能力，为小学语文阅读教学开拓了改革性尝试新思路。

三、阶段研究成果

1. 校本教材的筛选与设计的研究

《我爱阅读》三、四年级四册校本教材选取了更加贴合学生实际的丰富书目，设定了更为清晰的阅读导引。选取文质兼美的经典范本，重视激发学生的阅读兴趣，课堂实施的内容安排、组织形式等尽可能地满足他们的心理、生理特征，引发好奇心，刺激兴奋点，学生乐读、爱读，使阅读成为他们的内在需求，成为生活中的一种人生体验，成为一种全新的生活方式。学生使用系列丛书的训练过程，可积累词汇、丰富语言材料，建立语感，同时提高审美情趣和综合素养。

2. 运用校本教材落实校本课堂实施的研究

课型一：学案指导课

利用《我爱阅读》校本教材，以学案形式呈现，指导学生诵读经典，边读边思考，提高理解能力、想象能力、评价能力等；摘录好词佳句和感想相结合，学写读书笔记和读后感等形式。校本教材是以主题单元建构的方式来编排的，试图通过一个单元板块实现某一方面主题的阅读指导。

课型二：阅读导读课

开设“课外阅读导读课”，主要的目的：一是激发阅读兴趣，二是传授阅读方法。三是提高学生听说读写能力。外阅读导读课就是运用各种途径和方法，精心组织和指导学生课外阅读，培养学生良好阅读心境，通过阅读情境的创设，激起孩子阅读的兴趣，使孩子入境、入文、入情，在丰富多彩的阅读情境中，潜移默化的熏陶中爱读书、会读书。

课型三：汇报交流课

由于学生的喜好不同，理解能力不同，个性体验不同，自主阅读后在老师的组织引导下将阅读收获、阅读感受等与大家分享交流汇报。学生各抒己见，畅所欲言，道其知，说其悟，谈其感，信息互通、资源共享、取长补短，在听说读写综合实践的过程中，达到共同提升阅读品质的目的。

3. 教师专业化得到有效发展

在教材研发、课堂实施的过程中，使教师进入学中研、研中教、教中学的良性循环。从校本教材的筛选与设计，到课堂教学的实施、反思、改进的螺旋上升过程，提升教师的教科研能力，实现教师专业化发展。

（1）在校本教材的筛选过程中丰厚教师的文学底蕴。为了选择适合学生年龄特点、训练目标的优秀读本，课题组老师在工作之余阅读大量的相关书目，在这一过程中教师的阅读量也大大提高了，丰厚了语文教师的文学积淀。可以说，我校《小学生“听说读写”训练系列用书》是课题研究所有参与教师的智慧结晶。

（2）教师主动投身于课题研究活动，自觉地主动投身于研究、实践之中，大大提高了教师的科研意识。校本教材的开发使用，也带动了学校一批青年教师的迅速成长，他们投身学生“语文素养提升”专题研究，积极进行公开课的展示，在教材的研发和应用中不断创新，自身教学能力不断提高。老师们撰写的与之相关的论文及案例分别获全国及市区级奖项，影响广泛。

（3）专家指导、专业引领，使得我们的课题研究更具科学性、严谨性，教科研能力也得以迅速提升，实现教师专业化发展。

4. 学生的语文素养得以有效提升

经过两年的研究、实践，我校中年级学生在全区质量抽测习作和表达题方面的测查中，失分率明显低于区失分率。从选材和语言表达等方面看，学生能力明显高于本年段学生。在全国“春蕾杯”和“叶圣陶杯”等作文比赛中，很多学生的文章脱颖而出，每每都能传回佳绩，学生的多篇作品在《语文导报》《中华活页文选》等刊物发表。

我们的研究注重学生学习习惯的养成和思维品质的培养，以听说读写综合能力的提高为着眼点，在积累与运用过程中，引领着学生扎扎实实走好语文学习的每一步，我们的校本课程真正激发了学生探索欲望，将学生听说读写能力培养落到实处。

课题组全体成员努力为学生打下坚实的语文素养基础，锻造自由宽广的语文学习空间而不懈努力。为切实丰厚学生传统文化底蕴、传承民族文化，为学生全面发展和终身发展奠定坚实的基础，让孩子的生命在阅读实践中更加精彩。在教材研发、课堂实施的过程中，使教师进入学中研、研中教、教中学的良性循环。从校本教材的筛选与设计，到课堂教学的实施、反思、改进的螺旋上升过程，提升教师的教科研能力，实现教师专业化发展。我们的研究任重道远。

【附 1《我爱阅读》校本教材目录】

【三年级上册】

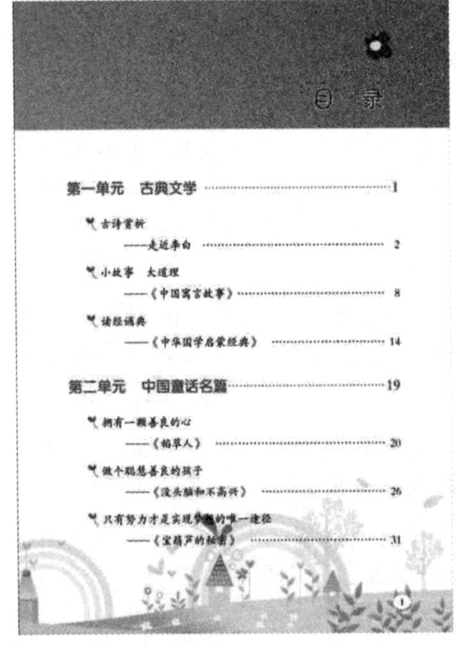

目　录

1

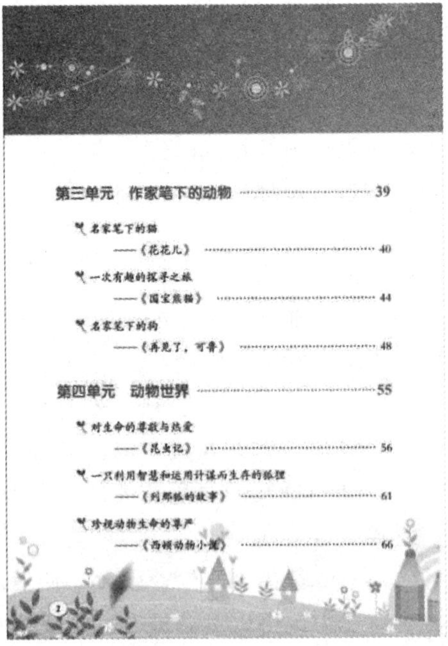

2

【三年级下册】

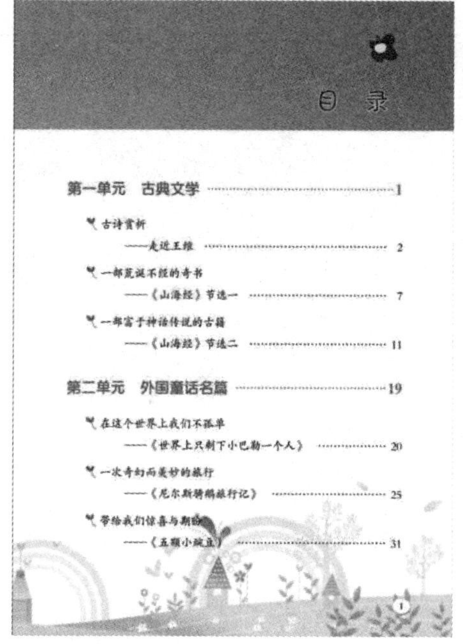

目录

第一单元　古典文学……1

古诗赏析
——走近王维……2

一部荒诞不经的奇书
——《山海经》节选一……7

一部富于神话传说的古籍
——《山海经》节选二……11

第二单元　外国童话名篇……19

在这个世界上我们不孤单
——《世界上只剩下小巴勒一个人》……20

一次奇幻而美妙的旅行
——《尼尔斯骑鹅旅行记》……25

带给我们惊喜与期盼
——《五颗小豌豆》……31

1

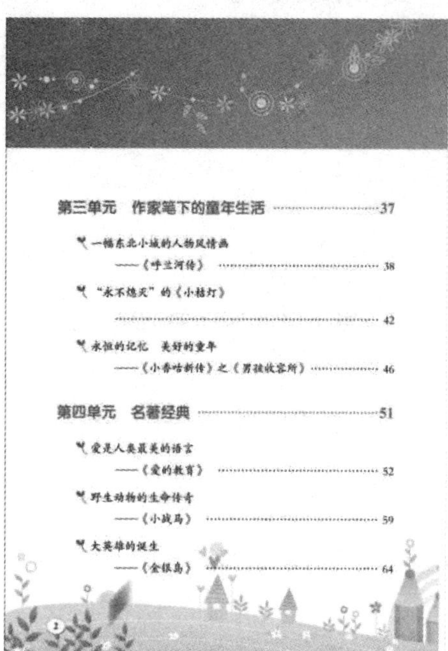

第三单元　作家笔下的童年生活……37

一幅东北小城的人物风情画
——《呼兰河传》……38

"永不熄灭"的《小桔灯》
……42

永恒的记忆　美好的童年
——《小香咕新传》之《男孩收容所》……46

第四单元　名著经典……51

爱是人类最美的语言
——《爱的教育》……52

野生动物的生命传奇
——《小战马》……59

大英雄的诞生
——《金银岛》……64

2

【四年级上册】

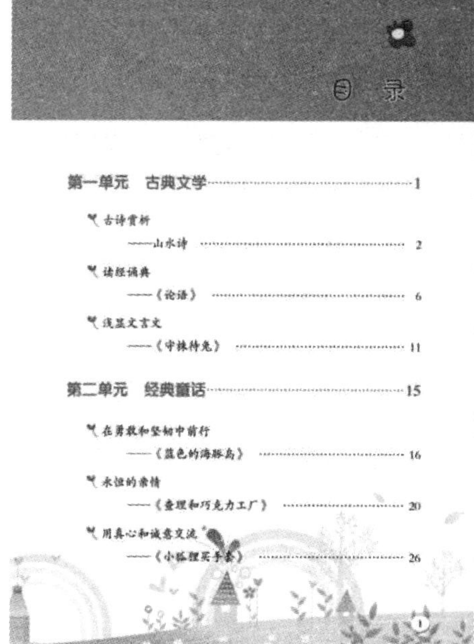

目录

第一单元　古典文学……1

古诗赏析
——山水诗……2

读经诵典
——《论语》……6

浅显文言文
——《守株待兔》……11

第二单元　经典童话……15

在勇敢和坚韧中前行
——《蓝色的海豚岛》……16

永恒的亲情
——《查理和巧克力工厂》……20

用真心和诚意交流
——《小狐狸买手套》……26

1

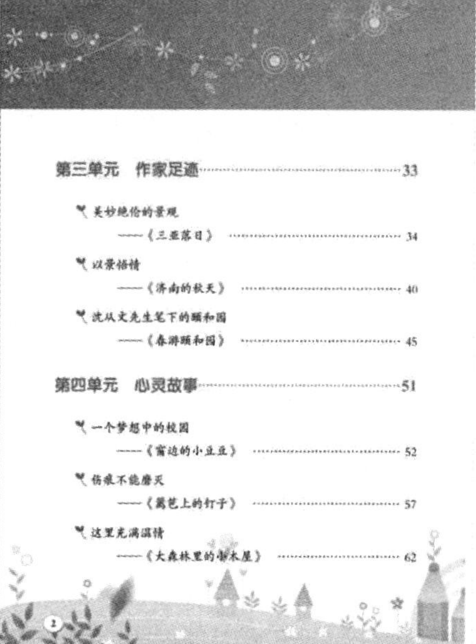

第三单元　作家足迹……33

美妙绝伦的景观
——《三亚落日》……34

以景抒情
——《济南的秋天》……40

沈从文先生笔下的颐和园
——《春游颐和园》……45

第四单元　心灵故事……51

一个梦想中的校园
——《窗边的小豆豆》……52

伤痕不能磨灭
——《篱笆上的钉子》……57

这里充满温情
——《大森林里的小木屋》……62

2

【四年级下册】

目 录

在组合阅读中培养学生的语文素养

和平里第四小学 黄 颖

“组合阅读”为学生提供了一个开放而活跃的语文学习平台。组合阅读让我们的学生获取信息的触角向外延伸，让学生多读、博读，以教材为中心，以课堂为中心向外延伸。小学阅读教学重点是“培养学生具有感受、理解、欣赏和评价的能力。逐步培养学生独立阅读、探究性阅读和创造性阅读的能力。”我校语文教师在研究组合阅读的过程中，将同主题文章从不同角度、不同层次地比较作为研究形式，课堂教学引导学生经过阅读—观察—分析—概括—再阅读进行比较—归纳—感悟等一系列的学习活动，发展语文能力，延展思维空间，培养学习语文的情感。正如心理学家所说：比较是人最珍贵的智力因素，是人们辨别、确定事物异同的思维过程和方法。可以说比较是一切理解和思维的基础，而在阅读中比较，在比较中阅读则让学生对语文学习有了更多的发现，更快的发展。下面以四年级第四组课文《猫》和《母鸡》、《母鸡》和《柱之上的母鸡》比较阅读进一步阐述。

《猫》是四年级上册第四组“作家笔下的动物”专题下的第三篇文章，

是老舍先生写的一篇状物抒情散文，课文细致、生动地描述了猫的古怪和它满月时的淘气可爱，文章结构严谨，条理清晰，语言优美朴实，浅显易懂，字里行间流露出作家对猫的喜爱之情。《母鸡》这课是老舍先生另一篇脍炙人口的佳作，描写了作者对母鸡的看法的变化，表达了对母爱的赞颂之情。课文以作者的情感变化为线索，前后形成了鲜明的对比。前半部分写了母鸡的无病呻吟、欺软怕硬和拼命炫耀，再现了一只浅薄、媚俗的母鸡；后半部分则描写了母鸡的负责、慈爱、勇敢和辛苦，塑造了一位“伟大的鸡母亲”的形象。作者对母鸡的情感由“讨厌”转变为尊敬。那么如何在阅读的比较提升学生的阅读素养呢？我首先将本课教学目标定位：

1. 回顾本单元学习内容，了解同一名作家如何写不同小动物，不同作家描写相同的小动物写法的不同。

2. 感悟作者笔下各种动物的特点，发现作者描写小动物情感共同之处。

3. 比较《母鸡》与《猫》《柱子上的母鸡》表达上的异同点。感悟老舍先生语言的魅力。

教学重点：

1. 比较《母鸡》与《猫》《柱子上的母鸡》写法表达上的异同点。

2. 感悟作者笔下各种动物的特点，感受作者语言的特点，发现作者描写小动物情感共同之处。

教学难点：引导学生自读自悟，体会母爱的伟大，并通过比较老舍两篇文章的特点，感悟作者的语言风格，加强语言实践。

课时伊始，我们首先回顾了第四组课文，接下来老师引导学生，其中《猫》的作者是谁你们还记得吗？（老舍）本组课文中还有一篇老舍的作品是？(母鸡)。两篇文章出自同一位作家之手，那它们有什么相同之处和不同呢？今天我们就在比较中进一步走进两部作品。学生在学习完两篇文章之后进行再阅读，比较《母鸡》和《猫》两篇文章的异同。在交流中学生谈道：(1) 在内容上不同，一篇是写猫的性格和可爱，一篇是写母鸡孵出小鸡前后的种种表现，写母爱。(2) 在情感的表达上，《猫》通篇都在写猫的可爱，无论是猫的古怪，还是猫的淘气，从始至终都是一种喜爱之情；而《母鸡》则写了由“讨厌”到“不敢讨厌”的情感变化，用前后的强烈对比，加深了对母爱的赞颂。都是对小动物的喜爱，但《母鸡》更多的是表达作者最后所产生的敬畏之情。由此可以看出学生感情很细腻，关注到了作家的情感，一篇是喜爱之情，一篇是赞颂伟大的母爱，情感相似。(3) 两篇文章的结构都非常清晰。《猫》写了猫的性格古怪和淘气可爱，由两部分构成，并以“小猫满月的时候更可爱”为过渡句，将两部分内容紧密地联系在一起；《母鸡》

可以明显分为母鸡孵鸡雏以前和孵出鸡雏以后两部分，以过渡段使文章浑然一体。段落的清楚让人读起来“一目了然”。在叙述动物的特点时，作者善于用总分段式。如写猫，先写“猫的性格实在有些古怪”，再具体写它的表现。写母鸡时，先写“我一向讨厌母鸡”，再写它令人生厌的三个方面。结构相近。(4) 老舍先生都是用生活化的语言去描述猫和母鸡，读者觉得像聊天，拉家常……语言相似。这一内容是孩子学习感悟的重点，我们引导学生：你能读一读两篇文章中这样的语句，带着我们感受一下吗？就像老舍先生在和我们说话，这样的语言还有吗？还有谁有同感也来读一读？同座相互听一听。

此时我们呈现了老舍先生的介绍，人们常说老舍先生的语言富有京味，读起来就像大白话一样。这源于老舍先生的生活，1899 年生于北京一个旗人家庭。生在北京、长在北京的老舍先生可谓是一个地地道道老北京人，过着普通人的生活，北京城大半个世纪发生的大事小情，生活的点点滴滴都被他当成创作的题材。他的作品贴近生活，语言亲切生活化。因此大家这样评价老舍先生：老舍作品通俗浅易，朴实、自然、无华。语言富有北京韵味，幽默亲切，耐人寻味。同学们再来感受一下老舍先生的语言魅力吧，谁想读一读这样的语言？读出了口语化的味道，老舍先生真不愧是语言大师啊！听了同学们的朗读，再回到这段文字看一看，这种体会是不是更深了呢？体会：老舍作品通俗浅易，朴实、自然、无华。语言富有北京韵味，幽默亲切，耐人寻味。以上过程是学生再阅读进行比较—归纳—感悟，顺学而导，不必强求答完整。

这是学生完成的第一次比较，梳理总结：(1) 在进一步欣赏老舍先生作品的同时，同学们的交流中其实也在学习如何在比较中欣赏文章，在读同作家不同作品时我们可以从哪些方面去比较呢？（从内容到情感再看表达。）(2) 那你们能说说我们在读同一作家作品《猫》《母鸡》时你有了那些发现呢？（学生具体说：内容不同，情感相同，语言相似，结构相近）此时教师引导：由此我们也看出一个作家的本色，无论写什么样的文章，作品中都会有自己的主张和特色，所谓文如其人就是这样。学生正是在阅读中不断比较，在文章内容、结构、语言，表达中有了认识和分析，可谓觅章得法。

在实践中第二次比较，请同学们按刚才的方法比较学习《母鸡》与《柱子上的母鸡》的异同。用这样的阅读方法再来读一读不同作家的相同题材的作品，看看大家会不会在比较中又有发现。可以读一读，也可以写一写，画一画。自读之后我们在小组中交流，开始吧。小组交流，学生相机写板书，学生以小组为单位进行汇报补充。预设一：《母鸡》描写了爱护小鸡的伟大母亲。《柱子上的母鸡》也是写母鸡保护小鹅故事，体现的都是母爱。（内容：相似）预设二：从情感上看，都表达了作者的喜爱和敬畏之情。读者因爱而感动！（情感：相同）预设三：都是通过具体的事例突出了小动物的特点。预设四：在语言表达上，《母鸡》更附有京味语言，而《柱子上的母鸡》语言中想象的部分很多。（语言：不同）预设四：结构不同，一篇为总分，一篇为按事情的发展顺序！（结构不同!），最后老师和同学归纳小结，在读不同作家相同题材的文章时有了怎样的思考？我们读不同作家的相同作品有什么好处呢？看到同样的事物，好比 40 多个同学看母鸡，看到的基本一样，可表达起来就不同了，可见一个题材语言的丰富多彩，各具特色！学习方法的迁移，使我们的学生对于文学有了跟多且更深入的感悟，在比较中的自读自悟，这样的学习举重若轻。

从课内到课外，最后再次推荐阅读：作家丰子恺的《阿咪》与老舍先生笔下的《猫》进行比较阅读。再来谈自己的发现……

一、在组合阅读中发展语言

课上教师引导学生对比阅读，组合的文章是同作家的不同作品，不同作家的相似作品。这不但是要认识一下文中所写的人物事物，而是要把两篇文章相关联起来，目的是发现规律。比如我们把老舍的《猫》和《母鸡》放在一起，学生正是在阅读中不断比较，在文章内容、结构、语言，表达中有了认识和分析，发现的规律是老舍的语言规律，特点是京味，朴实无华。让学生体会到老舍语言的魅力。最后变成一种文学化地对老舍的评价，浅显易懂。这就不是单纯的认识：猫多可爱呀，母鸡多有意思啊。我们要从这些跳出来，看到作者。看一篇文章就看文中的事物，而看多篇文章，研究的则是写文的人。老舍先生作品通俗浅易，朴实、自然、无华。语言富有北京韵味，幽默亲切，耐人寻味这一语言特点深深地印在了学生心里。而阅读《母鸡》与《柱子上的母鸡》的异同。下面我们试着用这样的阅读方法再来读一读不同作家的相同题材的作品，看看大家会不会在比较中又有发现，中外作家由于生活背景和时代的不同，文笔也大相径庭，可见一个题材，语言可以丰富多彩，各具特色！

二、在比较交流中激活思维

在强调培养创新人才的今天，发展学生的思维能力显得尤为重要，而比较阅读对发展学生思维的敏捷性和流畅性、灵活性和变通性、新颖性和独创性、深刻性和批判性都极具优势，尤其值得大力提倡。如何求同求异？思维有两个翅膀：一个是求同，一个是求异。求同在于认识事物的共性，求异在于发现事物的个性。比较阅读就是运用比较思维法，本身就是要从具有同一性的事物中寻找其差异，求异存同，以确定被比较对象的共同点和不同点。有比较才有鉴别。只有通过比较才能领悟到作者为什么用此而不用彼的奥妙。因此，阅读教学时，应当让学生从比较中理解，从比较中鉴赏，从比较中学到他人的遣词造句之艺术技巧。我区所倡导的组合阅读将大量的阅读实践放到课堂上来，使学生从一篇到多篇，从一文向一类，从一课向一单元拓展、迁移、总结、提升，帮助学生打开联系的视野，不断使学生生成新的发现，形成更丰富、系统的语言认知，产生更多元的思考，延展了学生的思维空间，真正提高了学生的语文综合能力。

三、在文学欣赏中培育情感

课标上对小学生课外阅读量的要求是，小学六年不少于 150 万字。一二年级学段不少于 5 万字，第二学段不少于 40 万字，第三学段不少于 100 万字。这个要求我们要尽可能大量地分配到我们的课内阅读之中。这样化解到我们的课内阅读中去，课内的阅读方法，能否迁移到课外的文章中去，并饶有兴趣地品味文学作品，我们的语文课就有“味道”了。正如我们特级教师张立军老师所说“文章思有路，遵路识思真。”比如说我们讲同作家的不同作品，我们要认识老舍先生，认识老舍的文风，老舍的为人，再进入老舍的《猫》，我们就能看到这猫真不一般。我们要找到一个规律。当学生提到老舍的文章竟是大白话，老师就要有所提炼，所以有人评价老舍的语言是浅显易懂，老舍被成为人民文学艺术家，因为京味十足，浅显易懂，让老百姓爱读，看看有多少这样的语言在文中显现出来了？举一反三。

我们的组合阅读意在谋求学生的发展，传承祖国优秀的文化，培养学生热爱语言文字的情感。可见，比较既是一个过程、一种方法，更是一种意识、一种思想。通过比较，可以凸显事物的共性或个性，深化理解，获得新的思维视角，拓展、提高自己的认识。这样的组合阅读丰盈学生的语文课堂，滋润孩子的心灵！

让语文阅读课堂充满人文精神

——浅谈阅读教学策略

东城区教师研修中心　王　彤

语文“是人类文化的重要组成部分”，语文中有着“丰富的人文内涵”。

因此语文教学特别是小学阶段的语文教学，对学生的情感、态度、价值观的影响是深远的。阅读教学是小语教学中极其重要的内容，“是学生、教师、文本之间对话的过程”，也是思维碰撞和心灵交汇的过程。这就需要语文教师挖掘教材人文精神的内核，给学生创造一个充满激情、充满个性、充满人文色彩的学习空间。从这个意义上说，教师在阅读教学中如何渗透人文精神，采用怎样的教学策略促使“工具性与人文性的统一”，就显得尤为重要。当然，这是一个很大的话题，此文仅就两方面问题，粗浅地谈谈自己的一些看法。

一、帮助学生完成积极的情感体验

语言文字是情感的载体，从阅读教材中汲取情感因素是丰富学生的情感世界，塑造其完美人格的重要途径。学生人格随着年龄的增长逐渐完善，逐渐定型，这个过程中他们需要从周围环境中寻找参照物来不断修正、调整自己。阅读的文本就是其中重要的参照物，所以语文教师要珍视学生的情感体验，要让课堂洋溢着“以学生为本”的人文情怀。语文教师要在阅读教学运用恰当的策略与方法，使情感能够在“润物细无声”中达到渗透。

1. 语言描述　引发情感

言语和情感是不可分的。课堂上教师主要用语言同学生进行直接交流，学生的情绪也最易受到教师语言的影响。教师通过语言的描绘，为学生创设具体生动的情境，不但能引发他们的情感，激起获取知识的欲望，还可以大大提高其阅读兴趣。为了营造特定的情感氛围，有的老师很注意教学语言的锤炼。

《梅花魂》一课表达了身在异国的华侨对祖国的眷恋之情，表达了作者对外祖父的深切怀念。有的老师这样设计：入课时播放一段录像，把严寒中绽放的梅花呈现在学生眼前，学生看着画面，老师深情地讲述：“故乡的梅花又开了，每当看到那朵朵冷艳的梅花，我总会想起慈爱的外祖父，想起小时候和他在一起的情景。”学生听着老师充满激情的话语，看着风雪中怒放的梅花，开始感受到了梅花不怕风欺雪压的傲骨。

教师要让情感进入课堂，首先就要被课文中的情所打动，教师的语言应该是自己真情的流露，是自己被感染后的表达。只有以自己的真情去感动学生，学生才能动心、动情，教师的情感“入乎其内”，教材的底蕴才会“出乎其外”，学生的心弦才会被语言文字内在的力量所拨响。

2. 启发想象　感受情感

教师挖掘教材中的情感因素，将对善恶美丑的褒贬有效地转换为学生的心理体验和心理冲动，必然要启发学生对课文语言进行丰富的想象，引导他们化无声的文字为头脑中鲜活的画面。

如果没有想象，学生就无法真切地感知语言。

《桂林山水》一课描写了桂林山和水的美丽景色。在体会桂林的山真奇的一段时，教师让学生想象桂林的山是怎样的奇特，除了课文中写的，你还能想象成什么？通过读书，梦幻般的美景会浮现在学生的头脑中，这是学生了解了语言文字后，融和着自己以往的经验、知识形成的形象。伴随着想象学生自然进入课文的情景，与作者的心灵产生沟通，与作者一起去观察，去体会，去感受。随着形象感染程度的加深，学生的内心也会不断掀起情感的波澜，这种情感共鸣促使语文能力达到一个较高的层次。

3. 运用媒体　创设情境

进行阅读语文教学，不注重学生的情感，不设置一定的情境是不行的。良好的教学环境能激发学生积极向上的情感，运用多媒体技术是创设良好教学环境的有力保证。利用多媒体技术，可缩短学生与课文的距离，并极大地调动学生的多种感官参与学习，使其深刻感受课文形象的魅力。

《军神》一课的教学过程中，教师借助信息技术，创设出了感人的教学情境。在对课文重点段落的体会之后，屏幕上出现了这样的画面：刘伯承头部连中两弹，右眼受重伤。当德籍沃克医生为他摘除右眼球时，为保护脑神经，未用一点麻醉药。镜头没有对准沃克医生，也没有对准刘伯承，而是聚焦了刘伯承抓住白色床单的手。这双手把崭新的床单拧得变了形，手背上青筋暴起，汗如雨下。此时耳畔不停地响起沃克医生做手术的声音，那声音像是刻在每个人的心上……看到这里，同学都被刘伯承的忍耐力所折服。与此同时，伴随着教师语言的渲染，在那样特殊的情境中，学生们感到刘伯承不仅在战场上用兵如神，面对常人难以忍受的疼痛时，所表现出的钢铁般军人的作风。这时学生对军神的认识得到了升华。至此，学生与老师、与文本、与编者之情融为一体，学生再次朗读时，对刘伯承将军的敬仰之情回荡在教室里，回荡在学生、老师的心间。

此时听课的人们都生发出这样的感觉，在适当的教学时机，运用恰当的媒体内容，真的是可以创设出情景交融的境界，这样的境界，怎么能不使语言文字产生一种巨大的感染熏陶的力量呢？那真是任何空洞的说教都不能达到的境地。

二、引导学生进行个性化的阅读

所谓个性化阅读，就是学生个体从书面语言中获取信息的活动。它是学生借助文本与作者对话的心理过程。这种阅读存在着鲜明的个性特征，个体差异。因此，“阅读是学生的个性化行为，不应以教师的分析来代替学生的阅读实践。”

在阅读教学中鼓励学生个性化的阅读，就是要求学生不去被动的掌握现成的知识，而是积极地开动自己的思维机器，主动参与到学习活动中，并努力赋予文本一些独特的感悟。这对于培养学生创新精神是必要而且重要的。因此阅读教学应该尽量多地给学生创造切实的阅读实践机会。

1. 关注个性化的朗读

阅读是个性化的认识活动。鼓励学生进行个性化的阅读，有很多种方法，但都离不开读书的实践。有感情的朗读是多种感官参与的以声释义的语言活动。在读书中学生思想会与文中的思想产生碰撞，形成感悟。这种感悟有时能表达出来，有时是内心意会的，很朦胧、很模糊的，但是不管怎样都可以通过朗读表达出来。由于学生对语言的感受不同，对朗读的把握与处理也会不同，教学中教师要让学生在朗读中表达自己对课文的理解，实现个性化的解读。

例如有位老师在《夜莺之歌》的教学时，对文中“小孩和军官并排走，小孩有时学夜莺叫，有时学杜鹃叫，胳膊一甩一甩地打着路旁的树枝，有时候弯下腰去捡拾球果，还有时脚把球果踢起来。”一段的理解，孩子们个性化的认识就很给人启迪。一个学生说：“三个有时，在朗读时语音的轻重长短语气变化应该不同，这样才能读出小孩的机灵聪明。”有的学生说：“一甩一甩的甩应该停顿一下，这样能表现孩子无拘无束的特点，踢起来的踢要读的高一些，这样能表现孩子顽皮的特点。”不同的感受，不同的朗读，就使得小孩天真活泼、顽皮、聪明的特征在学生心中留下了深刻的印象。

文章读到入情入境的地步，体情悟道自然水到渠成了。读书与情感结合，读书与品味语言结合，使语文的工具性与人文性在读书的活动中达到了统一。使语言的训练，思想情感的渗透，在练习诵读的过程中得到了统一。

这时候的读书，就不仅仅是单纯的读书活动，它是融合着学生个人对语言文字的感悟、个人的情感体验的一种表达，是学生在实践中自主感知、自主感悟后的收获。

2. 关注个性化的理解

阅读教学要引导学生透过语言文字的表层去体会语文的人文精神，理解语言文字中蕴含的人文特征。因为“学生对语文材料的反应又往往是多元的”，所以要“关注学生的个体差异和不同的学习需求”。“提倡多角度的，有创意的阅读。”学生感受语言文字的时候，会加入自己的情感，他们感知与把握文本的过程中，也把自己的生活经历和喜怒哀乐融入对文本的理解中。因此教师要提供给学生以展示个性化理解的平台。

讨论也是张扬个性的一种好方法。《中彩那天》一课，教师为学生的自主学习营造了宽松的环境。在学生充分预习的基础上，教师引导学生围绕“奔驰汽车是留还是还”这一问题进行自学找到理由并进行汇报。老师和学生共同梳理出“留”的理由有：他家生活拮据；由于他技术精湛因此梦寐以求拥有一辆汽车；广播了已经说了这是属于他的；库伯先生并不知道。“还”的理由：父亲自己知道这辆车是属于库伯的；母亲说过，要做诚实、有信用的人。学习至此，学生都明白了这辆车该留还是该还的理由，但是父亲当时内心的挣扎学生并不能理解。于是老师采用辩论，引导学生换位思考，将刚才梳理出来的还与留的原因一一对应地说出来。有的说：“父亲的修车技术精湛，不应该拥有一辆属于自己的汽车吗?”紧接着一个学生说：“但这辆奔驰汽车并不是你的，而是库伯的啊!”……辩论中，学生将刚才梳理的内容内化，又用语言外化出来，这样他们对于这个“道德难题”就有了深刻的认识，同时，他们也走进了文中父亲的内心世界。这个过程中，老师让学生交流、辩论，充分发表个人的意见，给了学生一个自主的、开放的学习的空间。

辩论的过程就是学生自主感悟理解语言文字的过程。这种感悟，不是纯知识性的感知，也不是纯理性的理解，它是包括了对语言文字以及它所负载的思想内容和它所渗透的情感、韵味的总体感知和领悟。这种感悟，带有浓厚的个人主观色彩的感性和理性的统一，因此可以说是个性化很强的感悟。

3. 关注个性化的思维

想象力是属于一种创造性思维。“学习语言主要靠读与悟（包括思考、想象），要重视培养读文章、想画面的能力。”“要让学生充分感受语言的无穷魅力……给学生留有想象的空间。”创造性思维是丰富的想象力的源泉，而培养丰富的想象力又是关注学习中个性化思维的重要环节。教师可以利用课文留下的空白之处，选择恰当的时机，要求学生依据自己的理解，或想象情景，或想象画面，或想象过程，或想象结果……以拓展文章的意境，培养个性化的思维，促进学生的个性发展。

如《赤壁之战》一课，一位教师这样问学生“曹操生性多疑，怎么黄盖的一封假信就让曹操深信不疑呢？想象一下，黄盖的信中可能会说些什么?”学生凭借着自己的生活经验与已有的知识，描述着信中的语言。

这时老师又说：“同学们的想象力非常丰富，从不同角度想象了黄盖的聪明机智。再继续想象，曹操收到黄盖的信后，会有怎样的表现呢?”有的学生说：曹操会手捻胡须，哈哈大笑，说“赤壁很快就会是我的了。”有的学生说：“曹操会对手下的人说‘黄盖头脑清醒，有自知之明，是个不可多得的人才。’”还有的学生说：“曹操可能会准备大摆宴席，等着为黄盖接风洗尘呢。”

虽然有些学生的说法不一定准确、不一定全面，但确实是他们自己的想法。教师凭借激发学生的想象力，引导学生再造了黄盖的聪明机智与曹操的骄傲轻敌的形象，既培养了创新思维，又进一步深化了对两个历史人物的认识，还联系并丰富了课文内容，发展了学生的个性特征。

阅读教学要遵循“以人为本，以学生的发展为本”的指导思想，要为促进每一位学生的充分发展服务。“语文的文化性更应该强调的是蕴含其中的思想情感，是一种民族情结，一种人生态度，一种精神力量，它贯穿、浸润在语文教学的全过程中。”只有把各种人文因素在教学过程中优化组合，使其滋润渗透，才能真正体现语文教学的人文关怀。

以读为本　读中学写　读写结合

——浅谈在《猫》一课中读写结合的运用

府学胡同小学　丁志敏

一、读写结合的认识：

在我们的语文教学中经常提到读写结合，到底什么是“读写结合”呢？我认为这是一种读书的方法，也是一种写作的方法。读书是一种积累的过程，但是，光读书，不练习，属于只学不用，读书既要明理，也要运用到实践当中。而且，写作还能促进对书本的理解。同样，一个喜欢写作的人，如果不读书，就成了无源之水、无本之木。所以，我们要强调读写结合的方法。

“读书破万卷，下笔如有神。”这句话是前人在读写结合方面的经验之谈。我觉得在我们的语文教学中，认真摸索读写之间的内在联系，并从学生的实际学情出发，有目的、有计划的把指导学生读书与指导学生的习作有机结合起来，读中学写，把读、写融为一体，不仅能提高语文教学的效率，而且能有效地培养学生的读写能力。以下是我在平时教学中的一些做法，坚持下去颇有成效。

二、教学实践：

语文教学就是培养学生的听说读写能力。而在这其中阅读是在吸收，作文是在表达。语文教学就要注重语言的积累、感悟和运用，积累、感悟是读的任务，为表达、运用服务。记得人民教育出版社小学语文理事长崔峦老师曾经说过："在我们的语文教学中，一方面要加强阅读教学，另一方面要加强读写联系，做到读写渗透，读写结合。"读写结合是提高学生阅读能力和写作能力的有效途径。在平时的阅读教学中我就抓住一切契机来进行读写结合。

在讲读《猫》这一课时，我就找准切入点进行读写结合。

（一）抓住重点词语，体会用词准确。

词语是一篇文章基本的构成元素，"字不离词，词不离句，句不离章。"学生在读准、读通课文的基础上，我牢牢抓住重点词语进行体会，不但使学生读懂了文章内容，感悟文本所传达的情感，还理解了词语的准确性对于文章表达的重要性，从而学习遣词造句的方法。

《新课标》指出中年级段学生应能联系上下文，理解词句的意思，体会课文中关键词句在表情达意方面的作用。所以课堂上我以重点词语为契机进行训练，让学生们感受名家名篇用词的传神。

在教《猫》这一课时，我抓住"屏息凝视"一词体会。

师："屏息凝视"是什么意思？别着急，你知道哪个字的意思？

生："屏"——憋着，"息"——呼吸，气息，"凝"是聚集，集中的意思，"视"——看。

师："屏息凝视"这个词的意思是什么，现在你能说说吗？

生：屏住气，聚精会神地看。

师：大家想一想，刚才我们先了解每个字的意思，接着把它们串联成一句话，就成为了整个词的意思。今后，在理解词义时，可以用上这样的方法呢！

师：你能做个"屏息凝视"的动作吗？什么情况下我们会"屏息凝视"？

出示：它屏息凝视，一连就是几个钟头，非把老鼠等出来不可！

师：这就是文中的猫咪，它"屏息凝视"在干什么？读读书中的句子。

师：从你们的读书中，我听出这可真是一只尽职的猫，你也能像文中那样，用"屏息凝视"说句话吗？

生1：美国太空总署的工作人员正屏息凝视首次太空梭的发射升空。

生2：射击时，我屏息凝视，瞄准了目标，在扣动扳机的瞬间，子弹出膛了。

生 3：球赛到了最关键的时刻，他屏息凝视地注视着电视机。

师：在学习生词时，我们不光要理解词义，还应该根据词义准确运用呢！

在这个教学环节中，通过联系上下文的方法，以及学生模仿表演，让学生们用肢体动作传达出自己对于词语的理解，之后，在读词过程中，让学生把自己的理解读出来，然后让学生仿写句子，最后再回到课文中理解词语读出感受。这样的训练，不但理解了字词，读出了感受，还练习了说话。做到了读中学写，读写结合。

（二）找准典型段式，学习表达方法。

记得洪春幸老师曾经对于读写结合的效果，进行了这样的评价："读写结合"的效用确实很明显：一、符合儿童认知发展，儿童从实践中学习，从阅读教学中所得到的知识，立即可以实践于写作练习，把知识转化为能力。二、符合儿童学习心理，儿童模仿性强，读了一篇范文，便能尝试写出与范文相类似的文章来。并且儿童有发表欲，积累了一定的语文知识和写作能力，便会很想把自己的所见所闻写出来告诉别人。而小学语文课文是学生学习语文的典型范例。它包括了许多典型的句式、段式结构，典型的景物、动作、心理描写等。学习了这些段落，在学生悟出了某一语言规律后，可以创设情境，让学生选择自己的内容，以课文为模板，联系自身生活实际，举一反三进行仿写训练，以起到巩固知识运用语言的作用。

在讲读《猫》这篇课文，我设计了以下环节。

师：有人觉得小猫老实，有人又认为它贪玩，还有人觉得它尽职，你们的体会都没错，老舍笔下的这只小猫这三方面的表现集中于一身，此时，你对小猫又

有了什么新的认识？

生：小猫太古怪了。

师：是呀，课文的第一句话就告诉我们了。都来读读！

生：猫的性格实在有些古怪。

师：老舍先生就是通过这几个典型的事例，写出了猫的古怪，让我们体会着猫的古怪，完整的读读这个自然段吧！

生：大声诵读。

师：小猫的这三种性格截然不同，可见猫的性格真是古怪啊，其实这种古怪的性格也是一幅幅可爱的画面。在生活中，你是否发现谁的性格也这么古怪呢？

生：我妈妈特古怪。她有时对我可疼爱了，我想怎样就怎样。但是我考不好，妈妈就大打出手。哎！真是是琢磨不透！

师：你真是生活的有心人，经你这么一介绍，你妈妈的确有些古怪呀！但从中也感受到你的妈妈确实是很爱你呀！在生活中，大家还发现谁也和她妈妈一样古怪呢？

生：我姐姐就很古怪。

生：我家的邻居就很古怪。

师：看来，大家能够联系生活理解了"古怪"，想不想也像老舍爷爷一样把它写下来呢？你瞧，课文的前三个自然段都是围绕着第一句话"猫的性格实在有些古怪"来写的，请同学们以"谁的性格实在有些古怪。"为开头试着写一段话。

学生的思维被激活了，孩子们学习着名家的名篇。仿照着这种典型的段式，举出具体的事例，写出了自己的感受。

在这个环节的教学中，我紧紧抓住"古怪"一词，以此为阅读与写作的联结点，抓住课文的朴实、准确的语言精华和总分结构段式的表达特点，引导学生从文中吸取养分，读中取法，以读促写。从结合点出发，顺势而导，收获了意想不到的精彩。

（三）通过比较阅读，体会多角度的表达。

俄国教育家乌申斯基说："比较是一切理解和思维的基础，我们正是通过比较来了解世界上的一切。"比较阅读是将两篇或两篇以上，内容和形式上有一定联系的文章加以对比分析，以求同中见异、异中见同的一种阅读方法。

在教《猫》一课时，我就运用本课课后"阅读链接"中周而复和夏丏尊写猫的片断，与老舍的《猫》进行比较阅读。

师：通过学习，我们知道老舍先生是抓住猫的性格特点来写，表达了对猫的喜爱之情。那么，在其他作家的笔下，它们是又是从什么角度写猫的呢，请大家读读课后的链接阅读中的两篇短文。看看它们分别写了什么？

生：周而复的《猫》写猫的外貌和神情来写猫的。

生：夏丏尊的《猫》是通过别人的赞美来写猫的。

师：再来读读这两篇文章想想表达了作者的怎样的思想感情？

生：都表达了喜爱之情。

师：是呀，三位作家都在写猫，相同的是都表达了喜爱之情，不同的是，老舍是写了猫的性格特点，周而复写了猫的外形，夏丏尊写了别人对猫的赞美。快把这种喜爱之情读出来。

生：大声诵读。

师：我们在表达对小动物的喜爱之情的时候，也要这样，从不同的角度来描写，用不同的表达方式，使文章丰富多彩。

师：咱们班养了只小乌龟，你们要写小乌龟想从什么角度？

生 1：我要写给小乌龟喂食，那时的小乌龟最可爱！

生 2：我要写小乌龟爬小梯子，最能感受到它的坚持不懈。

生 3：我要写就写小乌龟晒太阳，懒洋洋的很有趣！

在这个环节中，学生通过反复朗读、在读中理解了多角度表达的好处，学生的思路打开了，鲜活的文章也就写出来了！

阅读好像蜜蜂采花，作文好像蜜蜂酿蜜，读和写是相辅相成的。在教学过程中，要充分挖掘教材中“读”和“写”的结合点，对学生有目的地加以指导，进行读写训练，培养学生良好的读写能力，能以读悟写，以读促写。

三、案例：

15 猫

（一）教材分析

《猫》是《义务教育课程标准实验教科书》四年级上册第四组“作家笔下的动物”专题下的第三篇文章，《猫》是老舍先生写的一篇状物抒情散文，课文细致、生动地描述了猫的古怪和它满月时的淘气可爱，文章结构严谨，条理清晰，语言优美朴实，浅显易懂，表字里行间流露出作家对猫的喜爱之情。在课文的阅读链接有两篇从不同角度写猫的文章。

（二）教学目标

通过对比阅读的方法，体会不同作者同样的爱猫之情，以及不同作者的不同表达方法。

（三）教学过程

比较阅读，感受作家表现方法的不同

1. 通过学习，我们知道老舍先生是抓住猫的性格特点来写，表达了对猫的喜爱之情。那么，在其他作家的笔下，它们是又是从什么角度写猫的呢，请大家读读课后的链接阅读中的两篇短文。看看它们分别写了什么？

生：周而复的《猫》抓住了猫的样子写的。读给大家听听

生：夏丏尊的《猫》是通过别人的赞美来写猫的。读给大家听听。

2. 再来读读这两篇文章想想表达了作者的怎样的思想？

3. 师小结：是呀，三位作家都在写猫，相同的是都表达了喜爱之情，不同的是，老舍是写了猫的性格特点，周而复写了猫的外形，夏丏尊写了别人对猫的赞美。你们选一篇再来读读，读出喜爱之情。

小结：三位作家从不同的角度来表达了对猫的深深喜爱之情。我们在表达对小动物的喜爱之情的时候，也要这样，从不同的角度来描写，用不同的

表达方式，使文章丰富多彩。

咱们班养了只小乌龟，你们要写小乌龟想从什么角度？

生1：我要写给小乌龟喂食，那时的小乌龟最可爱！

生2：我要写小乌龟爬小梯子，最能感受到它的坚持不懈。

生3：我要写就写小乌龟晒太阳，懒洋洋的很有趣！

4. 学生习作

（四）教学板书

15 猫

	老舍	性格
喜爱	周而复	外形
	夏丏尊	别人的看法

浅谈如何引导学生感悟写作乐趣

东城区西中街小学　江　红

爱因斯坦说过："兴趣是最好的老师。"写作的兴趣是学生积极写作的先决条件，是提高学生写作水平的心理保证，它能使学生变"苦记"为"乐记"，变"要我写"为"我要写"，从而使学生的个性特长得到充分发挥，使学生写得轻松、主动而富有创意。这样即使他们遇到困难，也会有克服困难的勇气和毅力。久而久之，便会养成一种良好的写作习惯。

一、充实学生生活，激发写作兴趣

让作文贴近学生的生活，学生会更爱作文。《课程标准》特别强调："学生的习作应该来源于学生的生活，要写出真人真事，抒发真情实感。"叶圣陶先生也说："作文这件事离不开生活，生活充实到什么程度，才会做成什么文字。所以论到根本，除了不间断地向着求充实的路走去，再没有更可靠的预备方法……"

可见，充实的生活积累是学生写作的起点和源泉。因为作文是生活的需要，是生活的一部分。外面的世界很精彩，但不可否认，现在学生的生活却显得非常的单调，他们几乎每天循环着从家到学校"两点一线"的生活方式，苦于没有写作题材。因此我在教学中，尽量减轻课业负担，变换作业形式，启发学生留心观察生活、鼓励学生积极参与生活、引导学生主动积累生活、提倡学生随时记录生活，而不是仅仅将习作训练平均机械地分配在一学期的若干时间内。实践证明：学生每学年只完成教科书上安排的十几次习作训练，其写作能力是很难得以提高的。因此我要求学生记录生活，可以是学生参加丰富多彩的社会实践活动后的纪实，可以是选读一篇表达独到的文章后的读后感，可以是观看一部震撼人心的电影的观后感，可以是自己的突发奇想，可以是学习范例之后的仿写，可以是自己刚刚遇到的小事，也可以是回忆经历过的那些事件后发现一些能够触动自己内心的事物……至于记录形式，可以是日记，也可以是只言片语。这样，学生在习作中记录下来的将不是贫乏的内容，老师读到的也将不再是雷同的事件和干瘪的套话，而是一种心灵之声的交响曲。学生有的可写，自然兴趣盎然。学生有话可说，自然不吐不快。因此，便出现了每个学生每学年习作量不少于 30 篇（寒暑假除外），兴趣高涨的学生多达 50 篇的现象。

二、发挥评语艺术，激发写作兴趣

教师教学成功与否很大程度上取决于教学语言的艺术性。语言的艺术性不仅指教师课堂语言的艺术性，还包括教师批语的艺术性。艺术性的作文批语能激发学生学习的兴趣，发展学生的思维，丰富学生的情感。

1. 肯定型批语

学生习作不可能通篇、处处是闪光点。可能有的结构较完整，有的在记叙时文通字顺，有的在遣词造句上较为优秀，有的有一个较出色的结尾或开头……这时可采用肯定型批语。如：“这个词用在这儿很贴切。”“你的结尾意味深长。”“你巧妙的过渡，使文章更精彩。”……学生阅读到这样的批语，便会感受到自己在这次周记中某一方面的成功，从而激发他们写作的兴趣。

2. 指导型批语

学生习作中经常会出现这样那样的语病，教师在批改作文中应起一个指导作用，不能简单画出句子，然后画个问号或写上一句“这句话不通。”学生读完这样的批语仍是不知该如何修改。指导型的批语应给学生一点思考的空间，指出修改的方向。如：“选材不错，要是能把你当时是怎么说的、怎么做的写下来那该多好！”；又如游记类文章，学生的过渡常常显得单一，经常是“我们先来到，又来到……”。批语可这样点拨：“请读一读《记金华的双龙洞》，再看看你的过渡形式是否可以多样化一些？”

3. 欣赏型批语

一些学生阅读面广，写作中能恰到好处地运用古诗文或是精彩绝伦的话语，从而对文章起到了画龙点睛的作用，我就经常在学生的评语中送上一句：“你的知识面真广，老师佩服你。”也有的学生作文通篇文采飞扬、妙语连珠，比班内学生明显高出一筹，我就这样批注："欣赏你的文章是我的荣幸，几年后或许你的名字会家喻户晓。"有些学生的作文中常常会出现教师意想不到的惊人之语，有的甚至不乏哲理，我一定不会吝啬，欣赏地写道："你真像个小哲人!"……我想，每一个孩子读到这样的批语都会心花怒放。

4. 交流型批语

阅读孩子的习作就是走进孩子的心田。孩子随着年龄的增长，减少了与教师的语言交流，但他们会用习作的方式倾诉心声，教师可利用这个机会写上交流型的批语。如班上有一位学生在习作中真实地记叙了自己听到一位好朋友总埋怨老师和他过意不去、认为自己倒霉之后，真心规劝，并倾吐了自己对老师的感激之情。我写了这样一段话："原本内向的你原来有着如此丰富的情感，老师读完你的文章，深受感动。谢谢你!"短短的几句话，师生之间的感情得到了很好的交流和沟通。

总之，作文评语不管如何写，千万不要把每个学生作文的批语写得大同小异，如"语言通顺，层次清楚""基本还可以，有些地方还不是很好"。这样的批语近似没批，对学生的帮助甚少。作文批语就是要使学生知道教师是如何评价自己作文的，自己又该怎样改进。好的批语能激发学生内心的情感，提高他们写作的兴趣。几年的实践使我深刻领悟到：给孩子一盏灯，他们会给你一片光明。

三、利用多种手段，激发写作兴趣

教师不断地给予评价和激励，实行"高分政策""鼓励表扬政策"，能消除学生对写作的恐惧心理，增强学生写作的自信心，从而使学生始终保持一种强烈的表现欲，使学生之间形成一种良好的写作氛围。我所教的班中，每周都有结合习作进行的多种活动，如：本周星级日记评比、优秀日记展贴、范文宣讲、集体修改等。在众多方法中，学生最感兴趣的还是以下两种：

1. 例文点评

指导学生习作，应该强调与学生沟通。沟通不是师者居高临下地说一句"你们只要写自己心里想说的话就可以了"的，而是要俯下身去，和学生站在同一高度，地位平等地和学生交流，深入了解学生对写作的认知和接受心理。我仔细翻阅学生的习作，发现虽然并不是每一篇文章的语言都非常精炼，构思上都如何的巧妙，有些甚至在思想上也有待商榷，但它向我们展示的是学生活生生的生活，是他们能够用眼睛看到，用耳朵听到，用心感受到的。于是课堂上，我把它们推荐给全班同学。当我把文章在实投上打出来时，同学们纷纷寻找作者。习作的作者自然心中一阵阵暗喜。我让同学们来评一评这篇文章。这时同学们一个个都像发现了新大陆似的，争先恐后地对文章的精彩之处给予了赞誉之词，并像赏析课文一样的去赏析这篇文章中的精彩语段。紧接着，我又引导学生品评文章的不足之处。别看他们人小，但是很有头脑，从语句到描写，从布局到思想，无不说得颇有道理。最后我把作者请上讲台时，台下立刻响起热烈的掌声。记得叶老在《作文论》中说："我们不能只思索作文的法度、技术等等问题，而不去管文字的原料——思想、情感等等问题……"因此，关于例文点评，我不仅着眼于文质兼美，还放眼于学生的立意。也就是在培养学生的作文能力的同时，我还注重对学生心灵细节的挖掘和呈现，培养学生健康向上的思想情操，让学生在生活中提高辨是善恶的能力，把作文训练同培养做人紧密地结合起来。一段时间之后，我发现班上的同学对写周记的态度发生了变化。内容不再是凭空的捏造，而是用自己的心去感受和体验生活，然后将内心的真情实感表达出来。以后我们的阅读课又多了一项内容，品析同学们自己的文章，这不仅丰富了学生的阅读，更让学生从这类贴近真实生活的文章中学会了用自己的眼光看待生活，学会了用自己的心灵体验生活，让生活成为学生学习写作的活源。

2. 出版班级作文选

学生平时在写作训练中创作的优秀作品我视为珍品，每次经过学生评析、修改后的文章我都保留着。一个学期下来，竟然收获颇丰，有几十篇。我便突发奇想：我是否也能帮学生出本书呢？于是，在学生毕业前我精心挑选几十篇学生作品，装订成册，也就成了班上的班级刊物。学生拿着这本书是如获至宝，每一篇文章都细细品读，家长也纷纷传阅，赞赏有加。

几年习作教学实践，使我越教越深刻地感受到只有让生活走进作文，让作文融入生活，我们的作文教学才会充满生机。我庆幸为学生打开了作文通往生活的大门。正所谓生活处处皆语文，这也许就是我们所追求的大语文教学观吧！

让识字在阅读中"活"起来

北京一师附小　逄　静

问题的提出：

研究背景：

2011 版课标对前三个学段规定为"累计认识常用汉字 3000 个，其中

2500个左右会写。”每个学段规定的量分别是：第一学段认识常用汉字1600—1800个，其中800—1000个会写，以人教版第二册为例，学会和会认的字共550个，也就是说学生每天要学习十三个汉字以上；第二学段认识常用汉字700—900个，会写1000—1200个左右；第三学段，认识常用汉字500个，会写500个。从以上统计可以看出：第一学段识字的“坡度”最大，在刚入学的第一学段的两年时间里，儿童要识字1600—1800个，超过了年龄更大的第二、第三学段共四年的识字总量（3—6年级识字总量为1200—1400个）；从数量分布来看，“课标”把识字教学的重点显然摆在了第一学段。

低年级的识字量大，是不言而喻的。今年开始，我们学校使用了景山版教材。景山教材在低年级要写2000个汉字，一年级上400个，一下600个。识字量大，学生如果是零基础，那是怎样的一种苦可想而知。提高学生的识字兴趣是当务之急，如果从学生可持续发展的角度考虑，我认为提高学生的识字能力则是更为重要的。

目前现状：

1. 识字量大，教师急于完成教学任务，忽略了对于字的音形义的整合教学。

2. 长期以来低年级以识字教学为主的概念在老师思想上根深蒂固，虽然目前有所改变，但目的性不强。

3. 识字是根基，阅读是基础，语文学习这两样缺一不可。

4. 拥有识字能力是学生一生受用的本领，对于学生的可持续发展起着重要作用。

我的教学实践：

其实我在操作层面是从阅读开始的：学完拼音就开始阅读拼音读物－借助拼音写话－进入识字－汉字替换音节－纯汉字写话，但阅读还是有拼音相伴。

从学生层面讲：

学生的差异很大：

1. 有的孩子没上过学前班，没上过幼儿园，有些孩子虽然上了，但幼儿园也不允许进行拼音及识字教学；

2. 有些学生不是零起点，通过我们的前测，发现有的孩子认识2234个汉字。

3. 学前学生阅读了大量的绘本读物、儿童文学类的读物。

4. 语言表达情况也各不相同。

低年级以字、词、句教学为主，而识字又是阅读的基础，因此学生具有了一定的识字能力，阅读能力也就会随之提高。

识字教学是语文教学中相对独立，但又纵贯整个语文学习过程。识字是学习语文的基础，“万丈高楼平地起”识字教学如同盖房子的地基，地基牢固，学生的可持续学习则不会成为“空中楼阁”。可见只有认识更多的汉字，阅读才得以实现。因此，很多人都说，“聪明识字始”，我想就是这个原因吧。

小学语文新课程标准提出了：课堂上教师要转变学生学习方式，促进学生在教师的指导下主动地、富有个性地学习。学生学习的过程不是学生被动地吸收课本上的现成结论，而是一个学生亲自参与丰富、生动的思维活动，经历一个快乐学习的过程。叶圣陶说过：“多年来我一直认为，语文课的主要任务是训练思维，训练语言（同时也训练思想品德，这是当然之理，语文课是教育的一部分，怎么能不顾到思想品德），而思维能力和语言能力，儿童时期打下的基础极其重要”。

语文课程标准把让学生“喜欢学习汉字，有主动识字的愿望”列入教学的重要目标。这对低年级的教学工作提出了要求，即：借助教材，帮助学生提高自主识字的能力。

我能想到的提高识字能力的途径：

一、了解学生的元认知

对学生的拼音情况、识字情况做前测。通过前测，我们看到学生的识字情况差距比较大。

表 1-1　年级学生识字量

选项	学前识字 1000	学前识字 500	学前识字 100	学前识字 100 以下
数据（人数）	108	38	92	15
百分比	36%	13%	31%	10%

表 1-2　二年级学生识字量

选项	2000 以上	2000 字	1500 字	1000 字
数据（人数）	120	46	9	95
百分比	44%	17.03%	3.3%	35.19%

表一让我们感觉到，学生在学前已经有了一定的识字量，且人数达到了 100%。

识字少的学生人数10%。就新一年级而言，老师在教学中切实感受到有些学生确实不识字。我们不排除数据在统计过程中出现的偏差。

表二让我们看到，学生的识字量明显增加，44%的学生已经掌握了2000个以上的汉字。人数不少，均超过了他们现有的年龄的识字量。这对老师的挑战是极大的。如何进行课堂教学的调控是摆在老师面前的课题。

因此，调动学生的识字兴趣，则至关重要。

二、多种方法识字

1. 字理识字：象形文字采用字理识字方法。学生识字的起步，其实就是图画中识字。学生看图能够看懂，在看图的基础上，将象形文字进行展示，学生喜欢。

比如：在讲“大象”的“象”时，虽然这个字的笔画繁多，学生容易出错，但当教师在屏幕中出现  学生自然而然结合大象的字形，很自然地记住了字音，记住了笔画，记住了字形，字义也明晰。

2. 根据汉字的构字规律识字：汉字分为形声字、象形字、会意字、

指事字四类，教师可以根据构字规律对汉字进行讲解：比如，开始老师讲象形字的演变过程，渐渐地变成学生根据所出示的汉字演变自己就能发现并进行讲解，这样语言能力也随之发展了。

3. 游戏识字：把汉字变成小谜语，而这些谜语有关注字形的、有关注字音的、更重要的是跟字义相整合。

4. 生活中识字：围绕一个专题定期交流，如，蔬菜、水果、花草树木、动物、姓氏、文具、玩具、商标、广告等。

5. 阅读中识字：拓展阅读，将学生学过的汉字组合成小儿歌、小韵文、小故事，让学生在巩固识字的基础上，认识更多的汉字。

6. 儿歌中识字：利用与教材相匹配的小儿歌，让学生边唱读儿歌，边识字，学生们兴趣盎然。我们成人都有过这样的经历，有时候背诵一段文字很吃力，但是，当它变成歌曲，我们再进行背诵的时候，很顺利地就背下来了。识字也有与之相通的地方。

7. 归类识字：比如使用加一加、减一减、换一换等方法能够帮助学生记住一类字。比如学习了“哨”这个字，教师就可以带出一串字：稍、捎、梢、俏、悄、消、销、宵等，让学生能够了解带有这个部件的其他汉字，提高学生的认读兴趣，特别是对识字能力强的学生是非常有效果的。

8. 在经典诵读中识字：我校一直开展经典诵读活动。低年级主要以诵

读《小学生必背80首古诗》为主。每天中午20分钟的诵读时间，充分利用，学生在看、读、诵的过程中，能够记忆一些汉字。

9. 制作“识字袋”巩固识字成果：孩子认识的字多了，如果不及时巩固运用，会渐渐遗忘。因此，教师可以带领孩子在班上制作“识字袋”。将每天认识的字写在一张卡片上，装进袋里，每周将字卡取出，认读上面的字。孩子在体会成功的同时又复习巩固了所学的生字。长此下去，“识字袋”渐渐重了，孩子们的识字量也渐渐增多了，知识更加丰富了。

三、在语境中了解字义

汉字教学的识字离不开具体的语言环境，因此注重在具体的语言环境这将汉字的音、形、义有机结合，完成识字任务十分必要。从目前低年级阅读教学的现状看，有两个问题比较突出：一是不少教师把教学的重点放在对课文内容的理解上，忽视字词教学；二是有时候因为识字教学任务重，课堂上会出现注重字音、字形，忽略字义的倾向。

因此，在教学中，教师必须把识字和阅读结合起来，使识字和感知课文内容有机结合。在语言环境中识字，做到字不离词，词不离句，句不离文。在读文的过程中促进识字，理解字义，通过识字帮助阅读。

1. 帮助学生记忆偏旁部首的意义，学会根据部首猜字意。如果学生掌握了这个方法，今后再遇到不认识的字，根据偏旁学生能大致猜出这个字在词语中的意思。

2. 学会查字典。低年级的学生应掌握查字典，在字典的帮助下，学生会初步掌握词语的意思，有助于识字的巩固。

3. 学会换词理解。有些词语的意思孩子们是不容易理解的，但是由于学生的识字量加大，阅读量也在加大，这样孩子的积累就会相对丰富，在理解词语的时候，学生不妨将自己知道并理解的词语与生僻的词语进行替换，这也不失为一种好方法。

4. 在比较中辨析。同音字、多音字辨析组词练习也是非常好的理解字义的一种。中国汉字同音、多音字众多，学生在前期学习大量汉字之后，容易发生混淆使用的情况。因此，组词练习让学生把汉字放到不同的词语甚至句子中，结合语境理解，效果事半功倍。

5. 利用文中插图理解：例如学习《春晓》时，可以借助插图理解“春晓”的意思就是“春天的早上”。“晓”跟时间有关，所以是日字旁。

6. 阅读“桥梁”书，在快乐阅读中理解字义。“桥梁”书的特点是图文并茂，内容生动，浅显易懂，充满童趣。在读书的过程中，学生可以借助文字和图画来理解生僻的词语的意思。

四、在快乐中阅读

低年级是阅读教学的起始阶段，这个阶段课文内容浅显，篇幅短小，一般说来，学生只要能正确、流利地读出课文，也就大体上理解了课文内容，即使有些课课文，如古诗等，内容和文字都较深一些，只要学生大体了解课文的意思也就可以了。因此，小学低年级的阅读教学应聚焦于“喜欢”和“能读”上。因此在进行低年级阅读教学时一方面要激发学生的阅读兴趣，让学生喜欢阅读，感受阅读的乐趣；另一方面教师必须结合阅读教学，有目的地教给学生有关阅读的方法，让学生运用多种阅读方法进行自主阅读，从而提高学生独立阅读的能力。

1. 激发阅读兴趣。

激发学生阅读兴趣的方法很多，在具体操作过程中可以根据教材内容、学生实际情况来进行恰当的选择。一句话、一幅图、一段声音、一个情境，用得恰当，都能调动学生的积极性。

2. 理解为主，寓讲于读

(1) 初读

①教会正音。学生在学习生字时，字音读得正确，但一读课文时，平翘舌音、多音字及变调字、轻声、儿化音等就读不准了。因此，每学一个字，都要把它放在特定的语境中训练。如“一”字，可以出示“想一想”“算一算”“一只鸟”“一个苹果”等词组，让学生感知“一”是变调字，不同的语言环境中读音不同。

②教会停顿。低年级孩子往往不知什么是停顿，为什么要停顿，而往往是一个字一个字地读，读熟了以后又快如流水。根据儿童特点，要教给他们“逗号”停一停，“句号”换口气的方法，以及长句子如何断句。

(2) 熟读

熟读的要求是读流利。即读得通顺流畅，速度较快，十分熟练。基本上达到看着几个字就可以读出全句的程度。借助各种教学方法和手段，使学生读课文的兴趣浓厚。

(3) 理解的读

理解的读就是读出文章的感情色彩，让学生与书中的角色产生共鸣，自己去体会。

①学生提出反复诵读后仍不懂得问题，共同解决。

②抓住重点词句，读出自己的理解。

③多种形式的朗读，深化理解。如，配乐朗读、范读、默读、分角色读等等。

3. 课内外结合，感悟阅读方法。

（1）配合教材推荐课外书籍

（2）开展讲故事比赛

（3）进行亲子阅读交流

当学生找到了打开阅读的钥匙，推开阅读这张神奇的门时，就会自觉地去读自己喜欢的书籍。

4. 上好综合实践活动课，搭建阅读的平台

随着学生对阅读的深入，老师可以有意识地引导学生们充分利用语文课后的综合实践活动课这个平台，进一步培养他们去阅读，并且学会有选择的读书，查找相关资料，这样学生的能力会得到不断的提高，不仅仅会读书，还懂得把读的书为我所用。可以让学生准备积累本，在每一页上都设计几个栏目，如“一天的收获”“好词佳句”“格言警句”“我背诵的课文”“老师的话”，还可以鼓励学生写周记，把喜欢画的画配上一段话等，也培养了学生写日记或小短文的习惯。

5. 小伙伴互为资源。课堂上充分给学生时间，自主讲解生字，这样既强化了记忆，又帮助了周围的同学。

这样，学生不再是被动的阅读，而是无形中把阅读渗透到活动中。经过长期的训练，学生一定会收获很多，他们的实践能力，阅读能力会明显提高。

小学高年级“体现散文审美内涵”的教学实践

——以《小桥流水人家》《山雨》为例

史家胡同小学　吕闽松

散文是美文，散文是让学生喜欢的美文，散文是让学生欣赏的美文，散文是让学生朗诵的美文。散文的美是各有各的美，不同作家的散文美也是不一样的。我们不难看出散文的美是因作者而异的，散文中的美是不一样的，恐怕是很难用一个定义准确地说出散文的美来，但是散文的美可以归为自然的美、理性的美、灵性的美。

一、散文的美是自然的美

散文的美是自然的美，这是毫无疑问的，因为散文都无一例外地写到各种各样的景物，都无一例外地由自然的景物产生了书写的情感，情感流淌出来，流于笔端成就了千古美文。自然就是一种美，多么的宽泛、多么的包容、多么的没有限制，面对着自然我们一定会产生发自内心的美。

散文的美表现了自然的情与景，达到了自然的境界，这样就会产生巨大的魅力。自然的东西是我们的最爱，那是因为自然的东西是真实的，散文的美是自然的，也就是说散文的美的情感表达是真实的，正因为这样的真实才能引起读者的共鸣。读者阅读作品之后如果感受到了作者说出了读者心中的真实情感，那么对作品的信赖、憧憬完全是由衷的了，这是散文的美之所在。

《山雨》中开篇就是“来得突然——跟着那一阵阵湿润的山风，跟着那一缕缕轻盈的云雾，雨，轻轻悄悄地来了……”多么自然的事情，山中的雨就是这样子的，说来就来说走就走，来之前没有打招呼，走的时候悄悄然，去过山里的人恰巧又赶上过雨的人肯定是很赞同这样的写法的，对于没有这样生活体验的学生，他们会怎样体会呢?

我在这部分是这样设计的：再读课文，“作者是怎样细致观察、用心倾听山雨的?”画一画有关句子。

《小桥流水人家》离学生的实际比较远，我就是这样设计的：想象画面，情境导入，听到“小桥流水人家”，你的眼前出现了一幅怎样的画面？有什么感觉?

我们在学习《小桥流水人家》的时候，虽然我们的学生没有更多的乡村生活的体验，但是散文的美勾出来学生以往的生活体验，并且把这种生活体验放大，就可以感受到散文的自然美，生活的和谐美。

自然的流露，可以写出文情并茂，也可以写出悲壮苍凉，还可以写出风花雪月，不管是哪一种，如果不是发自内心的真情实感，就出不来感动读者的力量。自然绝不能停留在表面的、肤浅的真实，自然流露出的深沉才是作者经历了感情磨难生活历练之后获得的人生体验，包含着作者的思考、经验、感情，是感情积累中沉淀出的最精华的不凡，凝聚着作者的智慧和心血，自然的深沉是具有感情和力度的，也是散文的美的自然流露。

在教《山雨》前我特意查了相关的资料：赵丽宏和同时代的青年一样经历过坎坷的人生道路，但困难和曲折并没有泯灭他的诗心，反而激发了他对真、善、美的执着追求。他以诗的心灵感受生活，用诗的笔触抒写生活，因而他的散文充满浓郁的诗意。他打开一扇扇明亮的小窗，使我们呼吸到清新的风，给我们展现出一个多彩的世界。读他的散文，会让我们更加热爱生活，向往美的人生，而且坚定对光明未来的信念。

自然真实的情感表现在散文中就是曲折跌宕，就像两山之间的河流，既有波浪起伏，也有静静流淌。人的内心世界是复杂的，感情是富有变化的，甚至可以说是变化多端的，这才是真实的感情，有着真实感情的作者写出来的作品也应该是丰富多彩的。

二、散文的美是理性的美

文学作品应该展示理性思考，中外文艺理论家、美学家都特别强调过这一点。散文以较短的篇幅，灵活异常的技法，将深邃的思想蕴含其中，富有理性的启迪，满足了读者高层次的美感需求。散文的理性美主要透过真理、哲理、情理表现。

散文的自然美是学生好体会的，即便没有生活实际，在生生互动中，在师生互动中可能也可以解决，实在不行借助声光的视频音频文件也可以解决，但是散文的理性的美理解起来可能是会有困难的。

师：一场山雨就让赵丽宏写得如此的美，我在山里也有遇到过山雨，可是没有他这么多联想。我在课前查了赵丽宏的资料：

(PPT 滚动出)

赵丽宏于 1952 年出生在上海市市区，上高中之前，他无忧无虑地生活。但随着“文化大革命”的浩劫袭来，中学尚未毕业的赵丽宏和许多“家庭出身有问题”的年轻人一样，刹那间失去了本该属于这个年纪特有的快乐，取而代之的是消沉。1968 年，赵丽宏投亲靠友，回到故乡崇明县插队。离开学校后，他一度流落到江苏宜兴乡间学当木匠。这不到半年的学徒生涯是他人生的第一课，使他第一次尝到了孤寂无助和寄人篱下的苦涩滋味。

赵丽宏在故乡插队落户时，条件十分艰苦。崇明县虽说是上海郊区，但当时环境偏僻，连电都没有。“白天干活再辛苦，可是想起到夜里能一个人坐在蚊帐里，就着油灯见动的微光读一本好书，便会忘记苦和累，觉得活着很有意思。”那时他每天都在日记本上写一些随感，描述自己的生活状态，记录一些见闻。

师：当你读完了赵丽宏的资料，再读读这一句话，又有了哪些感受？

生：这句话表达了作者对山雨那份浓浓的喜爱之情。

生：作者采用了比喻的手法来表达自己的对山雨那份浓浓的喜爱之情。

给学生自由体会读的时间，加深对作者感情表达的体会。

《小桥流水人家》的作者是谢冰莹（1906～2000）早年与陈天华、成仿吾一同被称为“新化三才子”，作品逾1000万字。

抗战爆发后组织湖南妇女战地服务团，赴前线参加战地工作，写下《抗战日记》。2000年1月5日在美国与世长辞，享年95岁。主要著作：《一个女兵的自传》，相继被译成英、日等10多种文字。(ppt)

师：当你读了上面的资料之后再看看第一自然段写了家乡的美丽景色，从“清澈见底”“长长的柔软的柳枝”“婀娜的舞姿，是那么美，那么自然”“粼粼的波纹”“水鸟站在它的腰上歌唱”这些语句中，你能体会出什么？

生：课文中运用拟人的修辞方法，形象地描绘出边飘动的柳枝、小鸟的叫声、溪水流动的声音，把家乡写得像画一样美。

生：家乡在他眼里是那么美，可见他是多么喜欢家乡。

师：表达了对家乡景物的喜爱与赞美。

生：对家乡景物的喜爱与赞美就是作者对家乡的爱。

学生在理解这一部分的时候可能理解不到这种理性的美，那么老师就可以在学生已经对表达的情感有感受时，轻轻地扶一下，帮助学生体会到。

真理是真实的道理，是客观事物及其规律在人们意识中的正确反映。自有人类以来，人们不断探索追求真理，客观事物宏大而宽阔，人们对它的规律的探索永不止息。散文的哲理表现呈多种形态，有的将对人生的思考归纳成精辟的见解，直接写出，有的不直接写出，重点放在作家的思索过程，让读者一起参加思考，领悟人生哲理。

三、散文的美是灵性的美

灵性指散文的美的个性。与其他文学种类相比，散文更真切、更直接、更随意地表现出作者的个性。

梁实秋说：“散文是没有一定的格式的，是最自由的，同时也是最不容易处置，因为一个人的人格思想，在散文里绝无隐饰的可能，提起笔来便把作者的整个的性格纤毫毕现地表示出来。”从论述中可以看出，真正的散文家，总是在作品中，流露出自己独特的思想、信仰、性格、文风、气质，这一切，组成了散文家独有的个性。

我已经给学生关于赵丽宏的资料，赵丽宏与众不同的经历也使他的作品和其他人的不一样，在《山雨》一课中我是这样处理的。

“先是听见它的声音，从很远的山林里传来，从很高的山坡上传来——‘沙啦啦，沙啦啦……’这是实实在在的雨声。”

这是实实在在的雨声，你打算怎么读给大家呢？

生：我是这样读的，轻快的，山雨轻快的来了。

师：你说得真好，真的是像你说的那样，赵丽宏体会到的就是山雨的轻快。

师：雨停了，“不知在什么时候，雨，悄悄地停了。风也屏住了呼吸，山中一下变得非常幽静。远处，一只不知名的鸟儿开始啼啭起来，仿佛在倾吐着浴后的欢悦。近处，凝聚在树叶上的雨珠继续往下滴着，滴落在路畔的小水洼中，发出异常清脆的音响——

丁——冬——丁——冬……”这部分你们想怎么读呢？

师：大家说得真好，真的是一百个人去读就会有一百个读法，就会有不同的山雨后。

《小桥流水人家》中“大家过着‘日出而作’‘日入而息’‘守望相助’的太平生活。”同学们你们是怎么理解的？

生：‘日出而作’‘日入而息’就是太阳升起就做工，太阳下山就休息。是说小桥流水人家生活简朴单纯。

生：“守望相助”表达了他对小桥流水人家的留恋和热爱。

生：“深深地印在我的脑海中”和“我一辈子也不会忘记”说明了作者对家乡的爱。

生：这就是说家乡给他的印象有多深。

师：从这里可以看出来作者对家乡的爱有多深！谁能带着这种感情再读读这两句话。

作家用独特的眼光观察生活，独特的感受体验生活，以机智的语言传达独立的见解，透出智慧和灵气。当个性升华为气韵与性灵时，文章就显示出个性的美感。

散文是美的，散文的美是让学生喜欢的，散文的美是让学生欣赏的，散文的美是让学生朗诵的。散文作为教材中文质兼美的范文，很能唤起学生的审美体验和审美情感。散文教学中，我除了引导学生分析作者善于抓住景物特点、有层次地描写景物的写作方法，理解作者通过景物描写来表情达意的写作技巧外，还可以借助各种媒体作为审美情感的触发点，引导学生进入审美感受和体验，获得审美经验。教师充分利用散文中的美学因素，和学生共同挖掘教学内容本身的内在美和运用教学形式艺术化的外在美来促进学生素质的全面和谐发展，培养学生的欣赏能力、思维能力、审美能力和创造能力。散文教学中的审美情感体验，其实质就是充分挖掘文本本身的审美因素，把课程的理性内容与感性形式、抽象概念与鲜活形象有机统一起来，把深奥的知识传授与动情的美感体验结合起来，在强化学生的认知智能的基础上，发展学生感知美、欣赏美、创造美的能力，建构完善的审美心理结构。

提升文学底蕴　丰厚语文素养

——指导小学生课外阅读有效策略的研究

东交民巷小学　张　晔

如今我们所处的现代社会，是一个科技迅猛发展的信息社会，要想适应社会的进步就需要我们不断捕捉信息，不断获取信息。对于小学生来说，课外阅读可以有效帮助孩子们获取更多信息。课外阅读对学生的终身发展、整体素质的提高也尤为重要，它是语文教学不可缺少的补充。在教学实践中，语文老师应该以身作则，注意激发学生的阅读兴趣，引导学生选择合适的读物，教给学生科学的阅读方法，培养阅读能力。让学生亲近经典，走向优秀。语文学习的过程是学生积累的过程，是厚积薄发的过程。提升文化底蕴是很难做到一蹴而就的，它是一个长期积累的过程，只有“厚积”才能“薄发”。没有积累，就谈不上培养良好的语感，也绝不可能有真正的听说读写能力，当然也就提不上文学素养的提高。因此，我们只有做到“心通中外千年史，胸藏古今万卷书”，积淀丰厚的文化底蕴，才能全面提高语文素养。

一、问题的提出

小学高年级阅读现状研究：

我国新颁布的《小学语文新课程标准（修订版）》，在“基本理念”中强调阅读教学要努力“丰富学生的语言积累，培养语感”；在“总目标”中又要求阅读要有“较丰富的积累和良好的语感”。在“各阶段目标”中还细化了不同学段学生课外阅读的内容及数量；此外在“阅读建议”中又推荐了相应的阅读参考书目。从课标的这些规定中，可以看出课外阅读的重要性不言而喻。它体现了鲜明的时代精神，再次强调语文是一门人文性与工具性相结合的科目，它将致力于学生的终身学习和全面发展。

为了让我们的研究更具针对性，我们对东交民巷小学五年级 208 名同学进行了问卷调查，以了解学生们的课外阅读现状，问卷中涉及了这样几道题。(见附录)

对问卷进行统计后，我们得出了这样的结论：

	A	B	C
问题 1	34.2%	43.5%	22.3%
问题 2	38.2%	58.3%	3.5%
问题 3	3.8%	92.6%	3.6%
问题 4	46.7%	51%	2.3%
问题 5	17.6%	80.5%	1.9%
问题 6	24.2%	59.6%	16.2%
问题 7	83.4%	14.3%	2.3%
问题 8	32.4%	36.8%	30.8%
问题 9	68.4%	24.3%	19.3%

问题 10 是客观题，我们对孩子们的回答也进行了统计，其中 82%的孩子提到了希望老师能够推荐阅读篇目，63%的孩子提到希望老师能够给予阅读方法的指导。

二、小学高年级学生阅读现状分析

以上的数据，引发了我的思考：

思考 1：在被测试的学生中，只有 34.2%的同学非常喜欢读课外书，这个数据，不得不引发我们的关注。兴趣是第一任老师，没有兴趣，何谈有效阅读呢？

思考 2：被测试的学生中，只有 2.3%的同学选择在图书馆看书，可见图书馆阅读的方式，学生很少采纳。有 92.6%的学生，愿意读老师推荐的书目，这说明学生对老师的推荐很信服。因此教师要不断提高自身文化修养，源源不断地向学生推荐好书，推荐有意义的图书。

思考 3：由于学生处于高年级，很多家长对孩子们的学业成绩非常看重，因此他们不建议孩子们每天看课外书，建议孩子们留出时间复习课内学习内容。被测试的学生中，59.6%同学认为作业量太大，影响看书时间，16.2%的学生的家长，不允许孩子用太多的时间看课外书。

思考 4：教师对学生阅读方法的指导，不够到位。大部分学生只会简单地写一些摘抄，真正能够运用的为之甚少。

为了更有效地提高学生的阅读兴趣与阅读能力，我们还在试验前对这 208 名学生进行了阅读能力的测试，下面是对学生的阅读测试进行的分析。

阅读能力	优秀	良好	一般
对文章中词句的理解	82.34%	12.67%	4.99%
获取信息的能力	72.91%	10.32%	16.77%
概括主要内容的能力	50.91%	20.82%	28.27%
对文章表达的鉴赏与评价	40.96%	12.34%	46.7%
表达能力	40.23%	20.87%	38.9%

从前测得出的数据，不难看出，孩子们在阅读能力上的提升空间还有很大很大，这就需要老师们悉心研究教学策略，帮助学生有效提升阅读能力，丰厚学生语文素养。

三、指导小学生课外阅读的策略

(一) 做好良好阅读兴趣的培养

课外阅读，作为语文课的延伸，能扩大学生视野，发展智力，陶冶情感，从而提高学生的语文综合能力和整体素质。兴趣是学生学习的内驱力，因此，要培养良好的课外阅读习必须从培养学生阅读兴趣开始。

伟大的科学家爱因斯坦说："兴趣是最好的教师。"只要学生有了浓厚的兴趣，就会主动地去求知、去探索，并在学习上产生极大的愉快和积极的情感。兴趣是学习的先导，是需求的动力，只有调动起学生课外阅读的兴趣，学生才会努力寻求阅读机会，从中获得信息，从而增长知识。

1. 以讲激趣

在学习一篇课文时，教师可有意识地多介绍课文的作者资料，写作背景等相关知识，拓展学生视野，使学生学完课文有"意犹未尽"之感，产生课外阅读的愿望。教师可以从课内向课外延伸，给学生提供与课文相关的阅读书目、影视作品等，指导学生有针对性的阅读。如在学习《飞夺泸定桥》《丰碑》《金色的鱼钩》等课文后，可布置学生观看电视连续剧《长征》，阅读有关长征的文章；学完《景阳冈》后，可向学生推荐全本《水浒传》：学习《草船借箭》可以向学生推荐《三国演义》；学习《鲸》可以向学生推荐一些与自然知识有关的科学普及读物等。同时在阅读中要注意培养学生明辨是非的能力，让学生切实远离那些低级趣味、庸俗书刊。

2. 以境激趣

我们东交民巷小学语文组老师们还可以有意识地把学生带进图书馆、阅览室参观，任他们随意翻看，让他们感受课外书的吸引力，感染书迷专心致志读书的精神，感受那浓浓的读书氛围，从而激发阅读愿望。

2012 年 12 月 28 日，我所在的东交民巷小学住宿部三个班学生来到了东城区图书馆，开展了一次有意义的活动“书香生日迎新会”。

在这次活动中，东城图书馆的工作人员为同学们精心准备了认知图书馆的PPT，在详细讲解的过程中让大家认识图书馆，了解借阅图书的规则，学习检索书籍的方法。随后，家长代表发言，感谢图书馆为孩子们举办如此有意义的活动，引领他们走进知识的海洋，表示今后会经常带孩子来利用图书馆这块宝地。图书馆副馆长左堃为过生日的六位同学赠送名著读本并鼓励孩子们多读书、读好书。图书馆为每位参加活动的同学办理了借书证，与学校建立了集体借书点，为同学们广泛、深入的阅读提供了充分的条件。孩子们当场挑选了喜爱的图书，办理了借阅手续。

3. 以活动促趣

有计划、有步骤地开展精品天天读、感悟天天说活动，鼓励学生利用空闲时间，借阅书报，每天早晨向同学们介绍自己的读书心得，并记录活动过程，对阅读次数多、感悟精彩的同学给予适当的奖励。并开展师生共读活动。推荐给学生的书教师也要读，并积极和学生交流读书心得，进行心灵的对话，这样不仅有利于师生情感的沟通，而且有利于学生精神世界的充实。

在大量的课外阅读后，学生掌握了不少精妙词句，他们非常渴望得到别人的肯定。所以我们要给学生提供尽量多的机会让他们展示“才华”，定期举办读书交流活动。如可开展主题故事会、全本简介、我最喜欢的一本书、我最喜欢的一个作者等活动；定期开展“词语接力赛”“美文欣赏会”“朗读擂台赛”等活动，在活动中调动培养学生课外阅读的兴趣。课前三分钟的美文朗诵和每周一诗吟诵更是学生每天必做的功课之一。一系列生动活泼、丰富多彩的读书活动给学生提供展示课外阅读成果和个人才能的平台，使他们每个人都能品味到成功的喜悦，体会到读书的无穷乐趣。也只有这样，课外阅读才能成为孩子们生活中不可缺少的东西。

（二）创设有利的阅读环境

《小学语文新课程标准（修订版）》指出：语文课程应该是开放而富有创新活力的。要尽可能满足不同地区、不同学校、不同学生的需求，确立适应时代需要的课程目标，开发与之相适应的课程资源，形成相对稳定而又灵活的实施机制，不断地自我调节、更新发展。

根据课标的要求，老师们努力进行阅读阵地建设，阅读阵地建设可分为：校园图书室建设，班级书架建设，家庭书架建设。

（三）做好阅读内容的推荐

鲁迅先生在《给颜黎民的信》中对读书有一段精彩的论述：“必须如蜜蜂采蜜一样，采过许多花，这才能酿出蜜来。倘若叮在一处，所得就非常有限、枯燥。”这话讲得可谓精妙无比！可巧妇都难为无米之炊，如果没有书可读，学生空有一腔读书的热望，犹如蜜蜂无花可采，那又怎能酿出蜜来呢？所以，学校、家庭、社会都要积极地为孩子们创设课外阅读条件，保证孩子们有书可读，才能让他们采得花，酿得蜜。

1. 结合课内阅读教学，以一篇带多篇

收集和文章结构、主题方面相似的文章。比如在教《永远的白衣战士》一课时，让学生去找“非典时期无私奉献”主题的文章，让学生交流。这样的内容，对培养学生的阅读速度也会有帮助，因为主题相似，理解相对容易。

2. 结合兴趣爱好，自由选择

老师要对学生课外阅读的书有足够的宽容，在孩子阅读中，一直都存在着成人爱好与孩子喜欢的差距。其实我们对学生的阅读心理还知之甚少，在这种情况下，就更应该对孩子的阅读选择足够尊重。

3. 必读书目推荐

有自由，也有强制，因为学生毕竟是学生，还需要把精华呈现在他们眼前，多做些时尚的广告。主要采取推荐和自选两种形式。根据每个年级段学生的认识、理解特点，在每个年段确定必读书目。

4. 阅读生活推荐

带文字的书籍我们要阅读，但更重要的是要学习关注我们的生活，阅读生活中的无字天书，学生对此比较感兴趣，因为人似乎天生就爱各类社会资讯，同时我们将重点落在“举世瞩目的新闻”方面。

例如：两会问题、3.15 热点、伊拉克问题、韩潮等等。

这些事情的推荐，目的是让学生家事、国事、天下事，事事关心，引导学生关心生活，关心身边的人和事，在交流身边新近发生的人和事中分析问题，提高解决问题的能力，将学习和生活实践有效地进行结合。

四、课外阅读的效果

历经两年的实践研究，我们对 208 名学生又进行了一次阅读能力的测试，得出的数据令老师们兴奋不已。

阅读能力	优秀	良好	一般
对文章中词句的理解	92.34%	6.23%	1.43%
获取信息的能力	82.79%	12.32%	4.89%
概括主要内容的能力	78.62%	18.96%	2.42%
对文章表达的鉴赏与评价	63.42%	20.63%	15.95%
表达能力	72.98%	23.67%	3.35%

我们用柱状统计图来分析一下前测后测的数据对比：

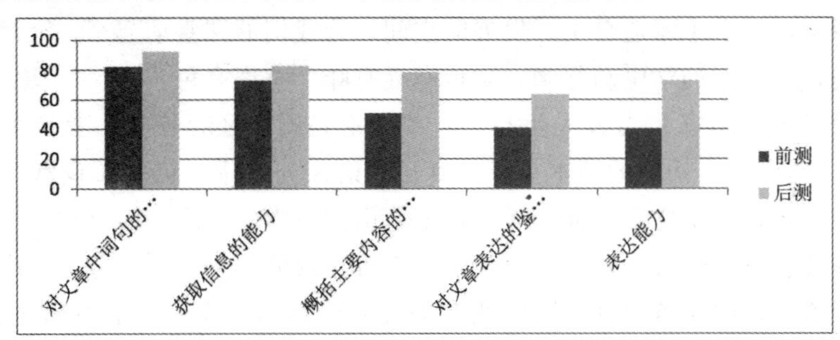

优秀率百分比统计图

从优秀率统计图中，我们可以看出，经过近两年的实践与研究孩子们的可喜进步。课外阅读作为课内阅读的延续和补充，极大地开拓了学生的视野，丰富了学生的学识，培养了学生的语文能力。作为一名语文教师，我们要积极拓展渠道，为学生的课外阅读保驾护航。让学生徜徉在书海中，在书的海洋中去积累语言，亲近母语，陶冶情操，从而达到提升文学底蕴，丰厚语文素养的目的。

总之，在组织课外阅读时，教师要发挥主导作用，充分调动学生的积极性，激发学生的阅读兴趣，努力营造有利于学生阅读的环境，训练良好的阅读方法，培养他们的阅读习惯，长此以往，就能开阔学生的视野，增长他们的知识，为他们今后的学习奠定坚实的基础。让所有的孩子爱读书，有书读，会读书，是我们的追求，也是我们的目标。

恰当运用教学策略　构建高效课堂

——让词语教学充满活力

东城区和平里第四小学　王红艳

随着新课程教学改革的步步深入，教师迎来了前所未有的挑战，面对新问题、新要求，需要我们在各个方面提出许多崭新的理念，摸索出一些非常符合学生，符合语文教学发展，符合社会进步要求的语文教学手段和方式，研究探索出由“低效语文课堂”到“有效语文课堂”，最终提升到“高效语文课堂”的教学新途径、新策略。

在当前的语文课堂教学之中，我们追求高效灵动的课堂，没有固定的模式，高效课堂的构建，也不是一朝一夕完成的，我们要根据教学任务的不同而采取灵活多样教学方法，不断地摸索和积累，让思维动起来，带着激情走进新课堂，为学生营造自主、发展的空间；让我们的课堂动起来，充满生机和活力；让我们的学生动起来，学得有滋有味、有声有色。

著名语言学家张志公先生指出："无论是阅读还是作文，首要的是字词。"词语是文本构建的基本单位，离开词语探究文本，语文阅读教学将成为无源之水，无本之木。词语教学，不是语文教学的点缀，而是贯穿于整个语文阅读教学的全过程，是阅读教学中不可或缺的一个组成部分，同时也是理解句意、理解文意的基础，因此在语文阅读教学过程中应重视词语教学。要追求阅读教学的创新与精彩，创建高效课堂，就先得让词语教学变得精彩起来，构建高效的词语教学课堂。

从新课标对各年段词语教学提出的目标要求可以看出，小学阶段的词语教学有四个基本任务：了解词语在文本中的意思，体会词语在表情达意方面的作用，揣摩词语的运用规律，辨别词语的感情色彩。教学中要想科学有序地完成这些任务，使学生得到应有发展，同时提高字词教学的效率，选择恰当的教学策略至关重要。在词语教学中应做到字不离词，词不离句，句不离篇，将识字、理解词语与课文内容融合在一起。

在教学人教版三年级上册《玩出了名堂》一课第一课时的词语教学环节，我尝试探索运用不同的词语教学策略，引导学生进行学习，取得了很好的教学效果。

一、结合语境理解词语，让词语拥有生命活力。

词语教学一定要遵循"词不离句，句不离文"的原则，在语言环境中理解词语是词语教学中一种十分重要的教学策略。学生在字典上查到的概念是死板的，缺乏感情色彩，而文章中字词所表现的思想感情是鲜活的。因而，帮助学生理解词语在一定的语言环境里的含义及其情感色彩，是培养学生语感的有效途径。

教学中对于"清闲"一词的理解我引导学生结合句子进行体会，提问："清闲是什么意思呢？你快读读这句话，看看你能不能结合句子读明白这个词的意思呢？"此时出示句子"这份工作相当清闲，他待着没事，就一边看门，一边磨起了镜片。"而后引导学生结合句子说一说"清闲"的意思。学生在语境中进行词语的理解，自然会带着自己的体会、感受进行学习，进而理解到：闲呆着，没有什么事情做就是"清闲"。此时"清闲"一词已不再是一个单纯的生硬的词语，而在语境中变活了，它将列文虎克悠闲的工作状态展现在了学生脑海中，这样将不易理解的词语放入课文情境的语句中引导学生理解体会，让死板的词语具有了生命活力，把认识活动与情感活动结合起来了，达到事半功倍的效果。

二、动手实践理解词语，动中学习充满情趣。

词语理解最容易也最让学生感兴趣的方法是动手实践。让学生在实际动手操作的过程中理解、体会词、句的意思，既可帮助学生理解词语，又可有效地保持了学生的学习兴趣。

教学“放大镜”一词时重点是引导学生了解放大镜的样子及其作用，为接下来的课文学习奠定基础。部分学生在生活中接触过放大镜，了解它的作用，而对于它的样子往往忽略掉了，在教学中我仅仅抓住列文虎克“磨”镜片做成放大镜的样子带领学生亲自动手摸一摸放大镜，亲身感受到放大镜中间厚四周薄的特点，而后通过学生使用手中的放大镜亲自实践，看一看小得看不清的文字在放大镜下的样子，体会放大镜的作用。这样，在学生充满兴趣的亲手摸一摸、亲眼看一看的活动之中，对词、句的准确理解便是水到渠成的事了。

三、借助动作帮助学生理解词语，简化教学过程。

做动作也是一种理解词语的好办法，即通过引导学生做动作来直观地理解词语、领会词语的意思。课文中出现了“显微镜”一词，对于三年级的学生来说，绝大多数孩子从来没有见过显微镜，更别说准确理解课文中所说的“他越玩越带劲，就把一片放大镜固定，让另一片放大镜可以随意调节，这样就做成了一架简单的显微镜。”一句的意思了。我们现在使用的显微镜与课文中所介绍的列文虎克发明出的第一台显微镜比起来构造要复杂得多，如在课堂中让孩子们实际观察显微镜的构造便把教学内容复杂化了，而且也不是本课教学的重点内容，因此如何采取恰当的教学策略帮助孩子理解该词，同时又能让学生更加直观地感受到显微镜的构造便成为了此教学环节策略设计需要解决的重点。在教学中，我首先出示句子“他越玩越带劲，就把一片放大镜固定，让另一片放大镜可以随意调节，这样就做成了一架简单的显微镜。”让学生读句子，提问：“列文虎克发明的显微镜是由几片放大镜组成的呢？我们的两只手分别就是那两片放大镜。请你根据句子的意思，边读边做手势来表示一下列文虎克发明的显微镜什么样。”这样，孩子们用他们的“放大镜”做成了那架简单的显微镜，通过手势帮助他们了解了显微镜的构造，体验了显微镜发明的过程。这样，既避免了繁琐的讲解，简化了教学环节，又提高了课堂教学效率。

四、联系生活实际，以词语搭配练习为梯，理解词语。

词语教学要遵循“学以致用”的原则，要致力于引导学生在用中学会词语，可见，运用词语也是帮助学生理解、体会词语意思的一种有效的策略。教学中引导学生体会、理解“调节”一词时，我首先举出实际运用搭配的例子“调节亮度”，而后让学生说一说还可以说调节什么？结合学生自己的生活实际，他们会搭配出“调节温度、调节湿度、调节高度”等一系列的词语，这样，引导学生在词语搭配的实际运用过程中自然而然地对“调节”一词进行了理解，同时也避免了生硬地查字典解词给学生带来词义理解上的灌输式学习，达到了自然习得的目的。

五、利用词语理清课文主要内容，将词语与课文内容巧妙联系。

语文教学当与人的言语生命特性相统一，语文教学的目标当与人的言语生命规律相契合。借助文本，促进学生言语思维的发展，当是词语教学的一项重要旨归。在词语教学中，教师要善于借助文本，与课文内容相结合，相互照应，从而，使学生对词语与课文融会贯通。

在本课教学初始，教师板书“列文虎克”并对该人物进行了解，而后教学中由学生从课文中找出列文虎克的玩具并板书在黑板上，即：镜片、放大镜、显微镜，并分别对这些词进行了理解。在接下来的教学中了解到“微生物”的相关知识，并板书于黑板上。此时，板书中出现的词语为“列文虎克、镜片、放大镜、显微镜、微生物”。而后我请学生整读课文，并思考用几个箭头将这些词语连起来，你会怎么连？为什么？此时，这些看似词语教学环节中的生词其作用已不再是单纯的认读、理解了，而成为了贯穿课文内容的一条线、理解文章的一座桥梁。学生将对课文的初步感知通过简单的几个词语表达了出来，即：列文虎克把镜片四周磨薄成为放大镜，利用放大镜制作出了显微镜，进而发现了微生物。这样，借助词语进行表达的策略设计既帮助学生理清了文章的记述顺序，同时又解决了学生对文章主要内容不会概括的难点。而此时，学生对课文的主要内容也有了了解，达到了以词串文的目的，可谓是一举多得。

由此可见，在阅读教学中的词语教学环节中，要想从多角度入手，采取不同的教学策略开展教学活动，达到完成初步感知课文的教学任务，提高课堂教学效率，增加教学中知识的深度与密度，同时调动起学生学习的兴趣及参与学习的积极性等一系列目的，恰当运用教学策略便显得尤为重要，也只有这样，才能将词语教学与知识的传授、能力的培养、思维的训练、方法的习得、情感的熏陶融于一体，真正达到工具性与人文性的和谐统一，使词语教学变得高效，尽显其魅力。

浅谈多元联动式主题教学的开发与实践

和平里第一小学　富津津

一、问题的提出

“以学生发展为本”是北京市基础教育课程改革的基本理念，培养学生的创新意识和综合实践能力是改革提出的发展方向。在实践中我们努力把新观念、新教材、新方法融合在一起，并在课堂教学中给予有效实施，但是在实验中我们也遇到了一些具体问题。这集中表现在：

1. 我国教育中各学科在教学内容和教学方法上存在着诸多重叠和交叉，知识的传授往往分解得过细、过专，在教学过程中各学科之间缺少沟通。

2. 有些概念在多门学科都要学到，但现行教学往往从各学科的角度分别教学，无法相互协调和配合。学生难以获得统整经验、省思学科知识间的关系。

3. 新教材中有许多的教学内容是互为补充和相互关联的，但如何更好地发挥新教材的作用，让学生获得最大的学习效益，我们还缺乏经验。

我们的认识是：

新教材的教学内容在编排结构上做出较大调整，学科间在知识内容，思维训练等方面有很多相通之处，且各有特点。我们应该着眼于培养学生的综合能力，寻找一个有效途径，开发教材，统合资源，创设新的教学方式，寻求最佳的教学效果。因此我们将我校课改实验要解决的问题目标之一锁定在“学科联动‘主题教学’”上。

二、研究进程

（一）实验最初的设想

本实验提出的“学科联动‘主题教学’”是指以实验教材为基础，以提炼不同学科中具有内在逻辑和价值关联的教学内容为重点，以重新组合教学内容后生成的单元任务目标为主题，以在同一时间段内几个学科连续组织教学为组织形式的一种教学模式。

我们的设想是：以语文、数学两科为主，其他科任学科为辅开展实验。

通过“学科联动‘主题教学’”，改变学科分离的现象，激发学生的学习情趣，培养学生的创新意识和综合实践能力，帮助学生形成关于知识的整体性认识，提高学习效率、提升学习质量。

（二）制定确立主题的原则

统整学科间相关教学内容、开掘主题是开展“学科联动‘主题教学’”的第一个环节。由于主题的确定直接关系到联动与教学这两个环节的组织与操作，所以学校对主题的选题给予高度重视，并提出确定主题的四条原则：

1. 指向性和可行性原则
2. 立足校本实际原则
3. 适应学生需求原则
4. 尊重学生自主性原则

（三）研究学科联动的组织策略

学科联动使传统意义上分科教研的组织形式发生变化，呈现出学科内与学科间双轨备课的复线形式。为了保证实验的顺利进行，学校以备课为突破口，从学科联动的教学需要出发，对教师教研的组织策略进行了调整。（见下图）

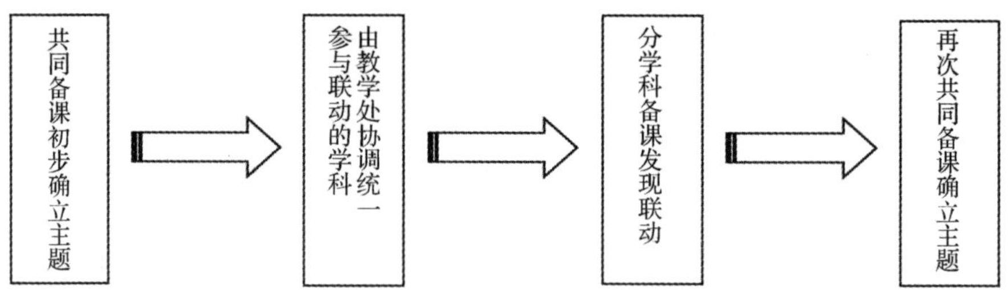

学科实现联动，关键在于设计。为了推出好的操作设计，教师们经历了提出创意→分科设计→交叉说课→磨合调整→实践验证→分析问题→研究对策的研究过程，总结出学科联动的设计要领：

1. 学科联动主题教学要有明确的总目标，同时又要有各学科的学科目标。总目标要兼顾学科间教学目标多元化的特点，体现学科间教学目标的整合；学科目标要依据三个维度来确定。

2. 教学内容的设计应克服旧的惟理智主义的知识观，在关注学科双基的同时，要体现学科内容与学生生活、当代社会生活的整合；文本教材与网络资源、生活资源的整合；学科的传统内容与学科的新发现、新观点、新问题的整合。

3. 教学过程的设计应以“目标——策略——评价”为主线安排，力争体现“活动——体验——表现”的要求。过程的实施应关顾学生的主动参与，让学生在观察、操作、讨论、质疑、体验和探究中学习知识，完善人格。

（四）探索研究主题确立的目的

1. 以补充、延伸为目的

以补充、延伸为目的确立的主题旨在通过“学科联动”，使学生在某一学科中所学的知识，在其他学科的学习过程中能够得以补充和延伸，通过不同学科中教学内容或学习方式的交叉与渗透，拓展学习视野，提高学习效率。

例如，二年级“我爱北京”的主题：

语文学科：通过课件冲击学生的视觉、激活学生的思维、调动学生的情感，使学生处于积极主动的学习状态，借助主题信息（赞美北京的歌曲、有关北京美丽景色的图片）的收集、交流，让语文课堂开放而丰富多彩。最后以开放性的作业作为结束：学生可以写美丽的北京、可以画美丽的北京、可以唱美丽的北京……

美术学科：通过描绘家乡北京的美丽景色，形象生动地表达自己热爱北京的感情。

英语学科：课上创设用英语以对话的形式向外国朋友介绍北京的情境。通过向外国友人介绍的形式，增添民族自豪感。

音乐学科：通过欣赏与吟唱，感受浓郁的北京风情，进一步加深学生对北京的热爱之情。使学生在语文课上产生的热爱北京之情得以延伸与拓展。

这四个学科的有机整合，使学生联想到自己是北京明天的建设者，应当树立远大理想，祖国的未来寄托在自己身上，真正抒发出自己对北京、对祖国的热爱之情。这就于潜移默化中培养了学生高尚的情操和审美意识。

2. 以应用为目的

以应用为目的确立的主题是指针对学科联动过程中有利于学生活动而提炼出来的主题。这类主题应便于学生参与活动，在活动中应用所学知识，加深对所学知识的理解。

例如，三年级“对称”主题：

美术学科：通过欣赏北京古塔的对称美以及动手剪出美丽的图形，初步了解“对称”概念并有所感悟。

数学学科：从数学的角度让学生对“对称”的概念加以延伸、总结与概括，感受数学平面图形的对称美。

书法学科：通过欣赏汉字的对称美，加深理解“对称”，从而体会我国书法艺术的独特美感，以提高学生书写能力。

体育学科：教师引导学生把从美术课、数学课中所学到的“对称”知识加以变通和运用，通过正确的动作、优美的姿态，创造出独特、对称的造型，从而进一步加深了对“对称”这一概念的理解，同时也使学生感受到形体动作与造型的对称美。

这四个学科的联动教学，帮助学生从多侧面、多方位、多角度理解了“对称”，通过从平面到立体，单一到整体，从简单到抽象的学习经历，使具有丰富内涵的概念在反复应用中得到识记、理解和强化。

3. 以生成学习需要为目的

有一些学习内容，概念抽象，学生理解困难，也感到枯燥乏味。学生对此类学习缺乏兴趣，也难以产生学习需求。以生成学习需要为目的确立主题就是要解决这个问题。这类主题更加强调教学内容的内在联系，使学生能够在主题提供的环境背景下产生学习需求和愿望，变被动的接受为主动的获取。

例如，三年级的“统计”主题：

体育学科：既要安排原地拍球知识的学习又要为下一节的学习提供从事数学活动的机会，提供知识源于生活的学习情景。

数学学科：以体育课上原地拍球的学习经历为资源，通过统计、比较，感受体育课上三次拍球数据的变化，思考统计结果带给我们的启示，从而产生学习的需求，获得“统计”的数学概念、掌握认识新事物的基本方法，发展数学能力。

品德学科：通过各种数据统计形式体会到北京日新月异的变化。既实现了品德课的教学目标，又创设了将统计知识转化为实际操作能力的机会，保持了学生学习需要的稳定性。

上述类型的区分是为了表述的方便，在实际应用中，它们是相互融合又各具特质的。学科联动课程的实施软化了学科边界，强化了不同学科间的知识的综合与应用，学生在某一学科内没有完全理解的问题，在另一学科的学习过程中可以进一步加深理解。

4. 以培养实践能力为目的

这是针对培养学生综合实践能力，提高学生知识的综合化以及探究能力而设计的，此类型的联动课突破以往的课堂教学模式，让学生走出校门、走进社会、向社会各界人士、专家、学者学习，将学到的知识应用于社会，力争给学生提供一个“自由发展”的空间。

例如：五年级“走进北京”主题，我们就是以同心结活动为切入点，通过活动让学生认识首都北京的历史、文化的发展过程，感受自己身边的变化，激发学生了解、认识自己家乡的欲望。并能运用自己了解的历史文化知

识来宣传首都北京，使更多国家的人民了解北京、热爱北京，从而增进各国人民的友谊，

我们用两个月的时间以学科联动的形式开展“走进北京”的主题实践活动。首先老师通过参观首博、阅读介绍北京的书籍、收集相关的信息等途径确定自己将带领学生开展研究的专题，然后又对学生进行了问卷调查，以及时调整活动方案，最终学生成立了若干小组，分别对“北京的牌楼”“北京城的胡同”“老北京的童年”“老北京的戏曲”“北京的味道—风味小吃”等方面开展专题研究。

每一个专题我们还将从不同方面引导学生去了解北京，例如“北京城的链接——胡同”这一专题小组，英语教师带领学生通过去图书馆借阅，上网搜索等方式查找北京著名胡同的英文资料，如名称、名称的来源（故事），并引导学生通过分享资料、参观胡同展、做义务小导游等活动，运用英语简单介绍自己了解的胡同知识，以实现培养学生观察、自主学习和团结合作的能力；而语文学科则偏重引导学生研究胡同的起源及发展，搜集查找有关北京有趣、有名的胡同。使学生对老北京的胡同产生热爱之情，为2008年即将召开的奥运会服务，让更多的外国人知道、了解北京，为北京名扬四海尽自己微薄的力量。

通过实践，我们开发出了《春天》《走进北京》《品味老舍》《抗荒漠化》《奥运与我》等主题实践活动，并使其成为我校的传统活动。

经过不懈的努力，现在我校进行的主题联动已经不再是单纯的、学科间的、仅仅停留在教学内容重组层面上的“联动”了，而是以“丰富多彩的教育活动”为载体，教育、教学相结合，使学生在活动中认知；在活动中习得知识、提高能力；在活动中体会感悟；在活动中养成好习惯。从而形成了我校“多科联动、多育互动、多元整合”的特色。

让语文综合性学习充满活力

——走进生活中的传统文化

和四小　宁凤梅

一、问题的提出和研究的价值

语文课标强调，综合性学习应强调合作精神，注意培养学生策划、组织、协调和实施的能力。突出自主性，重视学生主动积极的参与精神，主要

由学生自行设计和组织活动，特别注重探索和研究的过程。提倡跨领域学习，与其他课程相结合。

三年级语文课程中第一次安排了语文综合性学习，“走进课余生活”“生活中的传统文化”“调查周围的环境”等，内容丰富多彩，在语文综合实践课的广阔天地中，蕴藏着丰富的自然、社会、人文等多种学习资源，教师应充分考虑学生形象思维活跃、好胜心强等特点，遵循学生自主发展、探索发现、交流合作等原则，沟通课堂内外，充分利用学校、社会、家庭等各方面的资源，创设语文综合性学习的环境，循序渐进地开展多种形式的语文综合性学习活动，增加学生在各种场合学语文、用语文的意识，多方面提高学生的语文能力。这样既能丰富学生的语文知识，又增强了学生的语言文字的运用能力，还使学生的个性、智慧得以充分施展。

“走进生活中的传统文化”这次综合性学习，让学生感受传统文化的博大精深，感受传统文化就在我们的身边，教师从学生的兴趣出发，学生自主探究，运用多样化、个性化的学习方式，通过调查实践、亲身体验，信息技术的应用等方法，开展问题解决活动以及交流、协作、表述等方式，为学生创造了施展多种才能的机会。加强了课堂内外的衔接，语文与生活的联系。

二、研究的实施步骤

（一）确定研究主题，制定方案，收集资料

1. 激发兴趣，定主题

五单元的课文学习，为学生打开了中华传统文化的一扇大门，教师让学生畅所欲言，如你喜欢的生活中的传统文化是什么？学生根据自己的兴趣、爱好，班上就出现了民间工艺剪纸、风筝；传统节日（对端午节中秋节、春节、端午节的研究）民间艺术京剧、相声、皮影；饮食文化——传统小吃；书法篆刻；建筑；太极等等，研究的内容纷繁多样的。

2. 指导分组，定人员

对于刚刚走入中年级的学生来说，他们对综合性学习这一学习形式还是陌生的。学生需要在教师的指导之下逐步习得，小组成员的确定非常关键。为了今后活动的顺利开展，成员之中必须包含那种有活动热情、认真负责、具备一定组织能力的骨干，在开展活动时，尽量使这些学生带动大家一起参与。

3. 建立资料包，查资料

教师和学生共同设置表格，运用多种方式查找资料，孩子运用多种方式查找资料，上网、实地参观，考察，体验，采访等，在资料包中保存精选的资料。

表一：

我感兴趣的生活中的传统文化名称	1. 了解传统文化历史、由来。 2. 借助资料用几句话表述。	欣赏 （实物、图片、照片、录像）	外请专家 （学科老师、家长、艺术家）	建立文件夹，保存精选资料

表二：

活动主题	调查时间	地点	获取信息的途径	调查收获

《课程标准》指出："语文是实践性很强的课程，应着重培养学生的语文实践能力，而培养这种能力的主要途径也应是语文实践。"综合实践活动的一个核心就是重在实践、在活动过程中实践。陶行知先生曾经说过："一切生活都是课程。""社会即学校，生活即教育。"应让课程建设回归生活世界，课程设计向真实生活情境转化，让学生走向生活，走向社会。让孩子们走进生活，了解生活中传统文化。

班上出现了天津听相声；采访邻居爷爷了解京剧，走进京剧院；实地参观四合院、胡同，买模型动手拼插，走进小吃店，品尝。教师引导学生走向社会，通过多种途径，调动学生积极进行社会调查，亲耳听，亲眼见，耳濡目染，感受生活中浓浓的传统文化。

（二）确定研究重点，筛选、整理信息

学会通过多种渠道、方法收集的信息是零散的、繁多的，学生学会对材料进行整理、为我所用。

1. 围绕主题定重点

教师引导学生根据收集内容，确定研究重点，围绕重点筛选材料，与重点有关的整理的多一些，细一些，详一些，其余材料可以略。

例如：

传统戏曲——京剧

学习了解内容：传统戏曲——京剧

①京剧起源、唱腔与流派

②京剧角色：生、旦、净、末、丑

③有趣的脸谱

④著名表演艺术家、唱段

2. 确定汇报形式

在共享和交流的过程中，要尊重学生在学习活动中的丰富个性的体验。了解他们感悟了什么，程度怎样；体会到了什么，程度怎样。教师和学生要进行换位，认真地听取学生的意见，让学生来做抉择。学生各抒己见、争论不休的时候，老师并未过早阐述自己的观点，而是让学生自己提出问题，并通过调查、收集第一手资料，在讨论、分析的基础上进行交流，形成研究汇报，较完整地体现了综合实践活动实施的一般程序。

“生活中的传统文化”，虽然内容丰富，但如果脱离了学生现实的生活场景，那必将是无源之水，无本之木。创境促说，调查展示各抒情怀、角色扮演、才艺展示等活动让学生置身于和谐的情境中进行多元感悟，亲自去体验、感受传统文化所绽放的生命异彩，以“趣”促交流，以“情”促互动，以“活动”促使全体学生积极参与，力求整合教学资源，多种形式，让学生全面提升语文素养。

（三）个性张扬，汇报交流，提升语文素养

1. 多样

90 分钟的展示课，教师力求多样课标明确指出：“要积极倡导自主、合作、探究的学习方式。”走进教室，孩子们就被这一张张布置各具特色的展台吸引着，京剧组的脸谱人物、北京小吃的多样的品种、各种造型的风筝，学生看着、笑着，期待着。

课上，学生采用了自己喜闻乐见的学习方式，各小组展示形式上有用图片的，也有用表格的，有 PowerPoint 制作，也有 Flash 动画演示，还有用三句半的等。展示内容涉及了文学、音乐、美术、表演、劳动、信息技术、地理等学科的知识，学生综合运用学科知识的能力在本次学习实践活动中充分得到了锻炼。还有合作方式多种多样，有一人解说一人演示的动静式；有一人主讲多人补充的主次式；有多人齐上的角色演分配式；有你问我答的质疑答疑式等。

春节情景剧表演让学生真正走进老北京的传统节日。学生在贴春联、守岁、吃年夜饭等习俗感受节日的快乐，感受节日的文化；剪纸、建筑的专家讲解让学生沉浸其中；饮食文化的实地拍摄、品尝，让学生跃跃欲试。剪纸组请来了美术老师现场传授剪纸的秘诀，精湛的剪纸作品，让学生们赞不绝口。

2. 互动

整个展示过程中，学生始终处于一种动态交流之中。台上在演示，生生互动；相声组的绕口令的学说，京剧组孩子们请来自己的妈妈来介绍、教唱，小吃组的叫卖声等等。台下的学生则在倾听、思考。整场展示呈现出一种合作竞争、资源互补、成果共享的良好氛围。

3. 生成

在展示活动中，通过多方互动，自由参观展台，使学生对其他小组的实践课题材有所了解，并促成他们新的思考，激发了学生的思维火花，产生新的实践课题。

4. 训练

在综合实践课中，力求语文能力的提高。教师和学生一起研究，汇报形式的口语化，让听者容易受感染；相声组学说绕口令，建筑组的填词练习；传统节日的讲故事；风筝组的讲述做法；小吃组的描述饮食的形、色、味；在回顾研究历程后的小练笔：在你们学习和研究的过程中，你们有什么收获？今天，听了这么多介绍、展示，有什么收获和感想呢？让学生围绕一个意思写具体。

从课内到课外，学生将一次次受到生活中传统文化的熏陶，一次次完善着自己的语言，一次次强化着交际的信心，进一步体会这些传统文化带来的那种幸福与关爱。

三、家长感悟

家长和孩子参与综合实践课的历程：

老师和她的39个优秀的孩子完美地完成了“传统文化主题”区课。浏览着宇凡妈妈现场拍摄的照片、听着孩子传神地讲述，家长们细细回味着这一个多月大家点点滴滴辛勤的努力，感慨万千……

“作业”来了！

学校开展综合性学习，选择一项传统文化，搜集资料。刚好赶上十一长假，这是一个绝好的让孩子扩充课外知识的机会。

操练起来——实践活动开始

学生们忙碌着，剪纸组购买剪纸书籍和剪纸材料，建筑组走进四合院、胡同，流连其中，还有的去天津听相声，去梅兰芳大剧院学习，去小吃店了解、品尝美食。孩子们的十一长假充实忙碌。

没有结束，刚刚开始……

“传统文化主题”区课完美谢幕，虽然没能亲眼看到老师和孩子们的优秀表现。我却被那一张张照片和孩子的讲述深深地感动着！综合性学习没有结束，它开启了孩子们求知的大门，探索在这次课程之后，才刚刚开始……

四、引发的思考

语文综合实践活动课是学生将已有的语文知识技能在实践中应用，又在应用中获得新知、提高能力的过程，是将“课内”与“课外”衔接起来的“金纽带”，是“有字书”与“无字书”的联结点，是学生活用课本知识、走向社会施展才华前的一个练兵场，让语文综合实践课充满活力。回顾“生活中的传统文化”和孩子们的学习历程还有很多值得思考的地方，应让更多的孩子参与、了解多样的传统文化，感受文化的魅力。如自由参观展台，教师可以更开放一些，剪纸组让学生动手剪一剪，书法篆刻组拿起毛笔尝试写一写，指导学生在参观中有实实在在的收获。

“走进传统文化”让综合实践课充满底蕴；实地参观学习阅读，让写作训练渗透于综合实践活动课；专题交流，让单元主题教学引领综合实践活动课。注重了过程性评价，尤其是重视对学生的积累意识、兴趣、方法、习惯的评价，紧扣教材，让学生感到教材就在自己的身边，贴近学生的生活实际，使语文综合实践活动更加扎实有效，追求识、读、写、思整体化，扩大了识字量、阅读量，促进了思维，开发了潜能，让学生在活动中发展，提高学生的综合素质。这样才能使小学语文综合实践活动课的开展扎实、高效，充满活力。

借助文中相同句式　指导学生读写结合

东城区西中街小学　刘　平

学习语文是不能脱离生活的。学习语文是为了将来在生活中能够合理地运用。语文的特点是从生活走向文字，再由文字走向生活的过程。正如：《语文课程标准》中所倡导的让学生更多地直接接触语文材料，在大量的语文实践中体会、掌握运用语文的规律，而不宜刻意追求语文知识的系统和完整。培养学生的迁移能力，是学生学会学习，提高表达能力。学生迁移能力的培养不是一蹴而就，需要教师在教学中以教材为依托，找到教材与教学的契合点，找到读与写的结合点。

一、模仿语言形式，学习文中迁移

文中迁移是学生模仿文中的语言形式而并非跳出文本，低年级学生只有在不断地模仿语言的过程中，才能形成有条理的思维，最终将学习的语言内化为自己的语言。

在教学二年级上册《称赞》一课时，文中用浅显生动的语言讲述了小刺猬和小獾互相称赞的故事。细细读来，我发现故事中称赞的语言虽然简单，却是话语真诚，发自内心的，给人以快乐和自信。基于以上教材内容，我及时捕捉到文中的语言形式。借助文中称赞的语言形式，启发孩子们善于发现别人身上的优点，指导他们初步学习如何真诚地称赞别人。

对于关键句子的学习是第一学段的重点学习内容。这篇文章比较长，我重点引导学生关注人物对话的内容，“清晨和傍晚小刺猬和小獾它们说了什么?”这几组对话中我又进一步引导学生重点发现小刺猬和小獾之间相互称赞的语言，通过再读，学生发现相互称赞的语言集中在第三和第九自然段。

学习语言主要是运用，得意得言。这篇课文了解称赞的作用对学生来说不难，而真正懂得怎样才能叫真诚地称赞，进而初步学会如何真诚地称赞才是文章的核心。我再次抓住小刺猬称赞小獾的话，“你真能干！小板凳做的一个比一个好!”学生通过读首先了解称赞的内容是先说什么，再说什么。然后通过句式比较，发现称赞的话先夸夸哪方面好，再说说怎么好这一语言特点。进而学生在学习了文中小刺猬称赞小獾的语言形式基础上运用自己的语言来夸夸小刺猬。有的学生说道：“你真能干！苹果摘得一个比一个红!”有的学生说道：“你摘的苹果真甜啊！我从来没有吃过这么好吃的苹果!”

我引导学生学习的过程是从认识句子，了解内容入手，进而学习文中语言形式，在学习中帮助学生形成有条理的思维。

在学习一年级下册《要下雨了》一课时，文中用浅显生动的语言讲述了小白兔与燕子、小鱼和蚂蚁间的故事，介绍了在夏天里燕子低飞、鱼游到水面、蚂蚁搬家这三种预示即将下雨的现象。细细读文，我发现故事中的语言虽然简单，却充满情趣，告诉了孩子们通过观察大自然能够预测天气的变化，激发学生在生活中学习的兴趣。借助对话中“______正______!”的句式，启发孩子们善于发现自然现象与下雨前兆的关系，在生活中去学习，并结合课后题指导他们练习说话。

讲到第六、九自然段时，我抓住小白兔和小动物们的对话，启发学生说说要下雨了小鱼和小蚂蚁在干什么。

学生通过读文比较容易了解到因为要下雨了，水里闷得很，所以小鱼游到水面上透透气。因为要下雨了，蚂蚁为什么正忙着搬东西？此处结合图和生活经验引导学生想象。学生的思绪由此生发，他们想到蚂蚁的家在地上、树下。雨水会把蚂蚁低处的家冲毁，所以蚂蚁要在雨前搬东西。

通过学习燕子与小白兔对话中“______正______!”的句式，启发学生结合课文内容练习说话，填一填空：“要下雨了，______，小鱼正________呢！要下雨了，________，蚂蚁正______________呢!”雨前，会有怎样的现象，小鱼和蚂蚁正在干什么？

二、发展语言内容，学习文外迁移

称赞是人类最美丽的语言！对于二年级的学生他们不太善于观察身边人的优点。因此，我引导学生想一想自己平时看到的身边的朋友、家人的做得好的地方。我选取了贴近学生的生活的、让他们感兴趣的话题。结合年段特点，在《称赞》一课的教学中我设计了一张称赞卡。

1. 我拿起（　　）的生字本看了看，说：“______一比一______!”
2. 我捧着（　　）种的花，（　　）了（　　），说：“__________!”
3. 我端起（　　）做的（　　），（　　）了（　　），说：“________ __________!”

其中创设计了三种不同的情境，包括对小伙伴、对家人的称赞。称赞卡虽小，仔细地看，其间包含着发展学生语言的三个不同层面：从学习文本语言，到迁移文本语言，最后灵活运用语言。

在学生表达过程中我关注到不同层次的学生，并不是三个句子都要求学生写，而是根据自己熟悉的、有切身感受的事情，有所选择地写。

在孩子们说的过程中他们面对面，带着语气向他人表达真诚地称赞，而接受称赞的人表达谢意。孩子们在表达的过程中再一次感受到真诚称赞的作用和意义。

《要下雨了》一课中，我抓住小动物说的话进行对比，了解对话中前面写要下雨了，后面写出了下雨时的现象，动物都正在干什么这一行文的特点。我启发学生想想大自然中我们还观察到雨前有什么现象，动物朋友正做什么事，运用自己的话来说说。学生结合生活经验，想到平时看到的蜻蜓、蚯蚓、青蛙和蛇在下雨前的特殊反应。

我设计了一张发现卡。

要下雨了，蜻蜓正______________！

要下雨了，____________________，蚯蚓正______________！

要下雨了，____________________，____正______________！

三、拓展延伸生活，提高表达能力

《小蝌蚪找妈妈》是一年级下册的一篇老课文。对于这样一篇老课文，以前的学习中，我们常以讲读为主，随着新课程改革，我们在发展学生认知的同时，提升学生的表达能力。这要求教师找准文中学生的读写结合点。这篇课文中对小青蛙和小蝌蚪的样子进行清楚了描写，运用一定的观察顺序、写出了小动物的特点。

教学中通过复习检查环节学生复习积累描写颜色的和样子的词语：如：碧绿的、大大的等，并让学生照样子再说几个。学习课文第一自然段描写了小蝌蚪的样子的语句。重点抓住文中写的小蝌蚪不同部位的样子，启发学生找到作者是怎样描写小蝌蚪样子的顺序和怎样通把每个部位可爱的特点写清楚的。让学生通过背诵积累下来。学习第 2 至 5 自然段时，让学生思考小蝌蚪是怎么找到妈妈的。学生带着问题读，从文中找到鲤鱼和乌龟的话，并从人物语言中了解，小蝌蚪没找到妈妈的原因是因为鲤鱼和乌龟没有把青蛙的外貌特点说完整。学生通过运用前面学习的观察蝌蚪的顺序自己试着完整地说说青蛙的样子。

以往的教学中通常将课文的学习停止在描写小蝌蚪和青蛙的样子，而本课教学中我大胆以教材为依托，初步指导学生学习描写小动物的样子。我引导学生观察身边很多可爱的小动物，以小白兔为例通过出示填空“小白兔的眼睛____，身子____，尾巴____。”引导学生说出可以描写小白兔的哪些部位，抓住小白兔这些部位的特点互相说说。并让学生从发言中积累精彩的词语、语句把小白兔的样子写清楚。

这一读写的结合点不仅使学生学会言之有序、能够抓住事物特点写清楚，同时将学生的表达延伸至生活，激发学生观察身边小动物的兴趣。

借助文中相同句式指导学生读写结合，学生通过模仿语言形式，学习文中迁移；发展语言内容，学习文外迁移，拓展延伸生活，提高表达能力。

情境是“稻田”，实践是“肥蟹”

史家小学　张　伟

近年来盘锦的红海滩名声远扬，去过那里之后，才发现早已令盘锦闻名的则是稻田蟹，更有蟹田稻。起初以为是文字游戏，后来亲口吃了才晓得：那以蟹粪为肥的田地，产出的稻米真香；而在水清苗壮的稻田里长成的青蟹真肥。究其原因，正是共生互利的原因吧。由此，我想到情境与表达的关系，想到阅读与表达的关系，又何尝不是稻田与肥蟹的关系呢？稻田里有清水、杂草、绿萍和底栖生物，这些就是“生命之源”，它如“情境”；肥蟹就像“语言实践”，在丰盈的环境中茁壮成长。语言表达能力就是在生动的情境中实践而成的。

随着课程改革的深入，我们设计课堂教学时越来越关注“工具性和人文性的统一”。落实在课堂教学之中，强化训练口头表达和文字表达能力，以落实“运用语言文字来表情达意”，已经成为我们课堂实践的研究重点。《语文课程标准》指出：“语文是实践性很强的课程，应着重培养学生的语文实践能力，而培养这种能力的主要途径也是语文实践。”在实践中体验，实践中感悟，实践中创造，实践中形成语文素养。现以《创作打油诗》为例，谈谈我是如何创设情景，进行语言实践的，在阅读中实践，提高学生的语言表达能力。

一、为语言实践创设情景

（一）环节1：创设语言情景

1. 同学们，你们到这里来上过课吗？快四处看看，想说什么？

（预设教师导语：今天礼堂变学堂，学子展风采。舞台变讲台，长成栋梁材。）

2. 告诉你吧，台下的老师来自千里之外的吉林，你想对台下老师说什么吗？

（预设教师导语：吉林北京千里远，一个课堂连起来。）

3. 咱班同学看过来，有趣的课程要开讲，今天说说打油诗，我们大家乐中学。

在课前谈话时，让学生观察上课环境，导入新课时，我将教师的语言都有意识地设计成打油诗形式，为的就是“未成曲调先有情”吧。学生一下子就被老师新鲜独特的语言所吸引，一下子就激发了学习的兴趣。

（二）环节 2：创设观察情景

1. 体验观察：在轻松愉快中，我们记住了这么多打油诗，你们喜欢吗？你们那么高兴，还想看看刚才学习的场面吗？我们一起来看，一边看一边想，一会说说哪个场景或者哪个人物给你留下印象最深？（回放画面）

2. 交流点拨：把你感受最深的人物或场景描述给大家听——说哪张调那张

＊＊描述表情——追问——我想把你来采访，当时你想什么？

＊＊描述动作

＊＊场面——全班、身边的几个人

3. 小结：你们都有一双慧眼，看到了大家的表现，这群像在场面描写中叫“面”。

我们即看到了大家愉快学习的群像，又观察同学的表情、动作的特写，这样的描写就是场面情景。

语文课上的读诗背诗，学生在体会打油诗的特点时全身心投入，他们参与实践活动之中，往往是当时思考多，自己体验多，而观察他人少，观察场面更少。于是，借助现代化的教学设备，将刚才学生活动的情境拍摄下来，再进行回放，这次是以第三者的角度仔细观察刚才自己和同学的真实表现，极大地激发了学生的学习热情，也为学生更细致观察发现提供可能，为全面、细致地描写奠定了基础。

（三）环节 3、4：创设表达情景

环节 3、创作打油诗

A 在活动中我们经历着，也观察着大家。我情不自禁地也创作一首打油诗：眼睛就是照相机，大脑就是存储卡，心灵感受细捕捉，都是生活有心人。

B 指名读要求：听了我的打油诗，有的同学已经跃跃欲试了。好，现在请你以今天讲课现场为内容，从走进礼堂到现在上课，你也可以把难忘的印象深的来创作一首打油诗。可以独立创作，也可合作完成。活动中别忘记观察。

1. 学生创作打油诗

2. 交流点评：

学生例文 1：拿起纸张，行行文章。有声阅读，无声欢笑。

眼似弯刀，面带微笑。起笔成章，连声说妙。

——六 8 贾秀怡

学生例文 2：现场真热闹，老师不可少，我们台上学，老师台下瞧，热闹！

小眼睛看老师，今天内容真奇妙，台下掌声连不断，台上议论乐陶陶，奇妙！

——六 8 杨慕涵

学生例文 3：打油诗真有趣，同学读来真顺口。一人两人三人读，四五六七八九笑。

——六 8 赵悦含

环节 4、场面描写练笔

A 刚才我们一起创作打油诗，现在想请大家回忆一下，这个活动的过程。

B 聚焦情景：哪一个情景给你留下的印象最深？

C 都说言为心声，不吐不快时就是我们动笔表达时。现在每个人选择整个活动中自己印象最深的一个情景写下来，我们一会儿交流。

D 交流点评：

学生例文 1：这节课给我印象最深的就是分享时刻。我的创作刚刚完成，抬头看，有的同学正凝神看着前方，然后又低头提笔，“刷刷刷”写起来；有的同学们一手捂着嘴，一手拿着学习单边读边笑，要不是手捂住嘴了，一准笑出声儿来；还有的同学在奋笔仍疾书……终于到了展示环节，第一个上台的是吴雨晴，文静的她轻轻地念着，台下有的同学凝视沉思，有的同学哈哈大笑……各种各样的趣事都被同学们用打油诗的方式记下来了。

学生例文 2：在礼堂上课的机会可真不多，在这节课中，给我印象最深的是创作环节。台上老师刚讲完要求，很多同学就迫不及待地一展身手了。有的三五个人组成一组，或站或坐，热烈地讨论着；有的同桌两人，说着、写着，配合默契；有的人一时想不出好句子，眉头紧缩，手托下巴；再看这两位一个得意地念着，一个嘿嘿地笑着……

让学生的言语实践始终置于浓郁的情感氛围之中，是我们为之不懈追求的目标。在情景中观察，给了学生丰富的表达材料，激发了学生表达的兴趣和愿望。在情景中表达，在充满挑战的语言实践中，学生主动的、饶有兴趣的表达，使得语言实践是收获颇丰。生活——观察——表达，在良性互动中，将工具性和人文性有机地、和谐地统一起来。

二、在阅读实践中揣摩语言表达的特点，在阅读实践中学习，以提高自己的表达水平。

环节 5：体会打油诗的特点。

A 课前大家查到不少打油诗，拿出你的资料单读读，一会儿选最喜欢的一首读给大家听能背的可以背给大家听。

B 学生自由朗读背诵

C 谁来读给大家听？（刚才你笑得最真灿烂，他一边打折节奏一边读，再请一个表情严肃的。三人连读）

D 我发现他几乎是背下来的。打油诗就是好，超强大脑记得快，怎么记得这么快？快把原因说一说。（预设：我觉得特别有意思——幽默又有趣；说的都是身边的事——打油诗很通俗，说的都是身边事）

在诵读打油诗的过程中，学生通过阅读实践，了解了打油诗的特点，为下一步创作打油诗奠定基础。以前，我们总说是“训练”，现在，我们更强调“实践”。我想二者的区别主要在于主动与被动吧。放弃讲授，而让学生自读自悟，在阅读中体会。在完成描写场面，学生展示习作，师生共同交流点评之后，我再次设计了在阅读中进行语言实践的内容——鉴赏场面描写的名篇佳作，与自己习作比较，查找不足，进一步改进。

环节 6：

A 生活是习作的源泉，学会观察是写好习作的基础，除此之外，阅读名篇，模仿和借鉴也是很好的方法。

B 读读《爱的教育》这个片段，看看对你修改习作有帮助吗？说说自己还想怎样修改练笔。

鲁迅先生在《给颜黎明的信》中也谈到读书：“必须如蜜蜂一样，采过许多花，这才能酿出蜜来，倘若叮在一处，所得就非常有限，枯燥了。”先贤教给我们畅游于这片海洋之中，作文才会犹如海洋中的鱼儿自由而快乐。也正如古人所云：“读书破万卷，下笔如有神。”“记得唐诗三百首，不会作诗也会吟……”从孩子热衷阅读的熟悉的篇目中，我节选了《爱的教育》最后一篇中“放假了，同学们拿到成绩单，放学时与老师话别”的场面描写。点面结合的描写充满着浓浓师生情谊。阅读观摩，思考比较，为学生进一步修改片段练笔提供了范本。让言语实践和阅读习得入情水乳交融，在实践中感悟，感悟又促进学生更好地实践。

在生活情境观察体验，从阅读中吸取营养，学生们在语言实践中模仿、练习。语文课就是要打造言语实践的平台。不管是口语还是书面语，我们创设在特定的氛围、情境，表达就自然而然。日积月累，学生的表达能力怎么能不日渐提高呢?

小学高年级学生课外阅读现状及成因分析

——以东城区培新小学为例

东城区培新小学　张润霞

课外阅读是语文教学的重要内容之一，是小学生进行语文学习和实践的重要途径。培新小学根据课程标准的要求和学科改进意见，在学科层面，每学期推荐适合各年段学生阅读的书目，那么，目前学校高年级学生的阅读现状又是怎样的呢? 9 月份，我们对培新小学五六年级 208 名学生进行问卷调查，收到有效试卷 200 份。

一、小学高年级学生课外阅读兴趣与动机的调查

(一) 课外阅读兴趣

表 1　小学生课外阅读兴趣调查表

	非常喜欢	比较喜欢	一般	不喜欢
人次	108	84	4	4
百分比	54%	42%	2 %	2%

从表 1 可以看来，小学生高年级课外阅读兴趣调查中，“非常喜欢”课外阅读的有 54%的学生，“比较喜欢的”有 42%，非常喜欢和比较喜欢的学生比例占到了 92%，对课外阅读一般的和不喜欢的均为 2%，说明我校高年级学生对课外阅读的兴趣比较高。通过访谈发现，学生对课外阅读感兴趣，是源于小学高年级学生喜欢接触新鲜事物的心理特质，学校倡导多读书多好书，读整本的书，2014 年 4 月，学校外请名师观摩课《西游记》，对学生很有触动，以前自己看书，凭兴趣，看故事，听老师导读之后才明白，边读边思有助于对书的更深入理解。教学活动结束后，激发了很多学生阅读课外书的热情。另外，几名不喜欢课外阅读的学生，主要是因为大部分时间被作业

和娱乐活动所占据。

（二）课外阅读动机

表 2　高年级学生阅读动机调查表

	阅读兴趣	积累知识	完成任务	漫无目的
人次	99	44	44	13
百分比	49.5%	22%	22%	7.5%

从表 2 我们不难看出，出于“阅读兴趣”目的的学生有 49.50%，近一半的孩子在阅读的时候，出于自身的兴趣。经过访谈发现：培新小学的学生参加校内外的活动多，视野比较开阔，也都有各自的兴趣爱好，对于读书，大部分的孩子从自身的兴趣出发，选择阅读内容，另外，同伴的影响也是很大的，同伴之间课间经常交流彼此阅读的内容，他们从同伴处获取信息，再去阅读。出于“积累知识”“完成教师和家长布置的任务”“没有目的”的学生分别占到了 22%、22%　7.5%，这说明有一部分学生根据学习和生活的需要，完成积累知识，完成任务而去阅读，还需要进一步的引导和帮助。

小学学生课外阅读兴趣的形成也离不开自身的主观因素，表现为学生对知识的渴求、阅读的态度和动机等。因此，我们在教学中，要激发学生课外阅读兴趣，同时必须充分发挥学生的主观积极因素，使课外阅读逐步成为学生自愿自觉的行为，端正学生的课外阅读动机，从而提高课外阅读效果。

二、课外阅读时间、阅读量和阅读内容的调查

（一）课外阅读时间、阅读的调查

表 3　小学高年级课外阅读时间调查

	一小时以上	半小时至一小时	半小时以内	无
百分比	24.07%	37.13%	35.92%	2.88%

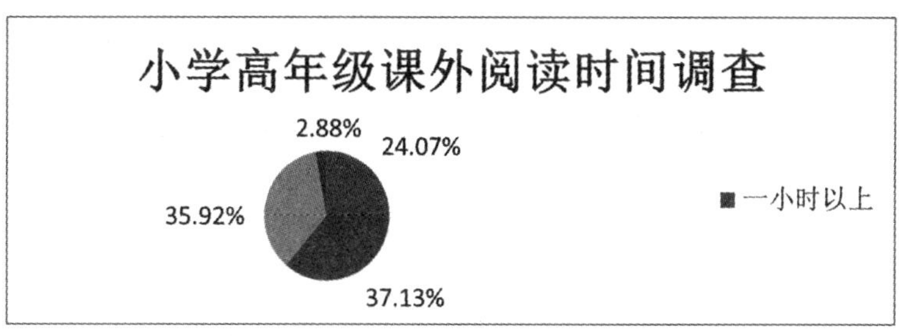

图 1　小学高年级课外阅读时间调查

表 4　小学高年级课外阅读量调查

	1500 字以上	1000－1500 字	500－1000 字	500 字以下
百分比	36.17%	43.69%	11.16%	8.98%

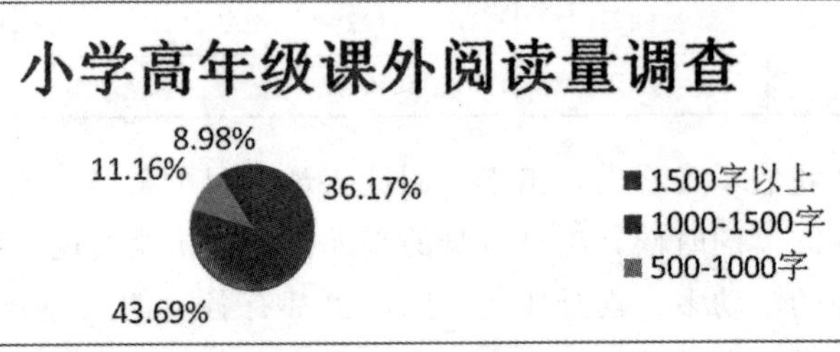

图 2　小学高年级课外阅读量调查

从图 1 可以看出培新小学高年级学生整体的课外阅读时间上，24.07%的学生阅读时间在一小时以上，有 37.13%的学生每天课外阅读在半小时至 1 小时之间，35.92%的学生每天阅读时间为半小时以内，2.88%的学生没有课外阅读的时间。这说明培新小学高年级的学生，每天保证有一定的时间进行课外阅读，大多数学生阅读时间在半小时左右，整体看学生每天课外阅读的时间还不够充足。

从图 2 可以看到培新小学高年级学生在课外阅读时间量方面，在课外阅读文字量调查方面，有 36.17%的学生每天阅读量在 1500 字以上，43.69%的学生阅读量在 1000－1500 字，11.16%的学生阅读量在 500－1000 字，有 8.98%学生日阅读量在 500 字以下。由此看出学生每天有一定的阅读量，但还是不够，还需要在老师和家长的引导下，加大阅读量，使更多的学生每日阅读量达到 1500 字以上。

（二）阅读内容的调查

小学常见的课外阅读材料类别主要包括：科普知识类、文学故事类、卡通漫画类、教辅材料类。《义务教育语文课程标准》按照学生的年龄划分为三个阶段，第一阶段（1－2 年级）、第二阶段（3－4 年级）、第三阶段（5－6 年级），三个阶段有着不同的阅读目标，对于处于第三阶段小学高年级的学生，课外阅读重点应该以童话、寓言、故事、儿歌、童谣及古诗为主[2]。

表 5　小学生阅读内容的调查

	卡通漫画	教辅材料	科普知识	文学故事
百分比	16.92%	19.20%	28.09%	35.85%

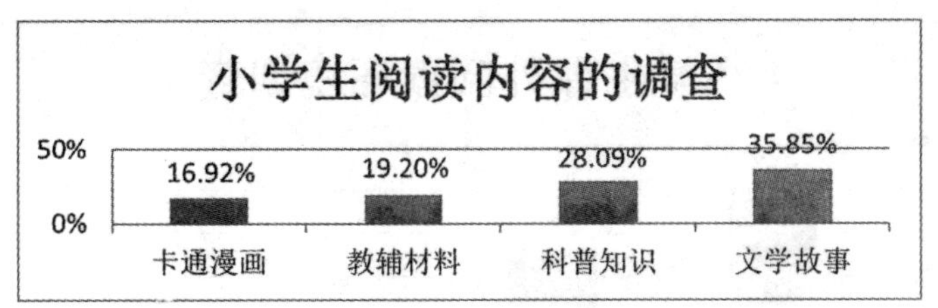

图 3 小学生阅读内容的调查

如图 3，在小学高年级学生课外阅读当中文学故事、科普知识、教辅材料书籍分别占了 35.85％、28.09％、19.20％，另外有 16.92％的学生课外阅读书籍以卡通动漫为主。这表明大部分学生在选择课外读物时符合《义务教育语文课程标准》第三阶段对课外阅读书目类型的要求。学生阅读的书籍，会受到语文教材的影响，他们阅读的内容有的是语文教材中的课外延伸，教材内容选自相关的书籍中，老师会引导学生在课外进行阅读，比如《昆虫记》《爱的教育》《水浒传》《假如给我三天光明》等，也有的阅读内容属于畅销书。同时也发现有少数学生逐渐对历史题材的书籍感兴趣了，这是很好的现象，需要进一步的引导和鼓励。另外依然还有部分学生认为卡通漫画趣味性较强，图画生动形象、文字简单易懂，无需费力就能知晓其中意义，正是这种浅显易懂、趣味横生使得他们对卡通漫画爱不释手。漫画作品多以图画为主，上面配有很少的汉字，而且文字大多比较简单；到了小学高年级，应更多地阅读文学、科普方面的内容，减少对漫画类书籍的过分依赖。

三、阅读环境的调查

本部分主要从培新小学高年级学生课外阅读的家庭环境、学校环境及社会环境进行问卷调查。在家庭环境调查部分从家长对子女课外阅读的支持程度、指导程度、藏书量等方面进行调查；学校方面主要从学校的图书设施、教师的示范作用、与阅读相关的文化活动三方面进行调查；社会环境方面的调查主要从图书设施、社会阅读氛围两方面进行调查。

家庭课外阅读环境的调查：

表 6 小学生课外阅读环境调查

	非常支持	比较支持	不支持不反对	反对
百分比	61％	33％	5％	1％

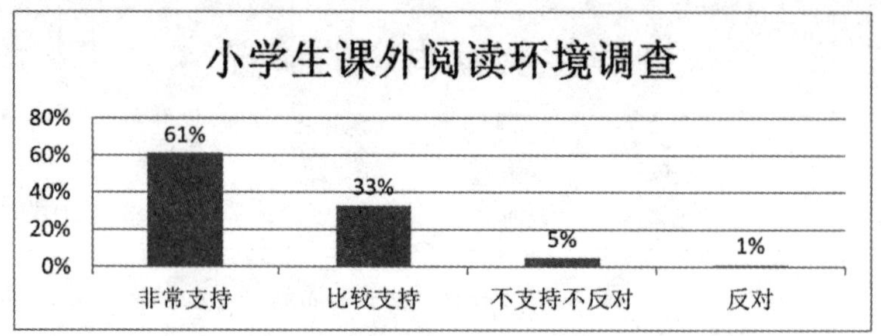

图 4　小学生课外阅读环境调查

表 7　小学生课外阅读指导情况（柱状图）

	指导并参加讨论	偶尔指导	指导不参加讨论	不知道的
百分比	30.96%	42.35%	18.17%5	8.53%

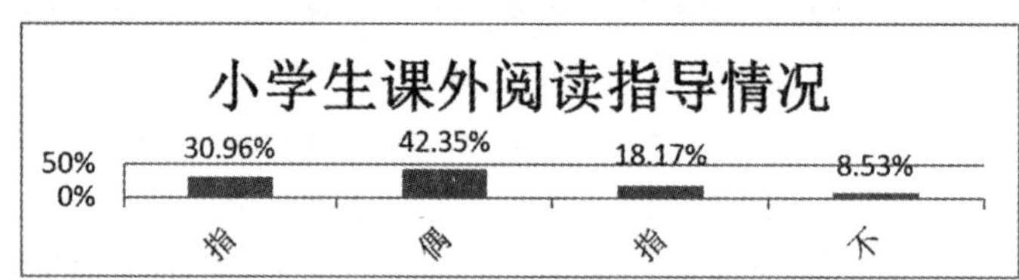

图 5　小学生课外阅读指导情况

如图 4 培新小学有 61% 的家长对学生课外阅读是非常支持的，比较支持的站 33%（不支持不反对 5%），两者合起来，说明培新小学的家长 94% 的家庭，对孩子的课外阅读是比较重视的。对孩子喜欢的课外图书，家长会积极购买，让孩子阅读。

在图 5 中有 42.35% 的家长会偶尔指导孩子进行课外阅读，30.96% 的家长会经常对孩子的课外阅读给予一定的指导，并参加讨论。给予指导不参加讨论的家长为 18.17%，不指导的家长为 8.53%。说明在家庭中，大部分家长比较关注孩子的课外阅读，能够对孩子进行一定的指导。也有少部分家长在对孩子的指导当中缺乏有效的交流。

四、小学高年级学生课外阅读存在的问题与原因分析

（一）整体情况

本研究发现大多数学生认可课外阅读有助于愉悦身心、增长知识，课外阅读态度端正。大部分的学生对课外阅读的兴趣比较高，也得到了家长的帮助和支持，阅读环境是比较好的，班级都用图书角，学生可以利用课间时间翻看课外书。但美中不足之处是部分学生仍然存在着阅读时间缺乏，阅读量

不足、内容选择盲目，课外阅读方法缺乏，方式单一等问题，需要学校关注共和改进。

（二）存在的问题

1. 课外阅读时间缺乏，阅读量不足

在课外阅读量调查当中，具备大阅读量的学生人数还是不够多，在阅读时间量和文字阅读量方面都还有很大的空间。

2. 课外阅读习惯不佳

有一部分学生没有阅读计划，随意性比较大，拿到什么读什么，有些遇到不懂的地方放任不管，不能灵活运用阅读策略，还没有养成摘抄、记读书笔记、与人交流的良好习惯。

（三）原因分析

1. 学生可自主支配的时间不足

在学校里，学生在学校更多的是完成教材的学习任务，写作业、改错等，没有更多的时间用来阅读。

每天放学后，学生去参加社团活动，周六日绝大部分的孩子都有课外辅导班，占据了学生周末休息的时间，对于不大会安排时间的孩子来说，这样课外阅读的时间就相对比较少了。

2. 影视文化和网络的冲击

信息技术的突飞猛进，在为人们带来便利的生活服务的同时，却也造成了一些信息时代问题，在欣赏影视的过程当中，他们只需要花费很少的精力便能享受到乐趣。

特别是 iPad 的出现，对孩子们的冲击是巨大的，他们只需动动手指，一切信息尽在眼底，网络游戏对孩子们来说，是具有相当的诱惑力的。而课外阅读的过程则需要学习者花费大量的精力对文本进行加工理解，因此他们在课外时间倾向于待在电视旁边看电视节目，更喜欢在“网”上冲浪，在身心轻松的状态下感受电视节目和网络游戏带来的视觉快感。

3. 学校和教师的具体指导有待加强

部分教师课外阅读的课内指导还比较欠缺，造成学生课外阅读的自由化状态，比如只推荐书目，没有相应的评价等。随着整本书的导读课的推进，以及班级读书会的整体推进，相关的班级年级的课外阅读推进程度喜人，需要学校进一步推广。

立足文本，丰富拓展阅读内容的策略研究

灯市口小学　孙　彤

在语文教学过程中，阅读是中心环节，也是精神成长、文化传承的重要途径，所以培养孩子们良好的阅读习惯，拓宽他们的阅读范围，可以有效地促进孩子们的全面发展。新课程的阅读观认为，阅读是搜集处理信息、认识世界、发展思维、获得审美体验的重要途径。小学语文新课程标准第一次给课外阅读提出了量的要求（小学阶段不少于145万字）。

“语文教材无非是例子，凭这个例子要使学生能够举一反三，练成阅读和作文的熟练技能。”拓展阅读教学就是在语文教学过程中，以教材为中心，以学生为主体，教师引导孩子们从课堂学习向课外阅读拓展开去，鼓励他们“爱读”“乐读”“博读”，使拓展阅读成为文本内容的补充和延伸。其基本的做法是教师要积极开发和充分利用各种课程资源，语文教学要联系社会生活，文本的精读要结合拓展读物的泛读，通过拓展读物的泛读形成精读文本的解读语境，为全面、深入、个性化地把握文本内容提供基础，同时对文本的精读又为拓展读物泛读提供了目标和方向，孩子们围绕教材文本进行的拓展阅读，不但可以深入理解课文的思想内容，进而传承作家们创造的文明，而且在拓展阅读中可以不断增长见识、丰富积累、开启智慧、提升自我。正如语文著名教育家张志公说：“我希望今天的学生，阅读的面要尽可能宽一点，不要只读某一学科的书，要广读博览，兼收并蓄。”

一、在障碍点上进行拓展

1. 为解难释疑而拓展。当孩子们阅读文本时，他们把新的知识跟已有的经验联系起来，就能更快地、更好地去学习新的知识，通过丰富的课程资源，突破阅读难点重点，孩子们在大量的拓展阅读中深化课文内容，感悟优美的语言文字，体验作者的思想感情，从而升华为自己的理解和感受。

如在教学小学语文教材第十一册第五单元《我的伯父鲁迅先生》这篇课文时，同学们很难理解“四周围黑洞洞的，还不容易碰壁吗?”这句话，这跟他们和鲁迅先生各自生活的年代以及社会环境大不相同有很大的关系，此时我们可以在屏幕上拓展介绍当时的时代背景的阅读资料：“当时的中国是半殖民地半封建的社会，其黑暗程度可想而知，广大的劳动人民受到严重的生死存亡的威胁，生活非常悲惨，灾难十分深重，在这种严酷的环境下，革命者

的言论自由更是无从谈起，为了唤醒民众的觉悟和民族的解放，鲁迅写出了一篇又一篇的杂文，赤裸裸地揭露了旧社会的种种罪恶，抨击了国民党反动派的黑暗统治，号召所有受苦受难的民众奋起抗争，他的笔就像一把锋利的尖刀刺到反动派的痛处，引起反动派的极度恐慌，他们想方设法查禁鲁迅先生的文章，无所不用其极，就是不准许文章发表，更阴险毒辣的是对鲁迅先生也进行了各种可怕的迫害。”同学们根据拓展阅读资料的内容深思鲁迅先生当时的处境，经过一番讨论交流，他们深刻地理解了鲁迅先生这句意味深长的话用的是比喻手法，深刻揭示了当时社会、政治的黑暗，人们常常会遭受不同的挫败和残酷的迫害的社会现实。而在这样生命危险随时受到威胁的情况下，鲁迅先生表现出了不折不挠的顽强斗争精神，尚能用谈笑风生的态度说出这话，他不愧为我们的“民族魂”，他那种革命乐观主义态度激励了一代又一代的孩子。

2. 为深入理解而拓展。语文教材里的文本都是作者们智慧的结晶，蕴涵了他们丰盈的思想感情，也是编委会深思熟虑加工过的，成为了一篇篇永恒的经典。但是小学生毕竟所学的知识有限，理解和感悟的能力还不成熟，无法深入、透彻地领悟。因此在语文教学中教师很有必要引导孩子们进行拓展阅读活动，使他们有更广阔的拓展资料去深入了解文本主题内容，有更足够的时间去体验作者的真情实感，有更宽广的空间去升级为自己的理解和思想。

如在学习小学语文教材第八册第五单元的《生命生命》一文时，本篇课文是作者围绕着“生命”这一主题，展开了一系列理性的思考，要想深刻地理解杏林子所表达的思想和情感，对于年纪还小、知识有限、阅历尚浅的孩子们来说是比较困难的。因此，课前教师可以先在屏幕上显示本文作者的生平事迹介绍的拓展阅读材料。孩子们从拓展阅读资料中详细地了解到了作者的生平情况、不幸遭遇等，未成曲调先有情，崇敬、喜爱之情打从他们心底里油然而起，就会同情作者充满荆棘的人生道路，会敬重作者百折不挠的顽强斗争精神，再来学习本篇课文时，就能更好地解读课文的思想意义了。

二、在发展点上进行拓展

在小学语文拓展阅读教学中，我们要以孩子们为主体，所有的一切活动的最终目标就是为了促进他们的全面发展，从整体上提高他们各方各面的能力水平，让他们最大限度的有发展的可能。因此语文课堂中的拓展阅读教学要在把握文本的前提下，找到联系点，积极引导孩子们向课外阅读发展和延伸。

1. 为开阔视野而拓展。在语文阅读教学中，教师可以根据文本的内容适时地拓展阅读资源，让孩子们在与教师、教学内容、学习环境的相互作用的过程中，不断地补充围绕课文主题的课外知识，拓宽自己的知识视野，从而进一步发展自己的认知结构，并完成从“例文——主题——专题——文化成果”的逐次提升。

如学习了小学语文第九册的《鲸》后，同学们对鲸鱼产生了极大的兴趣，教师根据他们的兴趣拓展延伸：你们知道鲸的哪些特点？鲸的种类还有哪些？人类正在采取哪些措施拯救鲸类？此时，教师及时推荐如《动物世界》等书籍，或指导同学们上网查询。这样，在好奇心驱使下的孩子们通过查找和阅读，在不经意间已获得了许多知识。再如《蜜蜂》《黄河是怎样变化的》《月球之谜》《新型玻璃》《蝙蝠和雷达》《各具特色的民居》等课文，比起其他的课文，它们的知识性更丰富，教学这类课文时可以适当进行相关知识资料的拓展阅读，不仅开阔了孩子们的视野，还培养了他们对大自然、对科学、对生活、对世界不断探索的精神，从而真正达到“扎实于课内，延伸于课外，广泛的阅读”的目标。

2. 为激发情感而拓展。当课文内容深深地打动和感染学生的时候，教师可以从课文出发，积极推荐相关联的拓展阅读资料，让孩子们在丰富的阅读资源里深入感悟，跟文本作者产生共鸣，拨动他们的情感之弦，在体验时渗透多种内容，扩大阅读量。这样，小学语文拓展阅读教学在孩子们的内心中就能起到推波助澜的作用，促进了他们的情感思维能力的进一步提高。

在学习第九册《圆明园的毁灭》这篇课文时，如果就让孩子们借着课文上那一幅关于圆明园的遗址的插图，看着里面一些残垣断壁的画面，然后联系文本里三个自然段对圆明园的描述文字，想要他们在自己的头脑中重现往日金碧辉煌、秀丽如画的圆明园景观，这是很难生成的。因此，我们教师可以充分利用各种课程资源，例如多媒体课件、音像资料等对课文进行拓展阅读，在大屏幕上展示这座空前绝后的皇家御园的图片资料，把园中主要的各具特色的园林建筑、风景群逐一呈现在孩子们的眼前，同时伴随着优雅动听的多媒体音乐，我们教师在一旁配合着图像的播放进行详细的、生动的讲解，相信孩子们在此情此景下会如同身临其境并深受感染，真切地体会到圆明园昔日宏伟的规模和美轮美奂的景色，于是从心里对它产生无限的热爱之情，就在孩子们这个动情时刻，我们趁机带领他们转入文本第五自然段的学习，抓住“掠、毁、烧”等关键的词语，深刻体会帝国主义侵略者的野蛮暴行，并适时进行拓展阅读，播放大型史诗电影《火烧圆明园》的一个片断，让孩子们乘坐“时间穿梭机”，目睹一座举世无双的皇家园林是怎么样顷刻间变成遍地狼藉的一片废墟的真切画面，从而激发起他们对圆明园之毁灭的无比痛心，对帝国主义强盗烧杀抢掠的恶行的无限憎恨之情。在孩子们学习了课文之后，我们还可以拓展阅读同步教材上的《“强盗世界”》，就能够使他们对帝国主义强盗那贪婪、野蛮的罪恶行径有了更深刻的仇恨，让他们更充分地体会到圆明园损失之惨重，孩子们就能与作者心灵相通，产生热爱祖国的思想感情和振兴中华的责任感。

三、在兴趣点上进行拓展

“兴趣是最好的老师。”适当的拓展阅读可以帮助我们提高孩子们参与读书的积极性，激起他们浓厚的学习兴趣。

1. 为培养创新而拓展。有位哲人曾经这样说过：“想象就是创造力”。在小学语文阅读教学的文学作品里留有大量的“空白”，这也是我们进行拓展阅读的好地方，如果我们的教师把握契机，适当地在这些“空白处”设置悬念，引导孩子们对课文进行拓展与延伸，让他们饶有兴趣地用课外储存的知识对课文的“空白”进行个性化的填补，充分发挥他们的想象力，激活他们的创新思维的火花，进而使他们对课文所表达的思想内容形成有自己独特个性的感悟和体验。

如教学小学语文教材第五册《小摄影师》的最后一个自然段：“请转告他，我很忙。不过，来的如果是个小男孩，就一定让他进来。”这里很明显地看出高尔基两种截然不同的态度：对待可爱的小男孩，高尔基充满了热情与期待，明确“一定要见的”；对待可以让他见报出名的记者同志，高尔基表现比较冷淡，并表示“很忙不便接见”。强烈的对比之下，孩子们深深地体会到了高尔基对青少年儿童的关心、爱护的高尚品质。在这样的感悟之下，我们教师可以借助文本这一处“空白”适时引领同学们重新默读整篇课文并深入思索：“大家再想一想，小男孩会不会再回来找高尔基呢?”接着我们可以大屏幕出示句子：小摄影师最后会不会再出现呢？如果小男孩再回来找高尔基，重新见面时的他们还会说些什么？做些什么呢？假如一直没出现，高尔基又会怎样？请你发挥丰富的想象力，接着往下编写这个故事，并在同学之间相互交流。“一石激起千层浪”，孩子们的创新思维被激活了，话匣子也一下子被打开了。最后，还可以就势推荐孩子们去读读高尔基的其他作品，如小说《童年》《我的大学》《母亲》《在人间》和著名散文诗《海燕》等。

2. 为追本溯源而拓展。小学语文教材中的课文很多都是根据名著改编的，或者是节选名著的，它涉及的范围包括了古今中外的古典文学作品、近现代的名著名篇等，这些优秀课文给了我们很好的拓展阅读的机会，我们在阅读教学过程中可以推荐原著给孩子们，鼓励他们以文本为中心追本溯源，不断扩大自己的阅读范围，提高拓展阅读的质量，如此一来，不但使孩子们更立体地领悟文本的内容，而且培养了他们阅读经典文学的兴趣，提高了他们的精神追求和文化底蕴。

例如：学习了《草船借箭》这篇课文向学生推荐古典文学名著之一《三国演义》，感受人物形象的细致刻画；学习了《詹天佑》后，引导孩子们到《名扬海外的中国人》里去探寻名人成长的足迹；学习了《狱中联欢》推荐阅读小说《红岩》，深入了解那些可歌可泣的、视死如归的革命烈士如江姐、许云峰、华子良和成岗等的英雄形象；学习了《冬阳·童年·骆驼队》引领孩子们读《城南旧事》，和英子一起了解充满甜、酸、苦、辣的大人世界；学习了《养花》读读大雅若俗的老舍散文；学习了《争吵》，推荐学生看整本《爱的教育》，真切感受师生、朋友、同学之间的爱和友谊；学习了《卖火柴的小女孩》这篇课文，推荐读脍炙人口的《安徒生童话集》；学习了《鲁滨孙漂流记》，鼓励学生追读原著《鲁滨孙漂流记》，深刻体会勇敢的探险家、航海家鲁滨孙那顽强的毅力，永不放弃的精神等等。从而实现从课内到课外的良好过渡，加深对文本内容的理解和感悟，激发孩子们学习、运用语文的积极性，并不断提高他们的精神境界和审美情趣。

以上是我在小学语文教学工作实践中总结的一些拓展阅读的方法。其实，语文拓展阅读教学的途径还有很多，需要老师们根据自己学生的实际，在语文拓展阅读教学过程中不断探索科学的方法，不断更新自己的理念，在实践中探索，在探索中总结，在总结中反思，在反思中前行，让语文拓展阅读教学向大语文教育的方向不断发展，让孩子们在阅读的世界里快乐成长。

小学低年级识字有效性、趣味性的研究

北京市东城区和平里第九小学　徐冬梅

一、识字教学的意义

中国的汉字至今已有五千多年的历史。尽管汉字不断的发展变化，但基础的汉字形式在公元 200 年就形成了。它不仅反映出中国人生活的一个侧面，同时也标志着人类早期文明的伟大成就。

汉字包括各种各样的字体形式，从简单的表形和表意字到复杂的复合字，均由汉字的字根或形声旁发展演化而来。因此，识字便是阅读和写作的基础。学生学习书面语言，首先得识字。只有识了一定数量的字，并且掌握的比较牢固，他们才可以顺利地阅读书报，学习文化科学知识，才可以运用所学的字叙事说理、表情达意。不识字，读和写就无从谈起。如果识字教学不过关，那么不仅影响语文教学的各种质量，而且还会拖住数学、思想品德等教学的后腿。小学一、二年级以识字为重点。所谓重点，就是说语文教学的各项内容都要尽可能围绕识字来进行。为了解决这一重点，我校教师一直在苦苦寻求着各种解决方法！从查阅说文解字到听专家讲座，在日常的生活中，我校教师大胆的对中国古老的汉字、施以新的教法，让六、七岁的孩子在一种轻松、愉快的气氛中学好汉字。

二、研究方法和研究对象

本研究课题采用的是行动研究法。

实验对象是一、二年级的小学生。

三、识字教学的方法

（一）音形义结合，着重在字形、字义的理解

汉字是方块字，是音形义的统一体。识字教学应该根据汉字的特点，贯彻音形义的原则，使学生读准字音，认清字形，了解字义，从而获得对这个字的完整的认识。由于学生在识字前已经掌握了一定量的口头词汇，汉字又以表意为主，因此，一般来说，识字教学的最初阶段，字形是识字的主要矛盾。趣味识字之所以能加快识字的速度，正是因为汉字本身的规律，抓住了字形这一主要矛盾。有效性趣味识字最大的优势在于它既满足了信息技术（大量的运用多媒体教学）的需求，又保留了中国汉字起源于以形表义，形义结合，义为核心的特点。从汉字的特点上看，汉字的数量多，字形复杂。特别是形近字多，在笔画上往往只有细微的差别。如："尤和龙"两个字只有一笔之差，如果要求学生一笔一画的去记忆字形，无疑是比较困难的，趣味识字的教学方法恰好弥补了这一不足。为了让学生更快更清楚地记忆汉字，我校教师在教学"龙"这个字时，制作了教学课件。教师先在屏幕出示一条色彩斑斓，腾空飞舞的龙，让学生看图说一说，图上画的是什么？它长得什么样？接着点击鼠标，屏幕上就渐变成了一条黑龙，由于色彩对比强烈，学生会自然而然地对两幅图进行对比，继而，画面又渐变为草书的"龙"字，渐变为楷书的"龙"字，这时教师再来问学生"龙"字的每一笔都表示什么意思呢？学生就会说出"横"表示云彩，"撇、竖弯钩 、撇"表示"龙"的身体，"点"表示龙珠。由于生动的画面给学生留下了深刻的印象，因此，学生对这个字不仅字义理解得很透彻，而且字形掌握的也非常准确。这样"龙"字书写时"一点"就不会再丢掉了。而那一撇，学生通过动画演示，非常清楚那边是龙的尾巴。这样就与"尤"字区分开了。孩子在这

种学习过程中，充分的运用思维进行分析、推理、想象、比较，最终掌握了字的音、形、义。这种直观教学，他们觉得非常有意思，尤其是在强调自学时，强调独立识字时，更能调动学生的积极思维。当儿童思维处于积极状态时，他们是不会感到乏味的，反而会感到很有兴趣，从而获得良好的学习效果。这完全符合儿童的年龄特点，符合儿童的思维习惯。趣味识字极大地丰富了识字教学的教法，它发挥了多媒体教学的特点，丰富了教学的形式。

（二）由具体到抽象

低年级儿童的逻辑思维还不发达，形象思维占优势。对于具体的形象他们容易理解，而对于抽象的文字和概念则比较难掌握。他们认识事物的规律往往都是通过直接感知，根据具体想象概括，又感性认识发展到理性认识。因此，识字教学要联系他们的生活经验，尽可能地采用实物、图画、模型、标本、幻灯、计算机课件、甚至肢体语言。例如：我校教师在教学“人”字时，教师在讲台前首先做了一个“垂手并足”的样子，然后，把两只脚叉开，边演示边讲解，告诉学生“人”就是“一个侧立的人形，非男非女，非老非少”。接着，教师又把双臂打开，与此同时，教师还给学生们出了一个谜语：天有地无，夫有妻无，头有脚无，奖有罚无。在前一个肢体语言的演示下，再加上这个谜语的提示，学生们一下子就猜出了这个字是“大”。由于天地之间，人是最伟大的，因此，“大”便是一个正立的人形。

根据低年级儿童思维的直观性和具体性，在小学低年级的语文课本中，编排了大量的看图识字，看图学字学句。其目的就是借助看图让学生建立字词与实物之间的概念，从具体到抽象，逐步培养学生对文字和事物的理解能力。

（三）联系一定的语言环境

许多字，离开了一定的语言场合，到底读什么音，当什么讲，是很难说的。如“长、行、好、空、作”等字的读音，就必须根据上下文的意思来决定。所以，识字教学还要做到“字不离词，词不离句”。

把生字放在特定的语言环境中来感知、理解和掌握。由于人教版语文教材中要求小学生在两年的时间里要学会1600个汉字。因此，我校教师在教材的选用上也做了一些改进，在一课书遇到形近字时，教师将同一偏旁提取出来，把它归纳整理成一族字来展开教学。如：学习“清和晴”两字时，我校教师就补充了文情并茂的诗文《小青蛙》，内容如下：

小青蛙

河水清清天气晴，小小青蛙大眼睛。
保护禾苗吃害虫，做了不少好事情。
请你保护小青蛙，它是庄稼好卫兵。

整首韵文都是围绕着“青”字族来展开的，在教师把母体字“青”讲透彻后，学生会很顺畅的理解、记住这一族字。

（四）学用结合，及时巩固

识字的目的在于阅读和表达，而练习则是达到初步运用的中心环节。通过练习，还可以使识字得到及时巩固，加深理解，使识的字更系统化，在一定程度上也可以弥补教师讲解的不足。在教学中，我校教师除了采用传统方法让学生抄写生字、默写生字以外，更多的是叫学生把所学的生字，进行扩词接龙；或是把这些字族字以小故事的形式串起来说一段话。以此，使得这些汉字的到活学活用。如：学生利用“支、枝、翅、技”这几个字造句时写道：我的白天鹅在湖中跳着优美的舞蹈，只见它舞动着双翅，摇动着身体，展示着高超的舞蹈技艺。再如学生用“巨、炬、渠、距”造句写道：巨大的洪水涌向河渠。夜晚，解放军叔叔手里高高地举着火炬，在距离大堤最近的地方，保护着老百姓的安全。通过这种形式的练习，不仅克服了“生字回生”的现象，还避免了学生进行不动脑筋的，枯燥的，机械的抄写。

四、识字教学成果分析

近几年，由于采用趣味识字的方法，改革了识字教学，因而取得了一些效果：

（一）减轻负担，唤起兴趣

汉字虽量大、难认，但掌握了汉字的规律，也可化难为易。汉字有95%以上都是合体字，独体字较少。合体字又多为独体字组合而成。那么，这些独体字就显得格外重要。又因为这些独体字大多是象形字，通过“有效性趣味识字”的方法，便可使抽象的汉字符号形象化。例如教学“日月水火”时，我校教师便像讲故事似的，边讲边画，边演示，把对字形与字义的感知结合在一起。教学“月”时，教师先画一轮弯月，然后提问：这是什么样的月亮？（弯弯的月亮）你们猜，月亮上有什么呢？（桂花树）古时候，我们的祖先就根据月亮的模样，创造了表示月亮的这个字。起初就是这样写的“[illegible]”。后来慢慢地就变成了今天的这个月字。然后教师再来教写“月”字的笔顺笔画。通过这样的教学，抽象的文字符号变得形象了，字形可以理解了，字义也可以捉摸了。对于汉字表意的特点，学生有了初步的认识，对今后学习更多的汉字打下了一个良好的基础。

（二）提高质量，扩大数量

从质量方面上看：由于按照构字规律，动脑识字，提高了课堂的教学效率，当堂默写巩固率人均都在97%以上，只有少数同学有个别的汉字写不对。我校教师曾经在班上进行过学生识字方法的调查：

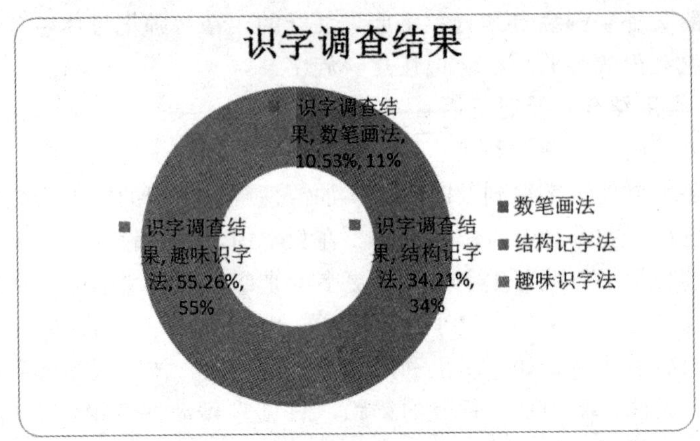

全班 38 人有 10.53％的同学喜欢用数笔画的方法记字形，有 34.21％的同学喜欢用结构来记字形，有 55.26％的同学喜欢用趣味识字的方法记字形，而且他们反映说：如果默写时，一时想不起来这个字怎么写，还可以通过字义或是动画回忆字形，因此，默写时大大减少了错误的出现。在对同一个班的学生进行两种识字方法的教学以后，学生第二天进行默写的情况如下：

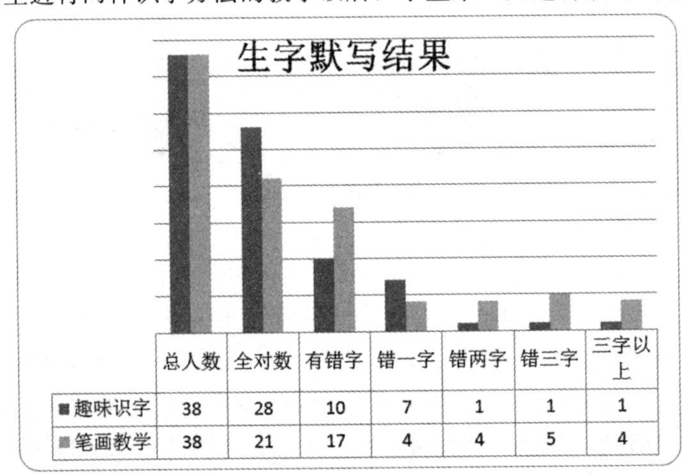

	总人数	全对数	有错字	错一字	错两字	错三字	三字以上
趣味识字	38	28	10	7	1	1	1
笔画教学	38	21	17	4	4	5	4

在日常的写话中，孩子的错别字也出现得比较少。学习之余，我校教师还适时补充了一些课外读物，学生通过大量阅读课外书，不仅巩固了汉字，还开阔了视野，扩展了自己的知识面，得到了广大家长的好评。从识字用字的数量上看，孩子也得到了提高。

（三）加快速度，提前阅读

由于按照构字规律动脑识字，学生的识字量大，速度快，巩固率高，负担轻。因此可以节省很过的教学时间，这样实验的学生提前进入了阅读阶段。教师利用每周一次的说话课，进行说作文的训练，并且随着识字量的不断加大，变说为写。到了一年级期末，实验学生有不少已经可写出近 300 字的周记了。

实验表明，只要是按照汉字的构字规律，动脑识字，培养独立的识字能力，就能突破识字难关，提前进行阅读、写作的训练，充分的发挥儿童的智慧潜力，使得语文教学全盘皆活。

五、问题和建议

1. 由于趣味识字要求教师要把每一个汉字的意义、来源告诉学生以方便其记忆，所以要求教师要不断地学习相关的知识。

2. 由于趣味识字法需要有关汉字的大量图片、动画，而实验教师又无法制作大量的软件，因此希望各实验校建立资料网络达到资源共享。

以课本剧为载体，搭设阅读实践平台，促进阅读素养提升

北京市东城区回民实验小学　吕秋影

我校的校园话剧具有较高的水平，给学生带来很好的发展机缘，也逐渐成为学校的特色教育，我校话剧团还被评为北京市金帆话剧团。基于我校实际情况，我努力在自己的语文课堂上进行以课本剧为载体实现学生阅读与体验的互动发展的研究，进行了初步尝试。研究发现，课本剧是开发学生多元智能培养学生语文综合素养的平台。学生通过阅读文本获取相关信息，受到情感熏陶，有所感悟。在此基础上，引导学生通过表演课本剧走进故事情节，走进人物内心，揣摩人物形象，进一步加深感悟与体验。最后，通过表演把自己的理解外化，通过语言、动作、神态等把自己的理解传达给他人。在这一过程中，培养学生的阅读理解能力以及言语表达能力。实现学生阅读与体验的互动发展。

一、以课本剧为载体，唤起学生阅读兴趣，培养朗读能力

以往的阅读教学存在的最大问题就是“三多一少”，即空洞繁琐的分析多，把一个原本完整的课文搞得支离破碎；作用不大的板书多，老师在黑板上密密麻麻地写了很多，学生忙于记笔记；不必要的提问多，使有限的时间耗费在问问答答之中，学生所得甚少。其实，老师这样做归根到底就是想引领学生走进故事情节，了解主要内容，有所感悟和理解。但这样的教学过程，多数是老师灌输，学生被动接受，学生并没有主动走进文章，了解故事

情节，用心感悟和体验，更没有很好地得到阅读训练。

让课本剧走进我们的阅读教学中来，能很好地解决以上问题。课本剧能充分激发学生学习的热情，调动学生的想象力和创造力，是学生自主学习语文的催化剂。例如：我在教学《晏子使楚》《将相和》《赤壁之战》等课文时，发现课文篇幅较长，内容离学生生活实际较远，人物关系较为复杂。这样的课文，学生不感兴趣，读不进去，往往就是教师归纳总结，学生死记硬背。这一次，我尝试把课本剧引入到阅读教学中来。首先，请学生以组为单位分角色朗读课文，这样激发了学生的读书热情，学生在这一过程中，把握了文章的主要内容，初步理清了文中的人物关系，了解了故事情节，同时在朗读的过程学生会努力把自己置身于故事之中，仿佛自己就是文中的某个人物，用心感悟、体会人物当时的状态、说话时的语音语调，并努力去表达，所以在这一过程中也训练了学生朗读的能力。

二、以课本剧为载体，引领学生多角度阅读，发展阅读理解能力

在初读课文的基础上，请学生组内合理分工，把课文改编成课本剧剧本，为排演课本剧做准备。

《晏子使楚》课文原文片段	《晏子使楚》课本剧剧本片段
春秋末期，齐国和楚国都是大国。 有一回，齐王派大夫晏子去访问楚国。楚王仗着自己国势强盛，想乘机侮辱晏子，显显楚国的威风。 楚王知道晏子身材矮小，就叫人在城门旁边开了一个五尺来高的洞。晏子来到楚国，楚王叫人把城门关了，让晏子从这个洞进去。晏子看了看，对接待的人说："这是个狗洞，不是城门。只有访问'狗国'，才从狗洞进去。我在这儿等一会儿。你们先去问个明白，楚国到底是个什么样的国家?"接待的人立刻把晏子的话传给了楚王。楚王只好吩咐大开城门，迎接晏子。	时间：春秋末期 地点：楚国 人物：晏子（齐国大使）、楚王、接待人、两个武士、楚国大臣 剧情简介：春秋末期，齐、楚两国都是大国，齐王派晏子去访问楚国，楚王想趁机侮辱晏子，显自己的威风。 第一场 （布景：楚国城门外，城墙上开了洞，几位武士站在那里看门。） 楚王：（得意洋洋对大臣说）据说这次齐国派的是大夫晏子来访问我国，你们说说，我应该怎样做呢? 大臣甲：（对楚王）对！他身材矮小，可以在此做做文章吧。 大臣乙：（点点头） 楚王：（笑了笑）就这么办吧！ 晏子：（来到楚国，见城门紧关着，接待的人叫他从旁边的洞进去。他想了想，对接待的人说）这是个狗洞，不是城门，如果我进去了，那这就是个狗国。 武士：（匆匆地跑到楚王面前）大王，大王，齐国的大夫说，要是他从那洞进来，那我国就是狗国，怎么办? 楚王：（问了问两旁的大臣们）你们有什么办法? 大臣们：（都没主意，无话可说）没……没…… 楚王：（无可奈何）看来我还低估了这我大夫，叫人去开城门，等着瞧吧。

从课文原文与剧本的比较中可以看出，剧本有格式要求，要写清故事发生的时间、地点、人物及简要介绍、故事梗概、人物语言以及说话时的神态、动作等。这其中有些内容是可以从文中摘录的，但是有些内容课文中没有明确介绍，需要学生通过读文，认真思考，然后独立概括的，比如：故事梗概；还有些内容是需要学生通过读文理解用心揣摩的，比如：人物关系、人物的性格特点等。甚至有些内容是需要查找课外资料来补充的，比如：故事发生的历史年代，当时的社会背景等。学生把课文改编成课本剧剧本的过程，培养了学生提取信息的能力；概括文章重要内容的能力；理清人物关系，把握人物形象的能力；以及搜集利用课外资料加深理解的能力。这一过程是培养学生的阅读综合能力的平台。为学生自主学习、合作学习，创设了空间，提供了时间。确实使学生在自主、合作、探究的学习方式中，在轻松愉悦的学习氛围中，理解内容，习得方法，提高能力。

三、以课本剧为载体，进行读写结合训练，培养学生的写作能力。

在教学文言文《杨氏之子》这篇课文时，文章内容很简单。

> 梁国杨氏子九岁，甚聪惠。孔君平诣其父，父不在，乃呼儿出。为设果，果有杨梅。孔指以示儿曰：“此是君家果。”儿应声答曰：“未闻孔雀是夫子家禽。”

学生借助课后注释，教师稍加点拨，就能够理解课文内容。但学习本文的难点是：深刻感受人物思维敏捷、语言委婉之妙。要从人物的一句话中体会出人物的思维敏捷，语言精妙，这谈何容易呀！最好的方法就是走进人物内心，揣摩人物的心理活动，要知道人物为什么这样说。了解了人物内心想法，思维的过程，再体会人物的思维敏捷、语言精妙就不难了。那要怎样引领学生走进人物内心呢？课本剧在这堂课的学习中又发挥了重要的作用。首先请学生以组为单位演一演这个简短的故事，然后播放一个精彩片段，请学生比较一下区别在哪。学生很快发现在精彩片段中小演员通过大段的内心独白来表现人物，而我们今天表演的课本剧恰恰缺少了这部分内容，不足以表现人物。这大大激发了学生的好奇心、求知欲，于是，我以此为契机，引领学生走进人物内心，根据人物的语言推想人物当时的心理活动，并进行读写结合的训练。

写话练习单：

梁国杨氏子九岁，甚聪惠。孔君平诣其父，父不在，乃呼儿出。为设果，果有杨梅。

孔想：____________________

孔指以示儿曰："此是君家果。"

儿听后想：____________________

儿应声答曰："未闻孔雀是夫子家禽。"

学生作品举例：

梁国杨氏子九岁，甚聪惠。孔君平诣其父，父不在，乃呼儿出。为设果，果有杨梅。

孔想：听闻杨氏子聪明伶俐，耳听为虚眼见为实，今日倒不如以此逗逗这孩子。

孔指以示儿曰："此是君家果。"

儿听后想：我姓杨，杨梅就是我家的果，那孔伯父姓孔，孔雀就是他家的鸟吗？我要来逗逗孔伯父，还不能惹他生气。

儿应声答曰："未闻孔雀是夫子家禽。"

这种教学方式突破了本课教学的难点，又进行了读写结合的训练，培养了学生刻画人物心理活动的能力。最后，请学生再次表演课本剧，这一次要加上学生刚刚写的人物内心独白，学生的表演惟妙惟肖，把杨氏子的聪慧、有礼表现得淋漓尽致。这样的学习方式深受学生喜爱，大大激发了学生学习的兴趣和参与的热情，摆脱了古文教学的枯燥、乏味。

近年来，我尝试把课本剧引入到阅读教学中来，把语文教学与我校校园剧特色教育有机结合，使特色教育更好地为我们的课堂服务，为学生服务，确实做到人人参与，全面培养了学生的听、说、读、写的能力。实现学生阅读与体验的互动发展。使课堂真正成为了学生的学堂。让学生在轻松、愉悦的氛围中有所收获，得到提高，确实做到省时高效。

在说话、写话中渗透美育

东城区府学胡同小学　周春田

十年树木，百年树人。在树人中，树“技”，也就是掌握一、两种专业知识，相对容易一些，而树“心”则要困难得多。

一、现状分析

在学校中，美育是与德育、智育、体育、劳动技术教育相并列的具有相对独立性的教育，是“五育”的一个重要组成部分。其主要任务是培养学生感知美、欣赏美、创造美的知识和能力、技能，培养学生健康的审美观和高尚的情操。而目前虽然大家都开始注重了美育教育，可真正落实到教育教学中，并不理想。

而且，更多的美育教育都出现在了音乐、美术甚至是体育这些学科的学习当中。而真正的所谓主科的课程学习中，对于智育的重视，直接导致了美育教育渗透的不足。正如有的专家说：“智育一旦走向极端，只能生产出毫无个性的机器人。”因此，在各个学科的学习中，都很有必要关注美育的活动，不失时机地渗透美育。因为美育的价值就在于涵润人活泼而丰富多彩的个体感性，培养人的想象力和创造性。

中国人民大学教授金元浦先生曾一针见血地指出，素质教育所要解决的是人的现代化的问题。而人的现代化是现代化中的“最后觉悟之觉悟”，是现代教育的核心。随着这一认识的深入，教育界掀起了一股改革的浪潮。尤其是在有关智育的教材及考试制度的改革上，取得了一系列突破性的成就。与之相比，素质教育的另一重要环节——美育的探索与改革则相对滞后。金教授还提出有关美育的探索在很大程度上仍停留于理论认识阶段，缺乏深入美育实践的关注。美育在许多人的意识里成了一具美丽的理论空壳。为了改变这种现状，把美育理论导入实践环节便显得尤为迫切。

由此可见，关注美育教育已经到了十分必要的程度。那么怎样才能与相关主科进行关联，并渗透进去呢？我通过培养一年级学生说话、写话的能力，做了一些初步的尝试。

二、渗透美育、激发兴趣的措施

《小学语文课程标准》指出："小学低段学生对写话要有兴趣，写自己想说的话，写想象中的事物，写出自己对周围事物的认识和感想。在写话中乐于运用阅读和生活中学到的词语。根据表达的需要，学习使用逗号、句号、问号、感叹号。"因此低年级强调"学生对于说话、写话要有兴趣，乐于把自己想说的话写下来。"著名教育家夸美纽斯曾说过："兴趣是创造一个欢乐和光明的教学环境的主要途径之一。"所以从入学开始，激发学生的说话、写话兴趣是很有必要的。在激发学生兴趣的同时，可以采用很多方式来实现。这其中也美育教育密切相关。

（一）借助卡通人物，渗透美育并激发表达兴趣

学生入学后，首先能在书面上呈现出来的表达成果就是用拼音写话。所以，在学习拼音的过程中，我就开始有意识地从学生表达的一个好词、一个完整、有条理的句子训练表达。并适时用各种孩子熟知的卡通人物为背景，比如：唐老鸭，在他的身上就写上这三个拼音，学生一眼就能认出可爱的唐老鸭来，也就把图上的音节认了下来。这样的卡通人物拼音图片，被老师粘贴在教室里的小黑板上、墙壁的装饰栏里，课间的时候，孩子看着色彩鲜艳的图片，眼睛里满是喜悦和快乐，这份美的感受与知识的渗透，使我感到这种方式很成功。

在学习完拼音后，班里的学生就开始了说和写的双向训练。用拼音写句子是一开始让孩子进行的尝试，先从课文经典的语句入手，从模仿入手，写完整写通顺后，再鼓励孩子写好两句话、三句话，甚至是一段话。

（二）抓好画画契机，以画带写渗透美育，激发兴趣

画画是学生表现自我最好的形式之一，也是孩子们最喜闻乐见的一种培养创造力、想象力的活动。经过美术课上的观察，我发现班里的学生特别喜欢动手画画。学生通过涂抹出可爱的小动物、小物品之类的形象，用以表现自己观察和感受到的生活，表现自己的情感和心理需要，这种涂鸦其实是创造性的萌芽。利用画画带动写写，是培养学生作文表达意识的好方法，因为画是学生自己画的，学生有内容可说、可写。

于是，我和美术老师进行了沟通，在美术老师的支持、协助下，我班学生的美术课也成了说话、写话课，美术老师课上每次带领同学们展开想象，画出来的一幅幅生动、有色彩鲜明的画，就成了我班说话、写话的内容。我会指导孩子用自己的口，说自己的画，写自己的想法。孩子的积极性别提多高了！他们美美地讲着自己画上的内容，还不时地把配色的原因解释出来，一堂课孩子们的收获真大！

比如画了秋天的画，学生这样写道：

今天我在家里画了一幅题目是《多彩的秋天》的画。上面画了金色的树叶、五颜六色的蝴蝶、红红的太阳公公，我觉得它很漂亮。我也很开心。

再比如画了有关家的画，有的学生这样评价了其他同学的画：

李继萱她画了一幅题目是《绿色的家园》的画，我觉得很漂亮。因为她画得特别有创意，抽象的图形多变，而且颜色搭配得很好看。我也要向她学习。

（三）抓说话训练契机，渗透美育并激发兴趣

在日常教学中，我会不失时机地利用漂亮的图片、学生身上穿的有特点的衣服、时尚的鞋子、可爱的书包、教室里的盆花等引导学生训练说话，运用作文来表达。

我常常不失时机地让学生感受着身边的美，这样启发学生："写下来多好呵，随时能看，而且能让更多的人知道，当你长大以后，还能知道当年自己的一些情况，那是多么有趣的事情。白底黑字是永恒的记忆。""你能换一种表达的形式吗？比如用拼音写下来，是否也能像口头说话一样精彩呢？""你今天这么漂亮，不记下来大家会很快忘了你这漂亮的样子。""花儿都盛开了，快用笔当照相机，把它'拍'下来吧！"引发学生写作的欲望。从说到写、说写结合是符合儿童语言发展规律的。口头语言发展能促进书面语言发展，而书面语言发展又能使口头语言得以丰富和完善，全面提高学生的语感能力，促进思维能力的发展。

（四）拓展文本，提升思维，渗透美育

新课程的文本都有较广阔的空间，教师阅读教学中可以努力挖掘文本的内涵，拓展文本的空间，从而更好地激发学生的阅读兴趣，提升学生的思维品质。如想象文中人物的心理活动；给故事加个结尾；说说你学了课文后有什么收获？比如：《小白兔种白菜》一课中的小白兔和小灰兔，在结尾处小灰兔听了小白兔的话，会怎样想、怎样做呢？结合书上漂亮的插图，我请学生想一想、说一说……这一些想象的拓展训练，都有利于发展学生的思维，提高学生的表达能力。同时，这些方法可以提升想象的空间，浸润学生的心灵，渗透美的教育。在学生通过流利的表述后，再让他们把这些话写下来，不仅巧妙渗透了美育，还激发学生的写话兴趣，又使学生的语言得到了内化，大大促进了学生写作水平的提高。

（五）保护自信，鼓励每个学生，激发兴趣

一段时间之后，在班里我进行了分层布置任务，鼓励表达能力强的学生多写，相对弱一些的学生就按照何时、何地、何人、何事来进行要求。这样来进行表达练习，每个学生都能说能写，不必为自己完不成任务难过、紧张，甚至产生消极态度。这样的个性化发展，对于学生的创造力无疑起到了保护和提升的作用。

例如：在写周末的话题时，能力强的学生把自己周末打冰球、练舞蹈、看电影等内容很细致地介绍出来，可有的学生却只能说出自己在周六或是周日去了哪里、干了什么。

比如：《打冰球》这个周日，我训练完就和哥哥约好一起去打冰球。这可是我盼了好久的事。我练冰球有一年了，可哥哥都打了三年了，他老是说我小儿科，不带我玩，这回我求了半天他才同意的。我们来到工体的冰场，我就拿着杆直奔冰面滑去。我攻、哥哥守，我们挥着杆就在冰上追着球打起来。他胳膊长总能比我早够着球，结果哥哥让了我一球，我才没算全输。可我不服气，等我练得技术更好了，一定要赢他一次。

而另外一位同学只写了这样的句子：《买书》这个星期天，我妈妈带我去图书大厦买书。

虽然差距很大，但是在学生的笔下这都是一种表达意愿的流露，都该得到老师的肯定与称赞。与此同时，根据孩子的特点，我开设了班级网络校友录，把孩子写得好的小作品上传到网络上，让家长和全班同学美文共赏，彼此学习。

德国哲人席勒曾在其《审美教育书简》中指出，人必须通过审美状态才能由单纯的感性状态达至理性和道德的状态，审美是人达到精神解放和完善人性的先决条件。为我们所熟悉的法国艺术大师罗丹也曾有言："生活里并不缺少美，缺少的是发现美的眼睛。"生活里处处有美，只要你善于发现。我在不断地尝试与磨合中，体会到了前所未有的成功。因为孩子的眼睛里开始有了美、笔下开始流淌出了美，更重要的是，孩子们的心中还有了那么一点点欣赏美的意识！正是这样的影响，也使我班学生的说话、写话能力快速提升。这也正是美育的价值所在——它可以涵润人的活泼而丰富多彩的个体感性，培养人的想象力与创造力，从而有效地避免社会"单面人"的出现。

百花齐放

北京市东城区地坛小学　王敏　中国画

小朋友找青蛙（一）

夏天，傍晚，池塘，
小朋友，找青蛙。
微风，荷叶，清凉，
呱呱呱，呱呱呱……
扑通，扑通
掉进水里了？

四季在哪里（二）

小燕子，啾啾啾，
小蜜蜂，嗡嗡嗡，
布谷鸟，把歌唱，
农民伯伯播种忙。
春姑娘，换新衣，

柳绿花红把春闹。

小青蛙，呱呱呱，
小金蝉，鸣鸣鸣，
大西瓜，圆又圆，
人人脸上笑焉焉。
荷仙子，齐争艳，
鱼儿乐得吹泡泡。

枫叶红，银杏黄，
雁南飞，蟋蟀叫，
红高粱，笑弯腰，
山楂熟透脸羞红。
海棠花，始开放，
收割机响粮满仓。

北风吹，雪花飘，
梅花开，熊睡觉，
冬小麦，穿棉袄，
玉树银花冰雕亮。
小朋友，打雪仗，
雪人迎风哈哈笑。

我有一双小小手（三）

我有一双小小手，
就像一个魔法球。
会写字来能拍球，
能捏泥巴会画画。
美好生活哪里来？
全靠双手去创造。

爱是什么（四）

爱是什么？
爱是妈妈温柔的目光。

爱是什么？
爱是爸爸慈祥的脸庞。

爸爸妈妈甜甜的吻，
那是对我的爱……

放飞梦想（五）

我家有小小的房，
房有小小的窗，
窗外是绿色的大广场。
广场上柳树的枝条很长，
比我的头发还长。
三月里柳絮漫天飞扬，
就像我的梦想。
我要打开窗，
放飞梦想！

安外三条小学　王静静　儿歌童谣

后 记

编辑出版《扬帆起航》这本书，真心是想给东城区年轻的语文教师，留下成长的足迹。

我们的青年教师虽然稚嫩，但是他们有活力，肯钻研，都在努力做一名学生喜欢的好老师。每一位老师身上似乎都憋着那么一股子劲儿，和他们在一起的时候你会深受感染。为年轻老师做点儿事，让他们能健康茁壮地成长，成为了我们的责任。于是，我们申请立项了“基于互联网新任教师分学科细化培训的研究”市级课题，以课题方式推动教师培养工作。我们借助互联网的优势，将培训内容进行整体规划，分步实施，形成了较为系统、完备、实用的课程，受到青年教师的欢迎。我们引导老师们开展听课、评课、磨课等一系列的研讨活动，带领着老师们在实践中历练，在历练中成长。老师们在参与培训的过程中，不断实践，收获着点点滴滴的感悟。这些实践与感悟，是老师们最真切，最宝贵的成长财富。

把它们留下来吧。随着时间的流逝，五年，十年，十五年，二十年……当有一天再看到它的时候，你能回忆起那段美好的青葱岁月，回忆起那些点点滴滴的教学感悟带给自己的欣喜，回忆起指导教师和同伴们陪伴你的身影，回忆起在这个平台上无怨无悔地渡过的难忘时光……这是多么值得珍惜的人生经历。《扬帆起航》就这样诞生了。

《扬帆起航》付梓之际，要感谢的人很多。东城区教师研修中心的马福贵主任，对教师培训工作多次给予关心与指导，王彤、束旭老师，精心设计培训课程，并进行总体安排，让课程稳步推进，取得实效。和平里四小优质教育资源带的黄颖、孔晓珊、王红艳、宁凤梅老师，府学胡同小学优质教育资源带的丁志敏老师，西中街北新桥联盟学校的江红老师，史家教育集团的吕闽松老师，以及北京第一师范学校付属小学的逄静老师，不仅作为导师，对青年教师的成长给予悉心指导，对此书的板块设计，稿件征集与修改也是煞费苦心。还要感谢东城教委的相关领导，对教师青年教师的成长给予的高度关注。更要感谢北京教科院基教研中心的贾美华主任，亲自为本书撰写序言，对我们的青年教师给予厚望。

完成后记，正值端午，自然想到了屈原《离骚》中的千古名句："路漫漫其修远兮，吾将上下而求索。"是呀，摆在我们面前的路程是那样的长，那样的远，期望每一位青年教师都已经立下投身教育综合改革之志，能百折不挠地去寻找那理想中的人生之道。

期盼我们的年轻教师，从这里扬帆起航。

宋浩志

2017 年 6 月

图书在版编目（CIP）数据

扬帆起航：小学语文青年教师成长之路/吴田荣，宋浩志主编．-- 北京：现代教育出版社，2017.6

ISBN 978-7-5106-5499-2

Ⅰ.①杨… Ⅱ.①吴…②宋… Ⅲ.①小学语文课—教学经验 Ⅳ.①G623.202

中国版本图书馆 CIP 数据核字（2017）第 154893 号

扬帆起航——小学语文青年教师成长之路

策　　划　庞　强　刘　媛
主　　编　吴田荣　宋浩志
责任编辑　刘小华
封面设计　宋晓璐·贝壳悦读

出版发行　现代教育出版社
地　　址　北京市朝阳区安华里 504 号 E 座
邮　　编　100011
电　　话　（010）64244927
传　　真　（010）64251256

印　　刷　北京市金星印务有限公司
开　　本　710mm×1000mm　1/16
印　　张　17.5
字　　数　333 千字
版　　次　2017 年 8 月第 1 版
印　　次　2017 年 8 月第 1 次印刷
书　　号　ISBN 978-7-5106-5499-2
定　　价　60.00 元